X-Akten

W0196060

Zum Buch

Längst haben sie auch in Deutschland ein Millionenpublikum, und sie fesseln es weiterhin – die X-Akten, die nunmehr bereits in die sechste Staffel gehen. In 22 neuen rätselhaften Fällen müssen die FBI-Agenten Mulder und Scully wieder ihre außergewöhnlichen Fähigkeiten unter Beweis stellen.

Christian Lukas hat die Folgen vorab gesehen und schildert begeisternd, wie es bei der Produktion der Serie zuging. Dabei kommen auch die Stars selbst zu Wort: David Duchovny beispielsweise erzählt, was ihn an seiner Rolle in der Mystery-Serie fasziniert.

Zahlreiche Abbildungen lassen das Buch zu einer echten Fundgrube für X-Akten-Fans werden.

Zum Autor

Christian Lukas ist von Hause aus Film- und Fernsehwissenschaftler. Neben diversen Publikationen über die Welt der AKTE X gehen auf sein Konto Bücher zu den TV-Serien STARGATE, BUFFY und MILLENNIUM. Er lebt und arbeitet im Ruhrgebiet. Im Econ & List Taschenbuch Verlag ist von Christian Lukas bereits erschienen:

X-Akten. Die fünfte Staffel – Der Spielfilm (TB 26591)

Christian Lukas

X-Akten
Die sechste Staffel

Alle Folgen, alle Facts, alle Stars

Econ & List Taschenbuch Verlag

Econ & List Taschenbuch Verlag 1999
Der Econ & List Taschenbuch Verlag
ist ein Unternehmen der Verlagshaus Goethestraße GmbH & Co. KG, München

Originalausgabe

© 1999 by Verlagshaus Goethestraße GmbH & Co. KG, München
Umschlagkonzept: Büro Meyer & Schmidt, München – Jorge Schmidt
Umschlaggestaltung: Init GmbH, Bielefeld
Titelabbildung: action press, Hamburg
Lektorat: Lüra/Petra R. Strehmer
Gesetzt aus der Rotis Serif
Satz: Josefine Urban – KompetenzCenter, Düsseldorf
Druck- und Bindearbeiten: Ebner Ulm
Printed in Germany
ISBN 3-612-26616-0

Inhaltsverzeichnis

I. Einführung

Wer vor sechs Jahren vorausgesagt hätte, daß AKTE X zu einer der erfolgreichsten und wegweisenden TV-Serien der neunziger Jahre werden würde, der wäre von der etablierten TV-Kritik milde belächelt worden. Eine TV-Serie über zwei FBI-Beamte, die UFOs und anderen paranormalen Erscheinungen hinterherjagen? So etwas hatte es in dieser Form in den USA noch nicht gegeben – und diese AKTE X war garantiert nicht die Serie, auf die das Publikum nur gewartet hatte.

Heute weiß man, sie war es doch. Genau diese Serie brachte frischen Wind in die Serienkultur und entwickelte sich zu einem weltweiten Hit: Von den USA bis Argentinien, von Portugal bis zur Türkei, von Israel bis zur Volksrepublik China, von Nordafrika bis zum Kap der Guten Hoffnung ist AKTE X ein inzwischen einzigartiges TV-Phänomen geworden. Einen Spielfilm hat die Serie vor kurzem auch ins Kino gebracht, und ein Ende der Abenteuer der Agenten Mulder und Scully ist noch lange nicht in Sicht.

Dieses Buch widmet sich nun der sechsten Staffel von AKTE X. Sie wird die Fans der Serie nicht enttäuschen.

Es ist die Staffel der Antworten: Viele Fragen, die die Verschwörungsgeschichte aufgeworfen hat, mit der sich Mulder und Scully seit der ersten Episode herumärgern müssen, werden beantwortet!

Es ist auch die Staffel des Humors: Der Ton der Serie ist spürbar witziger geworden.

Sie ist aber auch die Staffel der Big-Budget-Episoden: Der Produktionsaufwand einer Episode wie 6ABX03 TRIANGLE stellt so manchen Spielfilm in den Schatten.

Nach der turbulenten Produktion der fünften Staffel, während der mehrere Autoren gefeuert wurden, der Produzent Howard Gordon die Brocken hinwarf und die gesamte Zukunft der Serie auf dem Spiel stand, nachdem zunächst weder David Duchovny noch Gillian Anderson die Verträge für eine weitere Staffel unterschreiben wollten, konnte die sechste Staffel trotz des logistisch nicht unproblematischen Umzugs der Produktion vom kanadischen Vancouver ins kalifornische Hollywood problemlos hergestellt werden. Der Stil der Serie hat sich trotz des Ortswechsels nicht wesentlich verändert. Daß diese Umstellung so reibungslos verlief, ist in erster Linie einem Mann zu verdanken: Chris Carter, dem Erfinder der AKTE X.

Chris Carter

Chris Carter ist und bleibt der Drahtzieher hinter den Kulissen. Er hat AKTE X nicht nur erfunden und 1993 auf die Bildschirme gebracht, er ist nach wie vor der Mann, der die Entscheidungen trifft. Diese Position war während der vierten und fünften Staffel der Serie ins Wanken geraten, nachdem er sich ganz einfach übernommen hatte. Während der vierten Staffel realisierte er AKTE X, MILLENNIUM (MILLENNIUM, USA/CDN 1995-99) und AKTE X – DER FILM (THE X-FILES: THE MOVIE, USA 1998). Carter wußte, daß das zuviel war. MILLENNIUM war etwas zu düster ausgefallen, AKTE X etwas zu stromlinienförmig. Die Fox als Fernsehsender und als Filmstudio war mit Carter nicht zufrieden. Sie befürchtete, daß ihm so viele Projekte aus den Händen gleiten könnten, also wollte sie ihm MILLENNIUM wegnehmen. Doch Carter ließ sich nicht einfach aus seiner Position drängen – immerhin besaß er die Rechte an den Figuren. Und er war nicht bereit, diese an die Fox abzutreten. Also kam man schließlich zu einer Übereinkunft: Carter übergab die Serie seinen Ziehkindern Morgan/Wong, die als Autoren seit der ersten Stunde für AKTE X gearbeitet hatten, dafür blieb seine Firma Ten Thirteen Produzentin der Serie.

Während der fünften Staffel aber lagen die Nerven der an der Produktion Beteiligten bloß. Die Herstellung des Spielfilms schob sich in den Vordergrund, die Serie geriet ins Hintertreffen. Carter heuerte ein halbes Dutzend Autoren an und feuerte sie gleich wieder, der rote Faden in der fünften Staffel war nur schwer zu finden. Besonders die Verschwörungsgeschichte, die sogenannte AKTE-X-Mythologie – seit der ersten Episode ein fester Bestandteil der Serie – offenbarte sich als Ärgernis. Kein Fan glaubte mehr ernsthaft daran, daß diese Geschichte jemals zu einem Ende gelangen könnte. Außerdem überwarf sich Carter mit Howard Gordon, der seit der ersten Staffel die Serie als Executive Producer neben Carter betreut hatte, und Gordon verließ verärgert die Produktion. Für die aktuelle sechste Staffel waren dies nicht eben gute Vorzeichen, vor allem mit Blick auf den Umzug der Produktion nach Hollywood. Waren die ersten fünf Staffeln ausschließlich im kanadischen Vancouver entstanden, machten sowohl David Duchovny als auch Gillian Anderson ihre weitere Mitwirkung von einem Umzug der Produktion in die USA abhängig. Ob Carter wollte oder nicht – er mußte nachgeben und in ein Büro in Los Angeles ziehen. Dies verärgerte die etwa 200 kanadischen Set-Mitarbeiter, und nur einige gingen mit nach Hollywood. Schließlich wurden in Vancouver außer AKTE X noch viele andere Serien produziert.

Daß Carter die sechste Staffel dennoch überraschend ausgeglichen anging, hatte nicht nur damit zu tun, daß er mit dem Umzug der Produktion nach Hause zurückkehrte. Chris Carter war 1956 in Bellflower, einer Vorstadt von Los Angeles, geboren worden. Auch die Tatsache, wieder surfen gehen zu können, wird ihn nur am Rande positiv beeinflußt haben. (Carter war in jungen Jahren Chef-Redakteur eines amerikanischen Surf-Magazins, für das er die halbe Welt bereist hatte!) Carter war vielmehr erleichtert, weil keiner der kanadischen Darsteller abgesprungen war, sondern von William B. Davis über Chris Owens bis zu Nic Lea alle AKTE X die Treue hielten. Dasselbe galt für den Autor Vince Gilligan und den Regisseur Rob Bowman. Gilligan, der mit Episoden wie 5X12 BAD BLOOD und 5X19 FOLIE Á DEUX während der fünften Staffel Maßstäbe gesetzt hatte, schrieb auch für die sechste Staffel einige Folgen. Rob Bowman kehrte hinter die Kamera zurück, obwohl er nach der Inszenierung des AKTE-X-Spielfilms eine Reihe von lukrativen Spielfilmangeboten bekommen hatte. Doch Bowman hätte es wohl als Verrat betrachtet, Carter zu verlassen, nachdem dieser ihm – obwohl eine Reihe gestandener Spielfilmregisseure an AKTE X: DER FILM Interesse gezeigt hatten – die Regie der Kinoproduktion übertragen hatte.

Trotz des gestiegenen Budgets (auf durchschnittlich 4,8 Millionen Dollar pro Episode, mehr als doppelt soviel wie zu kanadischen Zeiten), den schwierigeren Produktionsbedingungen in Hollywood (die Gewerkschaften achten hier genau darauf, daß Zuständigkeiten und Arbeitszeiten eingehalten werden; in Vancouver war man in diesen Fragen weniger streng) und den gestiegenen Erwartungen der Zuschauer wurde die sechste Staffel in einer – zumindest für Carter – viel ruhigeren und angenehmeren Atmosphäre produziert als die fünfte. Inhaltlich konzentrierte sich Carter vorwiegend auf die der Serie eigene Mythologie. Dieses Arbeitsgebiet hatte er während der Produktion der fünften Staffel vernachlässigt.

Inzwischen hatte Carter, der im Jahr fünf der Serie ein wenig müde geworden war, wieder so viel Spaß an seiner Arbeit, daß er – entgegen früherer Beteuerungen, die Serie sei auf maximal sieben Staffeln angelegt – erstmals ganz laut über eine achte Staffel nachdachte. »Jeder weiß«, so Chris Carter in einem Interview mit der britischen Zeitschrift *DreamWatch,* »daß die siebte Staffel das Ende bedeuten wird. Aber sag niemals nie. Es kommt einfach drauf an, ob David Duchovny und Gillian Anderson nach diesem siebten Jahr noch genügend Enthusiasmus für ihre Rollen aufbringen können.«

Fest steht für Carter auf jeden Fall, daß das Ende der Serie nicht das Ende von AKTE X bedeuten wird. Der erste Spielfilm war inzwischen im Kino zu sehen. »Ich hoffe«, erklärte er denn auch der *DreamWatch* im weiteren Verlauf des Gespräches, »daß die Serie eine große Kinoserie werden wird.«

Die Vorbereitungen zur siebten und offiziell letzten Staffel liefen im Frühjahr 1999 bereits auf vollen Touren. Der Cliffhanger der sechsten Staffel war von Carter so konzipiert worden, daß der Übergang zur siebten Staffel problemlos war. Wie viele Episoden die siebte Staffel umfassen wird, das stand bei Drucklegung dieses Buches noch nicht fest.

Ausgelastet ist Carter offenbar aber nicht. Nachdem die dritte und letzte Staffel von MILLENNIUM in den USA ausgestrahlt worden ist, bereitet Carter zur Zeit seine neue, nunmehr dritte Fernsehserie vor: HARSH REALM (USA/CDN 1999)! Mit HARSH REALM kehrt Carter produktionstechnisch an den Ort zurück, an dem er AKTE X zu einem Hit gemacht hat: Vancouver in Kanada.

HARSH REALM basiert auf der gleichnamigen Comic-Serie von James Hudnall aus dem Jahr 1992. Im Mittelpunkt der Geschichte steht der Detektiv Dexter Green, der sich darauf spezialisiert hat, verschwundene Menschen im Harsch Realm zu suchen, einer Art Miniaturuniversum der virtuellen Realität, in der nichts real ist – außer dem Tod. Diese Welt ist ihren Erfindern längst aus den Händen geglitten und hat sich zu einer gigantischen Mysterienwelt entwickelt, in der Wesen wie Drachen oder Elfen, die nur in Legenden existieren, Realität geworden sind.

Ursprünglich sollte aus HARSH REALM ein Spielfilm entstehen, erzählte der Autor James Hudnall der *DreamWatch*. Als Carter jedoch Interesse zeigte, übergab er ihm das Projekt. Nachdem der Autor Hollywood kennengelernt hatte, glaubte er nicht mehr daran, daß aus seiner Idee ein vernünftiger Spielfilm werden würde. Potentielle Produzenten verlangten Änderungen, die Hudnalls Konzept teilweise ad absurdum führten, die Geschichte wurde hin- und hergeschoben, so daß Hudnall bei Carter sofort ja sagte. Er wußte das Projekt in guten Händen; in einer Serie konnte die Komplexität der Hintergrundgeschichte ganz anders verarbeitet werden als in einem Spielfilm.

Fox TV hat Carter das Geld für 13 Episoden zur Verfügung gestellt, einer heutzutage üblichen Anzahl von Episoden für eine Staffel. Läuft die Serie gut, bekommt Carter 24 Episoden – eine vollständige Halbjahresstaffel – finanziert. Als Sendeplatz ist der alte Ausstrahlungstermin von MILLENNIUM am Freitag abend vorgesehen.

Carters Produktionsfirma Ten Thirteen ist für die Realisierung verantwortlich. AKTE-X-Regisseure wie Rob Bowman und Daniel Sackheim haben bereits Interesse an einer Mitarbeit angemeldet.

Ein Problem für seine neue Serie sieht Carter in den Erwartungen, nicht nur in denen der Fans, sondern vor allem in denen der Fernsehbosse. Als AKTE X 1993 in den USA anlief, reichten der ersten Staffel mittelprächtige Quoten, um eine zweite genehmigt zu bekommen. Doch das Fernsehgeschäft hat sich in den letzten sechs Jahren verändert. Gab man Serien wie AKTE X vor einigen Jahren noch die Chance, sich am Markt zu etablieren, muß eine Serie heute in den ersten drei Episoden einschlagen. Tut sie es nicht, wird sie aus dem Programm geworfen. Der Einwand, daß 90 Prozent aller großen erfolgreichen TV-Serien der letzten zehn Jahre Startschwierigkeiten hatten – und AKTE X gehört ohne Zweifel dazu –, zählt bei den TV-Bossen nicht. Offenbar leidet das Langzeitgedächtnis vieler von ihnen an einem dauernden Betriebsausfall.

Gillian Anderson

Gillian Anderson hat Wort gehalten. Nach ihrer Trennung von ihrem Ehemann Clyde Klotz, dem ehemaligen Produktionsdesigner der Serie, wurde ihr eine Reihe von Affären nachgesagt. Die Beziehung zu dem Schauspieler Adrian Hughes endete schließlich mit einem Paukenschlag. Hughes wurde von einer früheren Freundin wegen sexueller Nötigung angezeigt. Die Klatschpresse stürzte sich auf den Fall, und nun wurde auch Gillian Andersons Privatleben mit der Lupe untersucht. Welche Männergeschichten hatte sie? Wer waren ihre Freunde, wer ihre Liebhaber?

In dieser Situation gab Gillian Anderson ein Versprechen: Männer werden in den nächsten Jahren in ihrem Leben garantiert keine Rolle mehr spielen, statt dessen wird sie einzig und allein für ihre Tochter Piper Laurie dasein!

Und dieses Versprechen hat sie gehalten. Aus der Welt des Klatsches und Tratsches gibt es über die 1968 in Chicago geborene Schauspielerin rein gar nichts zu berichten. Seit der Affäre mit Adrian Hughes schottet sie ihr Privatleben von der Öffentlichkeit ab. Punkt, Ende, Aus.

Gehörte ihr berufliches Leben in den letzten Jahren ausschließlich AKTE X, hat sie inzwischen auch den Spielfilm für sich entdeckt. Für Peter

Chelsom stand sie unlängst für dessen Drama THE MIGHTY (THE MIGH-
TY, USA 1998) neben Sharon Stone als trunksüchtige Mutter eines Soh-
nes vor der Kamera; in der dramatischen Komödie PLAYING BY HEARTS
(USA 1998) war sie als eine von drei Schwestern zu sehen, die auf den
unterschiedlichsten Wegen die Männer fürs Leben kennenlernen. Co-
Stars dieser relativ kleinen Produktion waren unter anderem so große
Namen wie Sean Connery, Dennis Quaid und Madeleine Stowe.

Wie ihr Kollege David Duchovny hat auch Gillian Anderson inzwischen
für eine siebte Staffel unterschrieben. Auch die Mitwirkung in einem
zweiten Spielfilm ist mehr eine Formsache als eine echte Frage.

Man darf also gespannt sein, wie sich ihre Karriere in den nächsten
Jahren weiterentwickeln wird.

David Duchovny

In der Pause zwischen der fünften und sechsten Staffel kam AKTE X –
DER FILM (THE X-FILES – THE MOVIE, USA 1998) weltweit in die Kinos.
Der Film war so angelegt, daß er – obwohl zwischen den Staffeln spie-
lend – auch in den Ländern verstanden werden sollte, in denen die Ausstrahlung noch gar nicht so weit vorangeschritten war. In Teutonia etwa
startete er am 6. August 1998 in den Kinos. Dort war die vierte Staffel
gerade abgelaufen, und sie endete mit dem vermeintlichen Tod von Fox
Mulder.

Dies mußte dem deutschen Publikum nun auf irgendeine Art und Weise
erklärt werden. Was wäre da einfacher gewesen, als Fox Mulder, also
David Duchovny persönlich, nach Deutschland zu holen, wo er selbst zu
den offenen Fragen Rede und Antwort stehen könnte?

Daher möge sich bitte niemand darüber wundern, daß im folgenden
Interview auf einige Fragen zur Wiederauferstehung des Fox Mulder rea-
giert wird, die aufgrund der Ausstrahlung der fünften Staffel in Deutsch-
land im Herbst und Winter 1998/99 inzwischen längst beantwortet sind.
Am 3. Juli 1998 war David Duchovny zu Gast im Hotel Palace in Berlin.
Wie bei Interview-Terminen dieser Art üblich, rissen sich die Journalisten

um die Interviews. Eine halbe Stunde war das Maximum an Redezeit, mehr nicht. Und wenn ein Trupp (Interviews werden meist von einer Gruppe von drei bis fünf Journalisten geführt) das Zimmer verließ, kam schon der nächste. Duchovny wirkte dennoch – obwohl er noch am Tag zuvor in London der angelsächsischen Journaille Rede und Antwort gestanden hatte und nur einen Tag in Berlin bleiben konnte – überraschend entspannt.

Econ & List: Die vierte Staffel, die als letzte in Deutschland zu sehen war, endet mit dem Selbstmord Fox Mulders. Wie erklären Sie dem deutschen Publikum seine Wiederauferstehung?

Duchovny: Mmmh, er wird sich wohl nicht erschossen haben! Vermutlich hat er vorbeigeschossen. Er ist eben kein guter Schütze (lacht). Aber ernsthaft: Er kann an diesem Punkt der Geschichte eben besser arbeiten, wenn die Menschen glauben, er sei tot.

Econ & List: Sie werden diese Frage vermutlich des öfteren gestellt bekommen.

Duchovny: O ja, sehr oft. Dabei gibt es zum Film Fragen, auf die ich viel lieber eine Antwort gehabt hätte als auf die nach der Wiederauferstehung von Fox Mulder.

Econ & List: Zum Beispiel?

Duchovny: Fox Mulder reist in diesem Film an einem Tag von Washington nach Texas, fährt dort ins absolute Nirgendwo und kommt trotzdem am gleichen Tag zurück nach Washington. Wie schafft man so etwas in einem Tag? Oder am Ende des Filmes bin ich in der Antarktis, am Ende jeder Zivilisation. Dort finde ich den Punkt, den ich suche, mit nichts weiter als zwei Koordinaten. Wie ist das möglich?

Econ & List: Mit moderner Technik!

Duchovny: Das ist wohl eher modernes Filmemachen. Was ich auch nicht verstehe, ist, daß die Außerirdischen in diesem Film offenbar die Möglichkeit haben, fast jede Form anzunehmen. Warum wählen sie dann ausgerechnet das Aussehen von Öl? (überlegt) Haben Sie keine Fragen mehr?

Econ & List: Vielleicht diese: Warum hat Mulder auch im Spielfilm kein Sexualleben?

Duchovny: Es kann eigentlich nicht an seinem Job liegen. Mulder sieht gut aus, er ist intelligent und trägt Klamotten, die mehr kosten, als ein FBI-Agent innerhalb eines Jahres verdienen kann. Vielleicht verkauft Mulder nebenher ja noch Drogen, um sich solche Sachen leisten zu können. Wie auch immer. Aber ganz ehrlich: Als ich anfing, Mulder zu spielen, empfand ich es als äußerst interessant, eine Person darzustellen, die eben nicht in dieses Klischee des gutaussehenden FBI-Mannes paßte und die sich überhaupt nichts aus solchen Dingen machte. Mulder führt ein Leben, in dem dieses Thema keinen Platz hat; er besitzt die Fähigkeit, seine Bedürfnisse unter die vollkommene Kontrolle seines Geistes zu stellen, denn sein Lebensziel besteht darin, die Wahrheit zu erfahren. Die Wahrheit über eine Verschwörung, die unser aller Leben manipuliert. Dafür benötigt er seine Kraft. Ich fand die Idee der Autoren Glen Morgan und James Wong während der zweiten Staffel der Serie sehr schön, Mulder mit Pornographie in Verbindung zu bringen, womit aufgezeigt wird, daß Mulder durchaus ganz normale Bedürfnisse hat, diese aber nicht nach außen trägt. Das macht Sinn, denn außer Scully – wem traut Mulder schon? Niemandem. Er hat ja nicht einmal einen Hund, mit dem er sprechen könnte. Er hat ein paar Goldfische, das ist alles. Ach ja: Mulder liebt deutsche Pornographie!

Econ & List: Haben Sie die Möglichkeit, Einfluß auf die Entwicklung der Figur und die Serie zu nehmen?

Duchovny: Ja. Ich habe sehr viel am Hintergrund der Figur Fox Mulders mitgearbeitet und somit eine Reihe von Ideen, die ihn betreffen, direkt in die Geschichten einfließen lassen können. Ich habe sogar an vier Episoden direkt als Autor mitgearbeitet und in diese Geschichten sehr viele Ideen, von denen ich glaube, daß sie für die Weiterentwicklung von Mulder wichtig waren, eingebracht. Außerdem kennt niemand Fox Mulder so gut wie ich. Wenn ich glaube, daß eine Mulder-Geschichte keinen Sinn ergibt, sage ich das auch den Autoren.

Econ & List: In vielen Interviews ist zu lesen, daß Sie sehr auf die Entwicklung der Figuren fixiert sind. Sie selbst erklärten gerade, wie Sie auf die Entwicklung Fox Mulders als Autor Einfluß genommen haben. Demnach besteht von Ihrer Seite aus offenbar kein Interesse, eine Monster-of-the-week-Show zu schreiben?

Duchovny: Nein, das liegt mir nicht, wobei ich jederzeit mit Chris Carter darüber sprechen würde, wenn mir eine gute Geschichte einfiele. Nur, ob ich so etwas schreiben könnte, weiß ich nicht.

Econ & List: War es eine gute Idee, den Film zwischen zwei Staffeln ins Kino zu bringen? Normalerweise, nehmen wir das Beispiel STAR TREK, beginnt die Spielfilmreihe mit dem Ende der TV-Serie.

Duchovny: Ich habe damit keine Probleme, vor allem, weil die meisten Fans die Serie aufgrund ihrer Geschichten anschauen und nicht, weil laufend Hochhäuser in die Luft fliegen, wie im Spielfilm. Seit fünf Jahren schauen sich die Fans die Serie an, ohne diese großen Spezialeffekte präsentiert bekommen zu haben. Und sie werden sich die Serie weiterhin ansehen, auch mit den niedrigeren Fernsehstandards.

Econ & List: Nach fünf Jahren AKTE X – wäre dies nicht der richtige Moment für Sie gewesen, auf dem Höhepunkt des Erfolges die Serie zu verlassen, so, wie Sie es sogar einmal angekündigt hatten? Der AKTE-X-Spielfilm wäre unter diesen Umständen doch ein guter Einstieg ins Filmgeschäft gewesen.

Duchovny: Das wäre er gewesen, denn ich möchte tatsächlich zurück ins Kino. Aber so einfach ist das nicht. Wenn man in den USA für eine Serie vorspricht, unterschreibt man automatisch einen Vertrag, der, sollte die Serie in Produktion gehen, den Schauspieler verpflichtet, der Serie fünf Jahre lang zur Verfügung zu stehen. Wohlgemerkt, diesen Vertrag unterschreibt man, bevor man überhaupt den Zuschlag für eine Rolle bekommen hat. Dies ist ein Standardvertrag. Wird die Serie ein Hit, ist man an sie gebunden und kann vor allem nicht aus finanziellen Gründen aussteigen. Auch sichert sich das Studio vor übertriebenen Honorarvorstellungen ab. So habe auch ich zu Beginn für das Minimalhonorar vor der Kamera gestanden. Wird eine Serie ein Hit – wie AKTE X –, beginnen im dritten Jahr neue Vertragsverhandlungen, denn jeder Schauspieler will, und da bin ich keine Ausnahme, an diesem Erfolg finanziell teilhaben – Vertrag hin, Vertrag her. Also haben auch in meinem Fall neue Verhandlungen begonnen, die damit endeten, daß ich dem Studio entgegenkommen mußte, wollte ich meine Vorstellungen durchsetzen. Und so gab ich ihm eine Option für eine sechste und eine siebte Staffel. Es ist sehr schade, daß ich seit dem Beginn der Serie nur einen Spielfilm, PLAYING GOD (PLAYING GOD, USA 1997), habe machen können. Wenn ich das sage, bekomme ich oft zu hören, daß George Clooney neben E/R (E/R, USA, seit 1994) ja auch eine Reihe von Filmen gemacht hat. Das ist richtig, aber er gehört einer Ensembleserie an, in der ein Schauspieler sich hin und wieder ausklinken kann, indem er nur ein oder zwei Auftritte pro Episode hat; AKTE X ist jedoch eine Zweipersonenshow, für die ich im Jahr zehn Monate in Kanada vor der Kamera gestanden habe. Und so mußte ich mir überlegen, was ich tun sollte: Wollte ich mehr Geld oder lieber mehr Freiräume und die Serie vielleicht nach der fünften Staffel verlassen? Ich habe mich für die Sicherheit eines festen Einkommens entschieden.

Econ & List: Inwieweit haben Sie den Mulder des Films gegenüber dem Mulder der Serie verändert?

Duchovny: Ich weiß nicht, ob ich ihn verändert habe. Der Mulder des Films ist vielleicht ein etwas jüngerer Mulder als im Fernsehen, denn ich mußte davon ausgehen, daß die fünfte Staffel, in der Mulder einige enorme charakterliche Veränderungen durchmacht, in vielen Ländern zum Zeitpunkt des Filmstarts noch nicht zu sehen gewesen ist. Chris Carter wollte einen eher depressiven Mulder, was mit dem Ende der fünften Staffel übereinstimmt, doch erstens: Wie sollte dieser depressive Mulder dem ausländischen Publikum verständlich gemacht werden? Und zweitens: Die Leute zahlen heute hohe Eintrittspreise für einen Kinobesuch. Da haben sie das Recht auf ein wenig Unterhaltung. Ich habe Chris Carter klargemacht, daß es der falsche Weg gewesen wäre, einen Kinofilm, vielleicht sogar eine Kinoserie, mit einem richtig heruntergekommenen, vollkommen deprimierten Mulder beginnen zu lassen. Also ist der Mulder des Films der Mulder der dritten und vierten Staffel. Den Fans der Serie hätte ein deprimierter Mulder keine Probleme bereitet. Ohne Zweifel aber wäre eine solche Figur für Kinogänger, die die Serie nur vom Hörensagen her kennen, äußerst problematisch zu vermitteln gewesen.

Econ & List: Sie sind mit dem, was Sie getan haben, zufrieden?

Duchovny: Auf jeden Fall. Ich habe einige Vorführungen besucht und hörte das Publikum an einigen Stellen lachen. Das mochte ich, denn wenn die Zuschauer lachen, mögen sie den Film.

Econ & List: Obwohl AKTE X – DER FILM viele Actionmomente beinhaltet, ist er teilweise recht dialoglastig.

Duchovny: Im Fernsehen gibt es sehr viele erklärende Dialoge. Im Film werden Sachverhalte eher über das Visuelle vermittelt. AKTE X – DER FILM ist hier vielleicht eine Ausnahme, da er natürlich immer wieder Bezug zur Serie nimmt und diese Anspielungen den Zuschauern, die mit der Serie nicht vertraut sind, erklärt werden mußten.

Econ & List: Sie bringen sehr viel Humor in den Film ein, in Ihrer Filmographie finden sich sehr viele komödiantische Stoffe wieder. Steht demnächst eine Komödie ins Haus?

Duchovny: Es kommt natürlich immer auf das Skript an, und ich verspreche Ihnen, ich werde kein Musical drehen. Nicht, daß ich kein Interesse hätte, aber ich kann nicht singen. Ich mag Komödien sehr. Es ist aber sehr schwer, ein gutes Komödiendrehbuch zu finden.

Econ & List: Wird es nicht langweilig, immer dieselbe Rolle zu spielen?

Duchovny: Natürlich ist es manchmal nicht einfach, sich zu motivieren. Aber ich mag Fox Mulder sehr gern. Mulder ist kein normaler Held. Er hat sehr viele Fehler. Manchmal baut er sogar richtigen Mist, dann aber vollbringt er wieder etwas vollkommen Heldenhaftes. Er ist kein STIRB-LANGSAM-Typ, er ist nicht James Bond. Es ist ihm auch egal, was andere Leute über ihn denken. Er ist so wunderbar real. Und wann findet man eine solche Figur schon einmal in einer TV- oder gar in einer Fantasyserie?

Econ & List: Sie sprachen bereits Ihre Drehbuchmitarbeit an. Sie sollen neuerdings auch als Buchautor aktiv sein!

Duchovny: Ich stehe mit einem Verleger in Kontakt und werde wohl irgendwann einen Gedichtband veröffentlichen. Das ist eine sehr schöne Arbeit, denn es ist etwas vollkommen anderes als das, was ich sonst mache.

Econ & List: Sie haben Ihre frühen Jahre in Hollywood teilweise durch Lesungen finanziert. Finden sich Gedichte dieser Zeit in Ihrem Buch wieder?

Duchovny: Natürlich. Manche Sachen sind eher neu, andere habe ich vor 15 Jahren geschrieben. Wenn man diese Texte miteinander vergleicht, merkt man sehr deutlich, daß ich in diesen Jahren einiges erlebt habe. Ich würde mich freuen, wenn dies auch der Leser spüren würde.

Econ & List: Nun sind Sie sehr auf die Rolle Mulders festgelegt. Wird es eines Tages auch eine Biographie mit dem Titel *Ich bin nicht Mulder*, ähnlich Leonard Nimoys *Ich bin nicht Spock*, geben?

Duchovny: (lacht) Glaube ich nicht. Außerdem darf man nicht vergessen, daß Leonard Nimoy auch ein Buch mit dem Titel *Ich bin Spock* geschrieben hat. Leonard Nimoy hat sehr viele unterschiedliche Dinge getan, aber das Publikum liebt ihn in dieser einen Rolle. *Ich bin Spock* zeigt wohl auf, daß er mit seiner Rolle Frieden geschlossen hat. Ich brauche das nicht tun, denn ich habe diesen Frieden schon vor langer Zeit geschlossen und kann damit leben, ständig als Fox Mulder angesprochen zu werden.

Econ & List: In PLAYING GOD spielen Sie einen Arzt, dessen Habitus dem von Mulder sehr nahekommt. Ist dies eine Festlegung auf diese Rolle?

Duchovny: Das nicht. Die Frage lautet vielmehr, ob ich ein Charakterdarsteller bin oder nicht. Ich persönliche würde sagen, daß ich ein Schauspieler bin. Ein echter Charakterdarsteller ist Daniel Day-Lewis, der wirklich jede Rolle spielen und sich in jeden Charakter hineinversetzen kann. Aber nehmen wir doch einmal Jack Nicholson. Er ist ein brillanter Schauspieler, trotzdem finden sich in all seinen Rollen Parallelen. Er hat einen speziellen Stil, ich habe einen eigenen Stil. Und der findet sich vermutlich in allen Rollen wieder.

Projekte neben AKTE X stehen zur Zeit übrigens nicht auf dem Programm des gebürtigen New Yorkers. So hat er mehr Zeit für seine Familie, die inzwischen aus drei Personen besteht. Nachdem er 1998 vollkommen überraschend der Schauspielerin Téa Leoni das Jawort gegeben hatte, sind die beiden seit dem 25. April 1999 die stolzen Eltern eines Mädchens: Madelaine West Duchovny, die – wer es unbedingt wissen will – bei ihrer Geburt 7,5 Pfund gewogen hat.

Vor kurzem hat auch David Duchovny für die siebte Staffel unterschrieben, und auch im zweiten Spielfilm wird er wieder dabeisein.

II. Der Episodenführer

Der folgende Führer durch die Welt der sechsten Staffel von AKTE X umfaßt alle Episoden sowie die letzte Folge der fünften Staffel, die zwar
schon im letzten Buch vorgestellt wurde, die aber, da sie mit einem Cliffhanger endet, den Bogen zur ersten Episode der sechsten Staffel spannt.
Im wesentlichen bestehen die Einzelkapitel aus zwei Blöcken: der
INHALTSANGABE mit anschließender BEWERTUNG und den X-HINTER-
GRÜNDEN. Diese Hintergründe befassen sich mit den »wahren« Fällen, die
sich – mythologischer oder historischer Art – hinter den einzelnen Geschichten verbergen. Auch prominente Gaststars werden vorgestellt. Er-
scheinungsdaten von in den X-HINTERGRÜNDEN genannten Buchtiteln
sind bitte in der Bibliographie nachzulesen. In einigen Kapiteln finden sich
zwischen den Inhaltsangaben und den Hintergründen außerdem sogenannte PRODUKTIONSNOTIZEN, die über produktionstechnische Beson-
derheiten der jeweiligen Episoden informieren oder, wenn nötig, Hand-
lungssegmente, die auf Episoden früherer Staffeln basieren, erklären.
Gekennzeichnet sind die Episoden mit Zahlen wie 6ABX03. Dies sind die
offiziellen Produktionsnummern der Einzelepisoden. 6ABX03 bedeutet
nichts anderes als »Staffel 6, AKTE X, Episode 3«.

Die im letzten Buch eingeführte Aufteilung der Inhaltsangaben in einen
KURZ- und einen *LANGINHALT* hat sich bewährt, daher wird sie in
diesem Buch beibehalten: *KURZINHALTE* entsprechen in ihrer Form Inhaltsangaben bekannter TV-Zeitschriften. Sie geben einen kurzen Ein-

blick in die Geschehnisse der Einzelepisode, ohne entscheidende Aspekte, wie etwa die Auflösung, vorwegzunehmen.

Die *LANGINHALTE* geben nicht nur detailliert über die Geschehnisse Auskunft: Sie verraten ohne Mitleid mit der Leserin oder dem Leser auch die Auflösungen der jeweiligen Episoden! Wer die Serie im Fernsehen verfolgt und sich die Spannung nicht nehmen lassen möchte, sollte diese LANGINHALTE überblättern!

Die BEWERTUNGEN bauen teilweise auf den LANGINHALTEN auf, ebenso die X-HINTERGRÜNDE.

5X20 Das Ende

OT: THE END
US-Erstausstrahlung: 17. Mai 1998
Deutscher Videostart: 16. Juli 1998
Pro 7-Erstausstrahlung: 22. Februar 1999

Regie: R. W. Goodwin. Drehbuch: Chris Carter. Gaststars: Mimi Rogers (Agentin Diana Fowley), William B. Davis (zigarettenrauchender Mann, auch Krebskandidat genannt), Chris Owens (Agent Spender), John Neville (gutmanikürter Mann), Bruce Harwood (Byers), Tom Braidwood (Frohike), Dean Haglund (Langly), Nicholas Lea (Agent Krycek), Jeff Gulka (Gibson Praise), Martin Ferraro (Attentäter), Don S. Williams (Elder), George Murdock (Elder #2), John Moore (Elder #3).

Im Gegensatz zum sonstigen Motto der Serie THE TRUTH IS OUT THERE, lautet das Motto dieser Episode kurz und knapp THE END.

Kurzinhalt

Das Attentat auf einen russischen Schachgroßmeister ruft das FBI – und alle Verschwörer, vom Krebskandidaten über Alex Krycek bis hin zum gutmanikürten Mann – auf den Plan. Anhand einer Videoaufzeichnung kann Mulder nämlich beweisen, daß nicht der Russe das Ziel des Attentates war, sondern sein Gegner: ein zwölfjähriges Wunderkind namens Gibson Praise. Wie sich herausstellt, ist Gibson aber gar nicht so intelligent. Er besitzt vielmehr eine Gabe: Er kann Gedanken lesen. Doch warum macht ihn dies zur Zielscheibe der Verschwörer?

Langinhalt

VANCOUVER, BRITISH COLUMBIA, KANADA
Vor den Augen Tausender Schachfreunde geschieht etwas Furchtbares: Während eines Turniers wird auf einen russischen Großmeister ein Attentat verübt. Eine von einem Attentäter abgefeuerte Kugel trifft ihn in den Bauch, im Sterben reißt er das Schachbrett vom Tisch. In der Halle entsteht Panik.

LAURENTIAN MOUNTAINS, QUEBEC, KANADA, 6:39 UHR
Mitten in einem verschneiten Wald landen zwei Fallschirmspringer. Ihr Ziel ist eine kleine Blockhütte – in der niemand anderes als der Krebskandidat lebt. Die Männer tragen Waffen, langsam und vorsichtig nähern sie sich der Hütte. Ein Schuß fällt, einer der beiden maskierten Fallschirmspringer fällt tödlich getroffen zu Boden. Der Krebskandidat flieht, aber der zweite Mann holt ihn schnell ein. Zu seiner Überraschung senkt der Attentäter die Waffe und zieht sich die Maske vom Gesicht. Der zweite Attentäter ist Alex Krycek, der ihn auffordert, in die Zivilisation zurückzukehren.

Skinner sucht Mulder in dessen Büro auf und erzählt ihm von dem Anschlag in Kanada. Die Geschichte ist brisant, weil der festgenommene Attentäter sein blutiges Handwerk beim US-Geheimdienst gelernt hat. Skinner bittet Mulder, sich der Untersuchungskommission anzuschließen, denn er befürchtet, daß in diesem Fall etwas verschleiert werden soll. Die Untersuchungskommission leitet nämlich Agent Spender. Und daran gefallen Skinner zwei Dinge überhaupt nicht: 1) Spender ist noch viel zu jung und unerfahren, um eine solche Untersuchung leiten zu können, und 2) erhielt Spender den Auftrag aufgrund von Fürsprachen aus den obersten Gremien der Bundespolizei. Dies erweckt keinesfalls Vertrauen in Spenders Arbeit.

Mulder kommt Skinners Bitte nach – zum Ärger von Spender, der sich schon durch Mulders Anwesenheit belästigt fühlt. Während Spender den ermittelnden Agenten ein Video des Attentats vorführt, erklärt er ihnen, es gäbe bislang kein Motiv für den Mord an dem russischen Schachspieler. Kein Wunder, schaltet sich Mulder in das Gespräch ein: Das Attentat habe nämlich seinem Gegenspieler gegolten. Mulders Einwand wird von Spender jedoch ignoriert. Wer bitte, fragt er ihn, habe Interesse daran, einen 12jährigen Jungen zu erschießen? Tatsächlich handelt es sich bei dem Gegner des Russen um Gibson Praise, ein amerikanisches Wunderkind.

Mulder läßt sich von Spenders Arroganz nicht aus der Fassung bringen und zeigt den Agenten, daß der Junge, um den Russen schachmatt zu setzen, aufstehen mußte, da seine Arme nicht über das ganze Schachbrett reichten. Nur Bruchteile einer Sekunde, bevor der Schuß fiel, ließ er sich plötzlich mit einem kräftigen Ruck zurück auf seinen Stuhl fallen, so daß die Kugel haarscharf an ihm vorbeiging. Der Junge wußte von dem Schuß. Und durch den Ruck hatte er sein Leben gerettet. Spender hält Mulders Theorie für absurd. Mulder aber bekommt Rückendeckung von Agentin Diana Fowley, einer Spezialistin auf dem Gebiet der Attentats-Forschung. Aufgrund des Videomaterials dürfe seine Theorie nicht als abwegig abgetan werden, gibt sie zu bedenken.

Während die Agenten streiten, kommt es auf einem Autobahnparkplatz vor den Toren der Stadt zu einem denkwürdigen Treffen zwischen Krycek, Elder, dem gutmanikürten Mann und dem Krebskandidaten. Der gutmanikürte Mann ist überrascht, den Krebskandidaten lebend zu sehen. Dieser meint, daß man vielleicht den falschen Mann mit dem Mord beauftragt habe. Der gutmanikürte Mann erklärt dem Krebskandidaten, daß der Junge nach wie vor ein Problem darstelle. Der Krebskandidat übernimmt den Fall, auch wenn ihn das Konsortium eigentlich eliminieren wollte. Jeder macht schließlich mal einen Fehler.

PSYCHIATRISCHE KLINIK INGET MURRAY,
GAITHERSBURG, MARYLAND

Gibson Praise ist ein intelligentes Kind. Doch er ist auch ein einsames
Kind. Abgeschoben in eine Klinik, verbringt er den größten Teil des Tages
damit, Zeichentrickserien im Fernsehen anzuschauen. Er freut sich über
den Besuch von Mulder, Scully und Agentin Fowley. Es bedeutet etwas
Abwechslung. Allerdings, gibt er Mulder zu verstehen, brauchten sie sich
nicht über BAYWATCH unterhalten. Dies sei eine blöde Serie. Mulder ist
überrascht. Genau das hatte er gedacht, als er auf den TV-Schirm sah.
BAYWATCH! Gibson weicht Mulders fragenden Blicken aus. Er gibt zu,
Gedanken lesen zu können. Aber das sei nicht seine Schuld, genauso-
wenig wie die Tatsache, daß er wisse, daß Mulder für eines der beiden
Mädchen, die er mitgebracht hat, tiefe Gefühle empfinde. Scully fühlt
sich geehrt, doch der Blick des Jungen fällt auf Agentin Fowley. Gibson
wird unter Polizeischutz gestellt, denn Mulder ist sich sicher: Er war das
Ziel des Attentats.

BUNDESGEFÄNGNIS FT. MARLENE, MARYLAND

Auf dem Weg in die Zelle des Attentäters wird Mulder von Spender
aufgehalten: Dieser macht ihm klar, daß er seine Einmischung in den
Fall nicht tolerieren werde. Mulder bleibt gelassen: Als er ihn zum ersten Mal traf, erklärt er Spender, habe er ihn für einen ambitionierten
Agenten gehalten. Nun wisse er, er sei nicht ambitioniert, er sei ganz
einfach nur arrogant.

Mulder betritt den Verhörraum: Der Attentäter gibt sich gelassen. Hun-
ger habe er, erklärt er Mulder. Man versuche ihn auszuhungern. Das sei
ein billiger Trick. Die beiden lachen, und Mulder schickt Spender los,
dem Gefangenen etwas zu essen zu holen. Wütend zieht Spender ab.

Mulder erklärt dem Attentäter, daß er sich darüber im klaren sei, daß ein
professioneller Killer darauf trainiert sei, langen, schmerzhaften Ver-
hören zu widerstehen. Daher wolle er sich die üblichen Frage-Antwort-
Spiele ersparen und gleich zur Sache kommen: Wenn er, der Attentäter,
etwas für ihn habe, werde er, Mulder, ihm einen Deal anbieten können,
vielleicht sogar Straffreiheit.

Der Attentäter, von Mulders Offenheit beeindruckt, stimmt diesem Geschäft zu. Mulder macht sich auf den Weg zu Skinner, um den Deal juristisch vorzubereiten.

PSYCHIATRISCHE KLINIK INGET MURRAY,
GAITHERSBURG, MARYLAND
Gibson freut sich, mit Scully sprechen zu können. Er haßt die Experimente, die mit ihm gemacht werden. Zum Beispiel muß er seine Gedanken auf Spielkarten richten und den Prüfern mitteilen, welche Motive sie in Händen halten. Eine Kleinigkeit für den Jungen.
Scully und Diana Fowley ziehen sich in einen Nebenraum zurück. Von dort aus beobachten sie fasziniert die Versuche und kommen sich ein wenig näher. Scully ist über Dianas Vertrauen in Mulder überrascht. Kein Wunder, erklärt Diana, immerhin habe sie einige Jahre mit Mulder zusammengearbeitet. Mehr erfährt Scully über Diana jedoch nicht. Sie ist neugierig und wendet sich an die Lone Gunmen. Eigentlich sollen ihr die drei liebenswerten Paranoiker bei der Untersuchung einiger tomographischer Bilder von Gibsons Gehirn helfen und diese mit Unterlagen aus Datenbanken, die sich mit paranormalen Phänomenen befassen, vergleichen. Nebenbei fragt sie die drei aber auch über Diana aus: Sie war Mulders Vorgesetzte, förderte seine Karriere und half ihm, die Kontrolle über die X-Akten zu erhalten. Offenbar gibt es weitere Informationen – diese aber halten die Lone Gunmen zurück.

Während der Attentäter eine auf Zigarettenpapier geschriebene Nachricht erhält, die ihm deutlich zu verstehen gibt, daß er nicht mehr lange zu leben hat, beobachtet Mulder zufällig ein Gespräch zwischen Spender und dem Krebskandidaten in der Tiefgarage des FBI-Hauptquartiers. Der Versuch, die beiden zur Rede zu stellen, schlägt fehl. Der Krebskandidat verschwindet, und Spender erklärt Mulder, daß er den Mann nicht kenne – was, wie sich noch herausstellen wird, sogar der Wahrheit entspricht. Dies ist nicht die letzte Auseinandersetzung zwischen Mulder und Spender. Scully erklärt Direktor Skinner, daß eine Analyse der tomographischen Bilder ergeben habe, daß in Gibsons Gehirn Bereiche arbeiten, die bei anderen Menschen brachlägen. Vor allem im sogenannten Gotteslappen seien rätselhafte Aktivitäten festzustellen, für die es keine Erklärung gebe.

Für Mulder steht fest: Dieses Kind ist der Schlüssel zu den X-Akten. Und den Schlüssel zu Gibson, die Gründe, die erklären, warum er so wichtig für das Konsortium ist (Mulder erinnert an das Wiederauftauchen des Krebskandidaten), diesen Schlüssel besitzt der Attentäter. Mulder macht Skinner den Vorschlag, dem Attentäter Straffreiheit zu gewähren, wenn dieser mit dem FBI zusammenarbeitet. Während Skinner diesem Vorschlag aufgeschlossen gegenübersteht, macht sich Spender über Mulders Paranoia nur noch lustig, so daß auch Scully seine Gegnerin wird. Der Streit zwischen den Agenten aber ist sinnlos, denn kurze Zeit später wird der Attentäter in seiner Zelle vom Krebskandidaten erschossen.

Auch Diana wird das Opfer eines Anschlages in Centreville, Virginia, wo sie Gibson in einem Motel bewacht. Die Kugel trifft sie unvorbereitet. Am Fenster stehend, glaubt sie, jemanden zu sehen, der sich dem Motel nähert. Er komme nicht, um ihn zu töten, erklärt ihr Gibson. Er komme ihretwegen. In diesem Moment fällt ein Schuß, und Diana bricht am offenen Fenster zusammen.

Mulder ist entsetzt. Scully, die vor ihm das Motel erreicht hat, erklärt ihm, daß Diana den Anschlag zwar überlebt habe, aber schwer verletzt sei. Gibson selbst ist verschwunden – und der Attentäter wurde das Opfer eines Mordanschlages.

Während Mulder Diana auf den Weg ins Krankenhaus begleitet, übergibt der Krebskandidat dem gutmanikürten Mann den Jungen. Daraufhin wendet sich der Krebskandidat von ihm und seinem Helfer, Krycek, ab. Er hat sichtlich Angst, ihnen den Rücken zu kehren, aber er weiß auch, daß sie ihn eines Tages wieder brauchen werden.

Wieder im FBI-Hauptquartier vergißt Mulder seine fast legendäre Lethargie und stürzt sich im Beisein mehrerer Agenten der Untersuchungskommission auf Spender, um ihm klarzumachen, daß, sollte er in den Anschlag auf Diana verwickelt gewesen sein, seine Tage beim FBI gezählt seien. Wenn jemandes Tage gezählt seien, erwidert Spender aufgebracht, dann seien es die von Fox Mulder.

Wutschnaubend kehrt Spender in sein Büro zurück und trifft vor der Tür den Krebskandidaten. Er sei gekommen, erklärt ihm eben jener zigarettenrauchende Mann, um ihm zu helfen. Er könne ihm, dem Agenten Spender, jede Tür zu öffnen. Der einzige Preis, den er dafür zu zahlen habe, bestehe darin, sich auf keinen Fall Mulders Kreuzzug anzuschließen. Kreuzzug? Mulder? Spender versteht tatsächlich kein Wort. Und überhaupt, fragt er den Krebskandidaten, wer sei er schon, daß er ihm vorschreiben dürfe, was er zu tun hätte? »Ich bin dein Vater«, lautet die kurze und unmißverständliche Antwort. Dann übergibt er ihm, Spender, die X-Akte von Samantha Mulder. In diesem Moment ertönt Feueralarm. So steht Fox Mulder am Ende vor den Ruinen seines Kreuzzugs. Der Attentäter – ermordet. Der Junge – verschwunden. Die X-Akten – verbrannt!
Scully schließt Mulder in ihre Arme. Ist dies das Ende?

Bewertung

Die sogenannten Mythologie-Episoden, also jene Folgen, die sich mit der Verschwörung beschäftigen, die seit der ersten Folge den handlungsübergreifenden Bogen der AKTE X spannt, gehörten in der fünften Staffel zu den mit Abstand schlechtesten Episoden. Meistens waren die Einzelepisoden verwirrend, fanden keine Erzählstruktur und wirkten inhaltlich ganz einfach verworren. Man spürte, daß die Autoren offenbar der Überblick verloren hatten, und die Mythologie-Episoden wurden mehr und mehr zum Anlaß, AKTE X aus- statt einzuschalten. Nach den wenig erquicklichen Mythologie-Episoden 5X13 PATIENT X und 5X14 THE RED AND THE BLACK bemerkten die Autoren offenbar, daß sie es mit all ihren Verschwörungen und ständigen Wendungen etwas zu weit getrieben hatten. Zu unübersichtlich – um nicht zu sagen langweilig – war die Geschichte geworden. Und je unübersichtlicher die Mythologie wurde, desto mehr Fehler und unlogische Momente schlichen sich in diesen episodenübergreifenden Handlungsbogen ein. Also hatte Chris Carter in THE END mehrere Handlungsstränge rigoros zusammengestrichen und die Geschichte der Verschwörung wieder in verständlichere Bahnen gelenkt.

Positiv ausgewirkt hat sich vor allem das Zusammenstreichen der Personenkonstellationen. Krycek ist in den Schoß des Konsortiums zurückgekehrt (wobei seine KGB-Kontakte – zur Erinnerung: Krycek ist in Wahrheit weder FBI-Agent noch Verschwörer: Er ist ein KGB-Spion – ganz einfach unter den Teppich gekehrt werden). Auch der Krebskandidat ist dorthin zurückgekehrt, wo er hingehört: in die Arme der Verschwörer. Die Mythologie-Geschichte wurde damit auf jenes Niveau reduziert, mit dem AKTE X 1993 begonnen hatte. Es gibt jetzt zwei Lager: Mulder und Scully auf der einen Seite, das Konsortium auf der anderen. Nun zeigt der Spielfilm, der nach dem Ende der fünften Staffel in die Kinos kam, zwar auf, daß die Verschwörer untereinander zerstritten sind – so wird der gutmanikürte Mann offenbar ermordet –, doch dies ist eine Geschichte, die die Verschwörer nun unter sich ausmachen müssen und die auf die Zweiteilung der Lager nur einen untergeordneten Einfluß hat.

Alles in allem ist THE END ein würdiges Ende der fünften Staffel. Mit dem Verbrennen der X-Akten wäre diese Episode sogar ein würdiger, wenn auch trauriger Abschluß der Serie geworden.

Diese Episode zeigt auch deutlich, daß sich die Figur von Agent Spender weiterentwickeln wird – und zwar in eine alles andere als sympathische Richtung. Mag Spender auch nach seinem ersten Auftritt eine der verhaßtesten Figuren der Serie gewesen sein, Owens hat seine Figur in dieser Episode doch etabliert. Und soviel sei an dieser Stelle schon einmal verraten: Spender ist kein netter Bursche.

Alles in allem ist THE END wie ein großes Familientreffen, wo sie alle, die geliebten und die ungeliebten Mitglieder einer Sippe, zusammentreffen. Am Ende ist man irgendwie froh, daß es vorbei ist. Es war schön, aber irgendwann muß mit der Feier Schluß sein. Und trotz allem freut man sich am Ende, die ganze Bagage irgendwann einmal wiederzusehen, zum Beispiel in einer sechsten Staffel!

Note 2–.

6ABX01 The Beginning

US-Erstausstrahlung: 8. November 1998

Regie: Kim Manners. Drehbuch: Chris Carter. Gaststars: Mitch Pileggi (Assitant Director Walter Skinner), Mimi Rogers (Agentin Diana Fowley), William B. Davis (zigarettenrauchender Mann, auch Krebskandidat genannt), Chris Owens (Agent Spender), Jeff Gulka (Gibson Praise), Don S. Williams (Elder), George Murdock (Elder #2), Kim Robillard (Homer), Rick Millikan (Sandy), Wayne Alexander (Assistant Director Arnold), Arthur Taxier (Assistant Director Bart), Wendie Malick (Assistant Director Maslin), James Pickering Jr. (Assistant Director Kersh), Scott Eberlein (schwarzhaariger Mann).

Das Motto der Serie lautet THE TRUTH IS OUT THERE (Die Wahrheit ist dort draußen)

Kurzinhalt

Die X-Akten sind zerstört, Mulders Status ungeklärt. Ein geheimnisvoller Mord in Phoenix, Arizona, bringt Mulder auf die Spur jenes Virus, das Menschen offenbar in Hybriden aus Menschen und Außerirdischen verwandeln soll. Die Zeit aber läuft gegen Mulder, denn Agent Spender soll die X-Akten übertragen bekommen.

Langinhalt

Vorbemerkung

Die erste Episode der sechsten Staffel beginnt mit einem Rückblick auf das Ende der fünften Staffel (siehe hierzu auch die Episode 5X20 THE END), eine ganze Reihe von Handlungselementen des Endes der fünften

Staffel werden in dieser Episode fortgesetzt. Aber auch Elemente des Spielfilms finden sich in dieser Episode wieder, obwohl Chris Carter während der Arbeit am Spielfilm mehrfach versichert hatte, daß dieser keinen Einfluß auf die Serie haben würde. Dieses Versprechen hat er insofern gebrochen, als ein zentrales Handlungselement des Spielfilms direkten Einfluß auf diese erste Episode hat, die chronologisch nach den Geschehnissen des Kinoabenteuers angesiedelt ist.

Die vorliegende Episode bezieht sich auf die folgende Handlungssequenz des Spielfilms: Scully wird von einer Biene, die mit einem außerirdischen Virus infiziert ist, gestochen. Sie fällt daraufhin in ein Koma und wird von Angehörigen des Verschwörungskonsortiums entführt. Mulder selbst steht nach diesem Vorfall unter Arrest, aber Skinner verhilft ihm zur Flucht. Dadurch verändert sich auch das Verhältnis der beiden. Mulder weiß nun, daß er Skinner vertrauen kann. Sein Weg führt ihn schließlich in die Antarktis, wo er Scully aus einer gigantischen Forschungsstation befreit. Er verabreicht ihr ein Serum, das er zuvor von dem gutmanikürten Mann bekommen hat und das das Virus in ihrem Körper neutralisiert. Als die beiden das Labor verlassen und sich im ewigen Eis wiederfinden, verliert Scully das Bewußtsein, während Mulder erstaunt feststellt, daß das Labor in Wahrheit ein gigantisches Raumschiff ist, das sich just in diesem Moment in den Himmel erhebt.

Die Handlung

PHOENIX, ARIZONA, 17:46 UHR
Für die Techniker von Roush Technologies ist der Arbeitstag beendet. Ein Kleinbus bringt eine Gruppe von Mitarbeitern nach Hause. Auch Sam. Sam schwitzt. Doch es ist nicht die Hitze, die ihm den Schweiß auf die Stirn treibt. Sam glaubt, sich eine Grippe zugezogen zu haben. Er schwitzt und friert gleichzeitig. Er schaltet schließlich die Heizung an, aber er friert weiter. Zitternd setzt er sich auf die Wohnzimmercouch.

7:04 UHR
Der Kleinbus der Roush Technologies hält vor Sams Haus. Doch Sam

reagiert auf das Hupen seiner Kollegen nicht. So steigt einer von ihnen schließlich aus. Die Haustür ist nicht abgeschlossen. Mißtrauisch betritt der Kollege das Haus – und findet Sam auf der Couch. Sein Oberkörper ist aufgeplatzt, überall ist Blut. Sams Kollege behält trotz des Anblicks die Nerven. Offensichtlich ahnt er, was mit seinem Arbeitskollegen geschehen ist. Er wendet sich vorsichtig von Sam ab und versucht, mit einem Sprint die Haustür zu erreichen. Doch es gelingt ihm nicht mehr. Ein dunkles Wesen stürzt sich auf ihn. Blut spritzt gegen die Tür, der Mann verliert den Kampf gegen das übermenschlich starke Wesen.

Vor einem Ausschuß muß sich Mulder für seine Arbeit rechtfertigen. Die X-Akten, erklärt er den assistierenden Direktoren, zu denen auch Skinner gehört, seien mutwillig zerstört worden. Verantwortlich für diese Zerstörung sei eine Gruppe von Verschwörern, die mit außerirdischen Kräften in Verbindung stehe. Offenbar versuchen diese außerirdischen Wesen, langsam, aber sicher die Macht auf der Erde an sich zu reißen. Einen Beweis hat Mulder nicht, aber er glaubt, einen Großteil der X-Akten wieder zusammensetzen zu können. In ihnen fänden sich genügend Beweise für seine Aussagen.

Mit seiner Geschichte erntet er unter den Direktoren nur Kopfschütteln. Einer fragt ihn gar, ob diese Außerirdischen aussehen würden wie jene, die er vor kurzem in dem Film MEN IN BLACK (MEN IN BLACK, USA 1997) gesehen habe. Mulder lächelt verschmitzt. »Möglich«, antwortet er, nur leider habe er diesen offenbar exzellenten Film nicht gesehen. Mulder bleibt selbstsicher, da er glaubt, Scully würde seine Aussagen über die Existenz außerirdischen Lebens bestätigen. Sie war es schließlich, die von einem außerirdischen Virus befallen gewesen war. Sie, so glaubt Mulder, werde die Direktoren von seiner Geschichte überzeugen. Ihn mögen sie für einen Spinner halten, Scully aber ist schließlich Wissenschaftlerin.

Doch Scully bestätigt gar nichts. Es gebe keinen Beweis dafür, daß das Virus, mit dem sie infiziert war, außerirdischen Ursprungs gewesen sei. Und das Raumschiff habe sie nicht gesehen, da sie bei dessen angeblichem Start bewußtlos im Eis lag.

Mit Scullys kontraproduktiver Aussage bekommt Mulder nun die Rechnung für seinen Antarktis-Einsatz präsentiert. Er habe nur Gelder ver-

schleudert, wird ihm vorgeworfen, um seinen eigenen Spinnereien nach-
zugehen. In geheimer Abstimmung wird darüber entschieden, ob er die
X-Akten behalten darf – oder ob er degradiert wird.
Enttäuscht zieht sich Mulder zurück.

NEW YORK CITY
In einem abgedunkelten Raum hält das Konsortium Kriegsrat. Ein Mitarbeiter von Roush Technologies, die offenbar an der Erforschung des
außerirdischen Virus arbeiten, habe sich mit genau diesem infiziert, erklärt der Krebskandidat den anderen Männern und zeigt ihnen ein Foto
des vollkommen ausgeweideten Leichnams des Toten. Er kann sich ein
Lächeln nicht verkneifen, denn es ist ihm tatsächlich gelungen, der örtlichen Polizei weiszumachen, daß Indianer eine rituelle Tötung an dem
Mann vorgenommen hätten. Dies gibt dem Konsortium Zeit und Luft,
nach dem Ding zu suchen.
»Dem Ding?«, fragt ihn der zweite Elder.
Der Mann sei infiziert gewesen, und in seinem Körper, erklärt der Krebskandidat, habe sich ein fremder Organismus gebildet, der ausgeschlüpft
sei und der sich nun in Freiheit befinde. Doch nicht mehr lange...

Skinner überbringt Mulder indes die Nachricht, daß die X-Akten für ihn
geschlossen seien. Noch aber habe er eine Galgenfrist. Einer der Direktoren habe gegen Mulders Suspendierung gestimmt. Bis ein einstimmi-
ges Ergebnis vorliege, sei Mulder weder versetzt noch tatsächlich von
den Akten abgezogen. Wenn er auch nur den Hauch eines Beweises für
seine Aussagen erbringen könne, bleibe er im Spiel. Mulder weiß, daß
Skinner der Direktor war, der gegen seine Suspendierung gestimmt hat.
Skinner hat noch eine Überraschung für ihn: Auf seinem Schreibtisch
wird er einen Aktenordner finden, der ihm möglicherweise den Weg zu
einem Beweis offenbaren wird.
Mulder hastet in sein Büro, wo er den Aktenordner findet, dessen Inhalt
sich den Geschehnissen von Phoenix widmet. Er läßt den Ordner verschwinden, bevor Agent Spender den Raum betritt, der süffisant verkün-
det, daß Mulder in diesem Büro trotz seines noch undefinierten Status

nichts mehr zu suchen habe. Dies sei nun sein Büro. Seines und das seiner neuen Kollegin – Agentin Diana Fowley. Mulder versteht. »Was ist das für ein Gefühl«, fragt er Diana, »einem Kollegen das Messer in den Rücken zu jagen?« Kommentarlos verläßt Mulder sein Büro.

Während er sich auf dem Weg nach Phoenix befindet, begibt sich der Krebskandidat in einen Operationssaal, in dem mehrere Ärzte am Gehirn eines kleinen Jungen operieren. Der Krebskandidat braucht den Jungen. Sofort. Dies aber könne ihn umbringen, wirft ein Arzt ein. Na und? Der Krebskandidat wartet darauf, daß der Patient reisefertig gemacht wird. Der kleine Junge ist Gibson Praise.

PHOENIX, ARIZONA, 16:58 UHR

Unter Vorspiegelung falscher Tatsachen haben sich Mulder und Scully Zutritt zu dem Haus des getöteten Technikers verschafft. Auf dem Fußboden und an den Wänden finden sie Kratzspuren, die die Indianer in einem tranceähnlichen Zustand dort hinterlassen haben sollen. Scully erklärt Mulder, daß kein Mensch die Kraft aufbringen könne, solche Spuren in einem Mauerwerk zu hinterlassen. In einer dieser Kratzspuren findet Mulder den Teil eines krallenähnlichen Fingernagels.

Während die beiden das Haus untersuchen, fährt der Krebskandidat mit Gibson und einem Gehilfen, dem schwarzhaarigen Mann, vor. Dieser will sofort aussteigen und das Haus in Augenschein nehmen, Gibson aber hält ihn davon ab. Das Monster sei nicht im Haus. Es sei verschwunden. Wenn sie ihm nicht glaubten, dann brauchten sie ihn ja nicht mehr und könnten ihn sofort töten, sagt der Junge, der Gedanken lesen kann. Tatsächlich aber spürt er, daß Mulder und Scully in dem Haus sind. Der Krebskandidat merkt jedoch nicht, daß Gibson jemanden schützen will, und gibt dem schwarzhaarigen Mann den Befehl weiterzufahren.

ROLLING HILLS ATOMKRAFTWERK,
60 MEILEN ÖSTLICH VON PHOENIX

Ein Techniker überprüft die Ventile des Kühlwassersystems. Die Temperatur des Wassers ist um fünf Grad gestiegen, er versucht, dem Grund dafür auf die Spur zu kommen. Während er sich an den Ventilen zu schaffen macht, beobachtet er, daß sich zwischen den Wasserrohren etwas bewegt. Eine Kralle? Was es auch sein mag, es greift nach ihm.

ROLLING HILLS ATOMKRAFTWERK, 12:17 UHR
Das Kraftwerk ist abgeriegelt. Überall befinden sich Mitglieder des Hilfswerks und des FBI. Mulders Versuch, hineinzugelangen, wird von Agent Spender vereitelt. Dies sei kein FBI-Fall, erklärt er Mulder. »Das ist ja interessant«, antwortet dieser. Nur, was macht das FBI dann hier? Es kommt zu einem kurzen Wortgefecht, in dem Mulder Spender zu verstehen gibt, daß er ihm niemals auch nur ein Wort von dem, was er sage, glauben würde. Er steigt wieder in seinen Wagen – und findet auf dem Rücksitz Gibson Praise.

CAMEL BLACK VIEW MOTEL, 19:52 UHR
Scully nimmt Gibson die Verbände vom Kopf. Der Junge braucht Hilfe. Warum man ihm dies angetan habe, fragt sie ihn. Weil er Gedanken lesen könne. Die Männer des Konsortiums wollten wissen, warum er dies könne, um diese Fähigkeit auch auf andere Menschen übertragen zu können. Sie brauchten ihn jedoch hier, weil er mit dem Wesen, das auch Mulder und Scully suchen, kommunizieren könne. Dann wendet er sich an Scully: Warum fürchtet sie sich davor, das zu glauben, was sie längst weiß? Ist es ihr Ethos als Wissenschaftlerin, das es ihr verbietet, an Dinge zu glauben, die sich außerhalb ihres Wissensspektrums befinden?
Entkommen ist er seinen Peinigern übrigens ganz einfach: Sie haben offenbar nicht bedacht, daß er auch ihre Gedanken lesen kann. So wußte er genau, wann sie ihn für einen Moment unbeobachtet lassen würden. Diesen Moment hat er genutzt, um zu entkommen.
Nun aber fühlt er sich schwach. Mulder und Scully wollen ihn ins nächstgelegene Krankenhaus bringen. Da leuchten Scheinwerfer vor ihrem Zimmer auf. Es ist Diana Fowley. Sie behauptet, Mulders Interessen zu vertreten. Wenn sie die Chance, sie zu übernehmen, nicht ergriffen hätte, dann gäbe es jetzt niemanden mehr, der sich ernsthaft um die Akten kümmern würde, erklärt sie Mulder. Um ihm zu beweisen, daß sie

nicht seine Feindin ist, erklärt sie ihm, warum sie zum Kraftwerk gerufen worden seien: Das Ding, das den Körper des toten Technikers verlassen hat, befinde sich im Kraftwerk. Mulder folgt Diana, während Scully den Jungen ins Krankenhaus bringt.

Dort wird der Junge zwar behandelt, doch als Scully ihn für einen kurzen Moment unbeaufsichtigt läßt, wird er von dem schwarzhaarigen Mann entführt.

Mulder und Diana befinden sich mittlerweile im Kraftwerk. Da sie einen größeren Umweg in Kauf nehmen mußten, um ungesehen ins Kraftwerk gelangen zu können, ist der schwarzhaarige Mann mit Gibson schon dort, bevor die beiden den Raum, in dem eine Reihe von Kühlstäben aus dem Kühlwasser herausragen, erreicht haben. In diesem Raum soll sich angeblich das Wesen verstecken. Mulder fleht den schwarzhaarigen Mann an, den Raum zu verlassen, er schwebe in Gefahr. Der schwarzhaarige Mann aber lacht nur – bis sein Kopf von dem Monster zerfetzt wird und das kleine Fenster in der Stahltür über und über mit Blut beschmiert ist. Gibson wird von dem Wesen verschont.

Währenddessen stürmen FBI-Beamte in den Kraftwerkstrakt, Diana verhaftet Mulder. Das Ding ist verschwunden.

Bei der anschließenden Anhörung vor assistierenden Direktoren werden Mulder und Scully die X-Akten endgültig weggenommen. Skinner ist zu diesem Treffen nicht eingeladen und kann deshalb nicht einschreiten. Mulders neuer Chef ist Direktor Kersh, ein Afroamerikaner, der zwar kein Verschwörer ist, dafür aber ein engstirniger Bürokrat, wie Mulder im Laufe der Zeit feststellen wird.

Währenddessen bekommt Spender Besuch von dem Krebskandidaten, der mit der Art und Weise, wie er mit Mulder umgegangen ist, zufrieden ist. Spender jedoch – und dies ist überraschend – verhält sich abweisend. Er vertraut dem Krebskandidaten auch nicht, als dieser ihn mit »Sohn« anspricht. Dennoch entwickelt sich zwischen den beiden ein Gespräch, in dessen Verlauf Spender den Krebskandidaten fragt, ob er Menschen ermordet habe. Der Verschwörer leugnet dies nicht. Und warum habe er

Mulder dann nicht angerührt? Weil er den Menschen Mulder töten könne, antwortet er, daß das aber, wofür dessen Name stehe, dann noch viel
mächtiger werden würde, als es ohnehin schon sei.

Mulder sitzt unterdessen an einem Computer und bemüht sich, entgegen
der Anordnung seiner Vorgesetzten, Teile einer verbrannten X-Akte zu-
sammenzusetzen. Als Scully den Raum betritt, schaut er nicht einmal
auf. Wenn sie ihm nicht in den Rücken gefallen wäre, sähe seine Position nun anders aus. »Und was hat Diana getan?« fragt Scully zurück. Sei
sie ihm im Kraftwerk nicht auch in den Rücken gefallen?
Mulder verneint dies. Als die anderen Agenten, von den Schreien des
schwarzhaarigen Mannes aufgeschreckt, angerannt kamen, war ihre
Reaktion korrekt. Nur so konnte sie den Eindruck erwecken, zufällig in
Mulders Nähe zu sein und den Verdacht, ihn möglicherweise ins Kraftwerk eingeschleust zu haben, zerstreuen.
Scully akzeptiert Mulders Meinung. Und sie hat eine Nachricht für ihn,
die ihn überraschen wird: Sie hat das Virus, mit dem sie infiziert worden
ist, entschlüsseln können. Offenbar sollte mit seiner Hilfe ein Teil des
menschlichen DNA-Strangs stimuliert werden, der eigentlich überhaupt
keine Rolle in der Entwicklung des Menschen spielt und inaktiv ist. Mit
Hilfe der Untersuchungsergebnisse hat Scully festgestellt, daß dieser
Strang offenbar künstlich der menschlichen Erbinformation zugefügt
worden ist. Und wenn dies Außerirdische getan hätten, würde das bedeuten, daß in jedem Menschen außerirdische DNA schlummere. Diese
Mitteilung verblüfft sogar Mulder.

Von den Ereignissen im Kraftwerk ahnen die beiden jedoch nichts. Dort
beobachtet Gibson, der offenbar nicht wieder eingefangen wurde, im
Kühlwasserraum, wie das Ding unter Wasser einen Veränderungsprozeß
durchmacht. Die schuppenähnliche Haut des Monsters platzt auf, die
Krallen verschwinden und werden durch feingliedrige Hände ersetzt.
Zurück bleibt ein grauweiß-häutiges Lebewesen mit riesigen Augen.

—

Bewertung

Der Titel THE BEGINNING ist Programm. THE BEGINNING ist der Anfang vom Ende. Nach Dutzenden von Mythologie-Episoden, die niemand mehr verstanden hatte und deren Sinn offenbar nicht einmal mehr die Autoren erkannt hatten, ist THE BEGINNING der richtige Schritt. Die Geschichte ist klar strukturiert, die Handlung bleibt nachvollziehbar. Die Überraschungen, die bereit gehalten werden, sind wohldosiert, Wendungen um der Wendungen willen gibt es nicht mehr. Es bleiben zwar einige Fragen offen. Zum Beispiel erfährt man immer noch nicht genau, warum die Verschwörer außerirdische Hybriden züchten, doch es müssen ja noch Rätsel für spätere Mythologie-Episoden bleiben.

Überraschend sind die für eine TV-Serie recht heftigen Splatterszenen, die zwar stets außerhalb des Bildes stattfinden, deren Ergebnisse dem Zuschauer jedoch in voller »Schönheit« präsentiert werden. Hier schießt AKTE X teilweise über das Ziel hinaus, aber die Szenen bleiben stets Teil der Dramaturgie. Es bleibt abzuwarten, wie Pro 7 mit diesen Splatterszenen umgehen wird.
THE BEGINNING ist ein rundum gelungener Einstand in die neue Staffel, der über viele Fehler in der letzten Staffel hinwegtröstet. Note 2.

Produktionsnotizen

★ THE BEGINNING ist die erste Episode, die in Hollywood inszeniert wurde. Dies merkt man der Episode tatsächlich an. AKTE X war bislang für eine sehr eigenwillige Farbdramaturgie bekannt, der Ton »grau« herrschte vor und gab AKTE X sein unverwechselbares Aussehen. Dieses Grau wird in THE BEGINNING sparsamer eingesetzt. Man merkt, daß in Kalifornien viel häufiger die Sonne scheint als in Vancouver. So wirken die Bilder etwas farbintensiver, als man dies von AKTE X gewohnt ist. Gerade während der Innenaufnahmen bleibt AKTE X ihrem Look aber treu, so daß die Veränderung kaum ins Gewicht fällt.

X-Hintergründe

THE BEGINNING macht eine sehr interessante Theorie zum Thema: die vom Einfluß Außerirdischer auf die Entwicklung der Menschheit. Neu ist dieser Gedanke nicht, Franzosen wie Louis Pauwels und Jacques Bergier hatten diesen Gedanken schon in den 40er Jahren, englische Autoren wie Brinsley le Poer Trench, John Mitchell und Raymond Drake führten diese Ideen fort, bis der Schweizer Erich von Däniken mit Büchern wie *Erinnerungen an die Zukunft* in den frühen 70er Jahren Bestseller schrieb, in denen er behauptete, die gesamte kulturelle Entwicklungsgeschichte der Menschheit sei einzig und allein durch den Besuch außerirdischer Wesen auf der Erde zu erklären. Von Däniken hat sich als Autodidakt in Archäologie und archäologischen Methoden fortgebildet und ist dabei nicht sorgfältig genug gewesen. Deshalb sind ihm nachweisbar eine Reihe von Fehlern bei er Untersuchung historischer Artefakte unterlaufen. In der Welt der Geschichtsforscher ist von Däniken daher eine unerwünschte Person. Wer sich jedoch schon einmal – etwa aus beruflichen Gründen – intensiv mit problematischen historischen Sachverhalten hat auseinandersetzen müssen, weiß, daß viele Historiker dazu neigen, ihr Wissen als den Privatbesitz ihrer Kaste zu betrachten und es der Öffentlichkeit vorenthalten. Dies beginnt bei der Heimatforschung und endet nicht vor den Pyramiden von Gizeh. Vielleicht ist das eine Erklärung für von Dänikens manchmal unwissenschaftlichen Methoden.

Da der gesamte Forschungskomplex der Präastronautik in keiner Weise ins Bild der etablierten Wissenschaft paßt, gibt es kaum Fachleute, die sich mit diesem Forschungsgebiet auseinandersetzen. Meist handelt es sich um Autodidakten, deren Forschungen sehr unterschiedlich ausfallen und deren Ergebnisse einen manchmal nachdenklich werden lassen, die manchmal aber auch ganz einfach Gelächter provozieren.

Soviel als Einführung. Doch was hat das mit THE BEGINNING zu tun? Der Reihe nach.

★ Die klassische Präastronautik geht davon aus, daß Außerirdische auf die Erde kamen und in die Entwicklung der Menschheit – aus welchen Gründen auch immer – eingriffen.

Ein Beispiel: Eine neuseeländische Legende der Maori erzählt davon, wie einst Besucher aus dem sogenannten Himmelsland auf die Erde kamen. Die Menschen hatten vor den vollkommen fremdartig, nur wenig menschlich aussehenden Besuchern Angst. Es kam zu einem Kampf, und einer der Fremden wurde gefangengenommen. Nun hatten die Maori noch mehr Angst als zuvor, denn sie glaubten, die Fremden würden zurückkehren und mit aller Macht ihren Freund zurückverlangen. Der Fremde aber lernte sehr schnell die Sprache der Maori und wurde so zu einem von ihnen. Als seine Artgenossen eines Tages zurückkamen, stellte er sich vor die Maori und erklärte seinen Leuten, daß alles nur ein Mißverständnis gewesen sei. Daraufhin nahmen die Wesen aus dem Himmelsland eine Abordnung der Maori mit in ihr Reich, aber die Maori verstanden nicht, was sie sahen. Für sie war es nur Magie. Die Fremden verließen sie eines Tages wieder, aber nicht ohne ihnen die Grundlagen ihrer Handwerkskunst beigebracht zu haben.

Dies wäre nur eine Legende, wenn es in Japan nicht eine fast identische Geschichte gäbe, die sich nur in einem Punkt wesentlich von der Maori-Geschichte unterscheidet: Die japanische Geschichte erzählt nämlich von einem Fährverkehr zwischen dem Land jenseits der Wolken und Japan. Ebenfalls von Besuchern aus dem Himmelsland berichten uralte Eskimo-Überlieferungen, die in der Essenz mit der der Maori fast identisch sind. Die plausibelste Geschichte aber stammt von den Dogo (auch Dogon), einem Volk aus Mali, die von den Nommo erzählt, einem Volk, das mit rotierenden Fahrzeugen vom Himmel kam (viele UFO-Sichtungen erzählen davon, daß die unbekannten Flugobjekte in der Luft um die eigene Achse rotiert seien). Während Maori, Eskimos oder Japaner von einem Himmelsreich oder einem Land hinter den Wolken erzählen, sind die Dogo weitaus präziser und sagen, daß die Nommo aus dem Weltall kamen. Von ihnen wußten sie, daß die Erde nicht, wie dies in Europa behauptet wurde, der Mittelpunkt des Universums sei, sondern ein Planet, der sich um die Sonne dreht. Und sie besaßen auch eine Sternenkarte, auf der ihnen die Nommo jene Sonne zeigten, um die ihr Planet kreist.

Nun wäre dies nur eine weitere Legende im Reigen ähnlicher Geschichten, wenn es sich bei dem Stern, von dem die Nommo gekommen sein sollen, nicht um Sirius B handelte, ausgerechnet jenen Stern, auf den Radioastronomen mit Vorliebe ihre Teleskope richten, da von hier einige der bislang ungewöhnlichsten Geräusche aus dem Weltall aufgefangen wurden.

All diese Geschichten werden der Theorie der »Astronautengötter« zugeordnet. Ob Maori, Eskimos, Dogo oder Japaner: Sie alle verehrten die fremden Wesen als Götter. Vermischungen zwischen Göttern und Menschen haben nicht stattgefunden. Anders sieht dies in der griechischen Götterwelt aus. Wenn man einmal annehmen würde, die griechischen Götter seien in Wahrheit außerirdische Besucher gewesen, wäre Göttervater Zeus ein richtiger Schwerenöter gewesen, der eine große Vorliebe für menschliche Frauen hatte. So wäre Herkules als Frucht seiner Lenden in dieser Theorie kein halber Gott, sondern ein halber Außerirdischer. Menschliche Erbinformationen könnten also – wie in THE BEGINNING zum Thema gemacht – von Außerirdischen beeinflußt sein. Dieses Beispiel zeigt auf, daß es Geschichten gibt, die von der Vermischung von Menschen mit »Göttern« sprechen – und zwar auf dem ganz herkömmlichen Weg der Fortpflanzung.

Eine solche Geschichte findet sich auch in der Bibel. Da trägt Kapitel sechs des ersten Buches Mose die Überschrift: »Gottessöhne und Menschentöchter«. In diesem Kapitel, das von der Sintflut und dem Bau von Noahs Arche handelt, heißt es, entgegen jeder christlichen oder jüdischen Glaubenslehre: »Als aber die Menschen sich zu mehren begannen auf Erden und ihnen Töchter geboren wurden, da sahen die Gottessöhne, wie schön die Töchter der Menschen waren, und nahmen sie zu Frauen, welche sie wollten. Da sprach der Herr: Mein Geist soll nicht immerdar im Menschen walten, denn auch der Mensch ist Fleisch. Ich will ihm Lebenszeit geben 120 Jahre. Zu der Zeit und auch später noch, als die Gottessöhne zu den Töchtern der Menschen eingingen und sie ihnen Kinder gebaren, wurden daraus Riesen auf Erden. Das sind die Helden der Vorzeit, die hochberühmten.«

Es gibt noch einige andere Passagen im Buch der Bücher, die den Leser etwas stutzig machen, doch keine verstößt derart eklatant gegen jedes

Glaubensparadigma wie Kapitel sechs (mit Ausnahme von Hiob, 1,6 ff, doch siehe hierzu die X-HINTERGRÜNDE zu 6ABX06 TERMS OF ENDEARMENT).

Wenn man den Schöpfungsakt der Menschheit dann einmal aus dem Blickwinkel eines überzeugten Präastronautikers betrachtet, befinden wir uns mitten in AKTE X. Dann erschafft Gott als Außerirdischer ein Wesen, das seinem Ebenbild gleicht (wohlgemerkt, gleicht, nicht entspricht). Da dieses Wesen einsam ist, entnimmt er ihm Zellstruktur (in der Bibel als Rippe bezeichnet) und formt daraus ein weibliches Wesen, um die Fortpflanzungsfähigkeit seines Geschöpfes zu gewährleisten.

★ Die Idee, daß außerirdische Besucher in die Entwicklung der Menschheit eingegriffen haben könnten, läßt sich auch vollkommen rational erklären. Wenn eine technologisch gering entwickelte Kultur plötzlich mit einer technologisch hochentwickelten Kultur zusammentrifft, entsteht oft der sogenannte Cargo-Kult (Cargo = Ladung). Dieser Begriff entstand in Südamerika, wo man beobachtet hat, wie Ureinwohner, die bis heute im Busch leben, plötzlich anfingen, riesige gerade Schneisen in den Urwald zu schlagen. Wie sich herausstellte, hatten sie gesehen, daß die Weißen ähnliche Schneisen in den Wald trieben, auf denen dann große Vögel mit wertvoller Ladung landeten. Oder auf deutsch: Sie hatten beobachtet, wie Landebahnen gebaut wurden, auf denen schließlich Frachtflugzeuge landeten. Sie hofften nun, wenn sie selbst solche Schneisen schlügen, würden die Flugzeuge auch bei ihnen landen. Dies ist ein Phänomen, das auch in früheren Jahrhunderten zu beobachten war, wenn hochtechnologisierte auf niedrigtechnologisierte Kulturen trafen. Ein Beispiel: Was wäre wohl geschehen, wenn ein Hüttenbewohner aus der Lüneburger Heide des Jahres 4000 vor Christus – aus welchem Grund auch immer – nach Ägypten gelangt wäre, wo er die Pyramiden gesehen hätte? Hätte er nicht einen guten Grund gehabt zu glauben, daß nur Götter solche Bauten erschaffen könnten und die Menschen in Ägypten Gottwesen sein müßten?

6ABX02 Drive

US-Erstausstrahlung: 15. November 1998

Regie: Rob Bowman. Drehbuch: Vince Gilligan. Gaststars: Bryan Cranston (Patrick Crump), Janine Venable (Vicky Crump), Michael O'Neill (Patrol Captain, Chef der Highway-Polizei), Bob Peters (Nachrichtensprecher in Idaho), Frank Buckley (Nachrichtensprecher in Nevada), Junior Brown (Farmer), Mindy Seeger (Leichenbeschauerin), Harry Danner (Doktor), James Pickens Jr. (FBI-Direktor A. D. Kersh), Scott A. Smith (Gefängnisarzt), Ken Collins (Tankwart).

Kurzinhalt

Ein Amokfahrer wird von der Polizei gestellt und verhaftet, seine offenbar unter Schock stehende Ehefrau in einen Polizeiwagen gesetzt – wo ihr vor laufenden Fernsehkameras der halbe Kopf explodiert. Mulder und Scully, inzwischen auf einen Posten für Routinearbeiten abgeschoben, befinden sich zufällig in der Nähe des Unglücksortes. Mulder bietet der Polizei seine Hilfe an – um sich kurze Zeit später in einem Auto als Geisel des Amokfahrers wiederzufinden. Dieser zwingt Mulder, Vollgas zu geben, und erklärt ihm, daß langsames Fahren oder gar Anhalten seinen – des Geiselnehmers – Tod bedeuten könne.

Langinhalt

Anmerkung: Diese Episode verzichtet größtenteils auf die klassischen Schrifteinblendungen im linken unteren Bildrand. Statt dessen erfährt der Zuschauer durch Ortsschilder oder Einblendungen einer Fernsehkamera, wo sich Mulder und Scully befinden, so auch zu Beginn der Episode: In den Nachrichten des TV-Senders KRX1 Fox11 wird live zur Kamera seines Hubschraubers über der Route 766 in Nevada geschaltet, wo ein

Großaufgebot der Polizei einen Wagen verfolgt, der mit Vollgas über den Highway gen Westen rast. Niemand weiß, wer der Fahrer ist, noch ist bekannt, warum er vor der Polizei flieht. Vielleicht hat er eine Geisel in seiner Gewalt. Auf dem Rücksitz des Wagens liegt jedenfalls ein Mensch, über dessen Identität nichts bekannt ist.

Eine über die Straße gespannte Nagelfalle stoppt den Wagen schließlich. Die Reifen platzen, das Auto hält. Polizisten zerren den Fahrer aus dem Wagen auf die Straße. Der Mann schreit und wehrt sich. Auf dem Rücksitz des Wagens befindet sich eine Frau, die offenbar unter Schock steht. Auch sie schreit und tritt um sich. Sie wird in einen Polizeiwagen gesetzt, doch sie gibt keine Ruhe. Sie scheint unerträgliche Schmerzen zu haben und beginnt, ihren Kopf gegen die Scheibe der Beifahrertür zu schlagen, bis der halbe Schädel explodiert und Blut gegen das Glas spritzt.

Die Live-Übertragung wird abgebrochen.

BUHL, IDAHO

Ein Routinefall führt Mulder und Scully auf eine kleine, heruntergekommene Farm. Es geht um Waffen, einen Betrug und eine Quittung, die die Agenten überprüfen sollen. Mulder macht keinen Hehl daraus, daß er an diesem Fall kein Interesse hat, und überläßt Scully die Arbeit. Er setzt sich statt dessen vor den Fernseher und schaut sich die Nachrichten an, in denen von den Ereignissen auf der Route 766 berichtet wird. Als Mulder sieht, wie das Blut der Frau gegen die Scheibe spritzt, springt er auf, greift sofort nach seinem Handy und bietet der ermittelnden Highway-Polizei seine Mithilfe an. Scully versucht, ihn davon abzuhalten. Diese Geschichte falle nicht in ihrer beider Zuständigkeit, versucht sie Mulder klarzumachen. Wenn ihr neuer Chef, Direktor Kersh, davon erfahre, werde es Ärger geben. Überhaupt werde es sich sehr wahrscheinlich um einen tragischen Unfall handeln. Mulder stimmt ihr zu – nur hat der zuständige Patrol Captain Mulders Hilfsangebot längst dankbar angenommen.

Während Mulder und Scully sich auf dem Weg nach Nevada befinden, sitzt der Amokfahrer, Patrick Crump, in seiner Zelle. Er wirkt ruhig, bis er plötzlich meint, ein Geräusch wahrzunehmen, ein Geräusch, das offenbar nur er hören kann. Von Sekunde zu Sekunde wird es lauter. Blut schießt aus seiner Nase. Schreiend bricht Crump zusammen.

Der Patrol Captain erläutert Mulder und Scully den Fall. Zuerst, erklärt er den beiden, sei Crump Richtung Osten gerast, dann habe er ohne ersichtlichen Grund die Richtung geändert und sei Richtung Westen gefahren. Ein Unbekannter ist Crump nicht. Wegen einiger Schlägereien ist er einschlägig vorbestraft; warum er jedoch wie ein Verrückter über den Highway gerast sei, sei den Polizisten ebenso ein Rätsel wie der Tod der Frau. Der Captain gibt Scully sein Ehrenwort, daß niemand auf sie geschossen habe. Sie hätte im Wagen gesessen – und ihr Kopf sei einfach explodiert.

Scully will sich von diesem Vorfall selbst ein Bild machen und untersucht mit einer ortsansässigen Leichenbeschauerin Vicky Crumps Schädel. So etwas habe sie noch nie gesehen, warnt die Ärztin. Und Scully muß ihr zustimmen. Während die linke Gesichtshälfte vollkommen intakt ist, ist die rechte Hälfte so zerfetzt worden, als habe sich ein Sprengsatz in dem Kopf befunden. Scully vermutet, daß sich vielleicht aus einem Polizeirevolver unbeabsichtigt ein Schuß gelöst und die Frau getötet hätte. Diese Theorie aber muß sie nun aufgeben. Bei der Untersuchung des vollkommen aufgeblähten Innenohrs verletzt Scully mit dem Skalpell ein Äderchen. Obwohl das Blut längst geronnen sein müßte, spritzt ihr ein Blutstrahl entgegen. Da Scully eine infektiöse Krankheit befürchtet, stellt sie sich und die Leichenbeschauerin unter Quarantäne.

Während Scully eine Liste all der Personen erstellen läßt, die Kontakt zu Vicky Crump hatten, wird ihr Mann in einen Krankenwagen gebracht. Sein Blutdruck spielt verrückt, er befindet sich im Delirium – und keiner der Sanitäter weiß, wie dem Mann geholfen werden kann. Sie fahren ins Krankenhaus, Mulder folgt dem Krankentransport mit seinem Wagen.

Je schneller der Krankenwagen wird, desto besser geht es Crump. Die Sanitäter wissen nicht, welches der Medikamente, die sie dem bewußtlosen Mann verabreicht haben, geholfen haben könnte. Kurze Zeit später beobachtet Mulder, wie der Krankenwagen ins Schlingern gerät – und plötzlich stoppt. Crump hat den ihn begleitenden Wachmann überwäl-

tigt und dessen Waffe an sich genommen. Er springt aus dem Krankenwagen und nimmt Mulder als Geisel. »Gib Gas!« fordert er den Agenten
auf.

Die Einlieferung einer zweiten Toten in die Leichenkammer erhärtet
Scullys Verdacht, daß es sich um eine Epidemie handeln könnte. Die Tote
wohnte nur ein paar hundert Meter von den Crumps entfernt. Daher befürchtet Scully, daß jeder, der mit den Crumps zu tun hatte, ein ähnliches
Schicksal erleiden wird. Sie ruft Mulder an und warnt ihn vor dem Kontakt mit Crump. Dafür ist es leider zu spät, denn Crump sitzt hinter
Mulder und drückt ihm die Waffe ins Genick. Als das Handy kurze Zeit
später ein zweites Mal klingelt, bekommt Crump einen Wutanfall und
schleudert das Gerät aus dem Fenster. »Das war dumm«, flucht Mulder.
Ohne Kontakt zur Außenwelt, verfolgt von einem Dutzend Polizeifahr-
zeugen, nähern sich die beiden der kalifornischen Staatsgrenze.

Scullys Gewebeuntersuchungen bringen indes Erstaunliches zutage: Es
gibt keinen Erreger! Abgesehen von der unnatürlichen Vergrößerung des
Innenohrs war Vicky Crump vollkommen gesund. Als machte ihr dieses
Rätsel nicht schon genug Kopfschmerzen, erhält sie einen Anruf von
Direktor Kersh, der ihr Eingreifen in diesen Fall rügt. Scully redet sich
heraus und erklärt Kersh, der Patrol Captain hätte das FBI um Hilfe gebeten. So beschwichtigt sie ihren Vorgesetzten. Fragt sich nur, wie lange.

Zwischen Crump und Mulder entwickelt sich derweil ein Gespräch. »Mulder sei ein jüdischer Name, oder nicht?« fragt Crump den Agenten. Mulder verneint dies, erklärt Crump aber, daß er tatsächlich Jude sei. Crump
hat für Juden nicht viel übrig. Tatsächlich entpuppt er sich als Paranoiker, der fest daran glaubt, das Opfer einer Verschwörung des jüdisch un-
terwanderten Zentralstaats aus Washington geworden zu sein. Mulder
schüttelt verächtlich den Kopf – und verlangsamt, als sie in einer kleinen Ortschaft an eine Kreuzung gelangen, das Tempo. Ohne Vorwarnung
beginnt Crump zu schreien. Er schlägt seinen Kopf gegen die Seiten-
scheibe und läßt sogar seine Waffe fallen. Mulder beobachtet erstaunt
Crumps Anfall, dann gibt er Vollgas und jagt trotz des Querverkehrs über
die Kreuzung. Je schneller er fährt, desto ruhiger wird Crump, bis er die
vollständige Kontrolle über seinen Körper zurückerhält.

DAS HAUS DER CRUMPS, MONTELLO, NEVADA
In Schutzanzügen untersuchen Beamte des FBI und der örtlichen Polizei die kleine Farm der Crumps. Scully führt die Gruppe an. Ein Schäferhund bellt. Doch es ist kein Bellen, mit dem er die Fremden verjagen will. Der Hund scheint vielmehr vor Angst verrückt zu werden. Beim Versuch, ihm eine Beruhigungsspritze zu geben, explodiert der Schädel des Tieres. Scully ist schockiert. Bei der Besichtigung des Hauses findet Scully zwei tote Wellensittiche in einem Käfig. Alle Tiere auf dem Hof sind tot. Doch mitten in diesem Chaos macht Scully eine überraschende Entdeckung: Im Schaukelstuhl vor dem Fernseher sitzt eine alte, offenbar pflegebedürftige Frau – und lebt. Scully blickt auf den laufenden Bildschirm und stellt fest, daß die Frau Untertitel lesen muß, um der Handlung folgen zu können. Mit anderen Worten: Sie ist taub!

Währenddessen erzählt Crump Mulder, daß er heute morgen um sechs Uhr aufgestanden sei. Seine Frau hatte ihm schon das Frühstück gemacht. Sie klagte über Kopfschmerzen und Ohrgeräusche, Ohrgeräusche, die immer lauter wurden. Als sie so schlimm wurden, daß sie begann, ihren Kopf auf den Tisch zu schlagen, wollte er sie ins Krankenhaus bringen. Je schneller er fuhr, desto besser ging es seiner Frau, wurde er langsamer, kehrten die Schmerzen zurück.
Mulder macht Crump darauf aufmerksam, daß ihnen das Benzin ausgeht. Sie werden anhalten müssen. Der Stopp an einer Tankstelle entwickelt sich jedoch um ein Haar zu einer Katastrophe. Die Zapfhähne funktionieren nur, wenn sie freigegeben werden, der Tankwart weigert sich, auf den Zuruf von Mulder zu reagieren. Kurzerhand schnappt sich Mulder seinen in die Bewußtlosigkeit versinkenden Entführer und setzt ihn in einen Wagen, der bereits betankt wurde. Die Schlüssel stecken – und Mulder rast gen Kalifornien davon.

Scully zieht ihren Schutzanzug aus. Hier habe kein Virus gewütet, erklärt sie dem verdutzten Patrol Captain. Sie folgt einer makaberen Spur, bestehend aus toten Raben, die sie direkt zu einem Einstieg einer Sendeanlage der amerikanischen Armee führt, die sich am Rande des Grundstücks befindet. Es fällt Scully nicht schwer, herauszufinden, wo dieser nicht zu öffnende Einstieg hinführt – zur

HORIZON VIEW NAVAL RESEARCH-STATION, WENDOVER, NEVADA, einem Stützpunkt, der offenbar auf dem Gebiet der Frequenzforschung (Radiowellen) tätig ist. »Project Seafarer« lautet der Name des Forschungsprojektes. Offen wirbt die Army mit dem Namen des Projektes auf einem Plakat, auf dem ein U-Boot zu sehen ist, das Schallwellen aussendet. Freundlich wird Scully von einem Presseoffizier empfangen, der glaubt, die Agentin komme wegen des Störfalls in den frühen Morgenstunden, der das Fernseh- und Radioprogramm der Umgebung für einen kurzen Moment lahmgelegt hatte. Scully möchte Genaueres über das Projekt wissen, doch sie bekommt auf ihre Fragen keine Antwort. Ebensowenig kann sie erfahren, ob für Menschen etwaige Gefahren bestanden hätten.

Dennoch hat Scully eine Idee, wie Crump geholfen werden kann. Wenn Crumps Innenohr von außen angeregt wurde, sich auf unnatürliche Art und Weise aufzublähen, kann man es von außen auch wieder verkleinern. Jetzt, da sie sicher weiß, daß Crump nicht an einem Virus leidet und keine Gefahr für andere Menschen von ihm ausgeht, will sie versuchen, mit einer Nadel in sein Innenohr zu gelangen, um mit einer Spritze das sich im Ohr stauende Blut abzupumpen. Ein Motorradfahrer übergibt Mulder bei voller Fahrt ein Handy, über das Scully ihrem Kollegen ihre Idee mitteilt. Scully läßt sich mit einem Hubschrauber zum Highway fliegen. Sobald sie bei Mulder ist, muß alles schnell gehen. Er muß stoppen, sie wird Crump verarzten.

Crump stimmt diesem Plan zu. Obwohl Mulder inzwischen das Maximum an Geschwindigkeit aus dem Wagen herausholt, geht es Crump immer schlechter. Längst bedroht er Mulder nicht mehr mit seiner Waffe. Zwischen den beiden hat sich ein eigenartiges Vertrauensverhältnis entwickelt.

Dennoch kommt Mulder zu spät. Kurz bevor er mit Scully zusammentrifft, explodiert Crumps Innenohr.

Wieder in Washington, erfährt Mulder von Kersh, daß dieser ihr Vorgehen selbst dann nicht billigen würde, wenn es ihnen gelungen wäre, einen außer Kontrolle geratenen Schulbus voller Kinder auf dem Weg in ein Bibellager zu stoppen. Wenn er den beiden einen Auftrag gibt, haben sie diesen – und nur diesen – zu erfüllen. Mulder bittet Kersh, über die von ihm verursachten Ausgaben eine Rechnung zu stellen. Im Gegensatz zu Scully, die sich sichtlich entsetzt über Kershs Bürokratenverhalten zeigt, schüttelt Mulder nur den Kopf und verläßt dessen Büro, bevor er ihm die Erlaubnis dazu gegeben hat.

Mit dem Tod des Amokfahrers ist der Fall Crump übrigens abgeschlossen.

Bewertung

Vince Gilligans Drehbuch und Rob Bowmans Regie machen DRIVE zu einem Meisterstück. Ungewöhnlich ist die dynamische Inszenierung, die weitaus mehr Affinitäten zum Actionfilm aufweist denn zum Mystery-genre. Schon die Eingangssequenz, die eine Verfolgungsjagd fast ausschließlich aus der Perspektive der Kamera eines TV-Hubschraubers zeigt, war so bei AKTE X noch nie zu sehen. Auch die Tatsache, daß die Zuschauer nicht erfahren, warum die Menschen gestorben sind, sondern allein mit Mutmaßungen konfrontiert werden, ist ein spannungssteigerndes Element. Während viele der Verschwörungsepisoden früherer Staffeln keinen Erfolg hatten, weil Informationen vorenthalten wurden, ist dieser Mangel jetzt eine logische Komponente der Geschichte: Der Soldat sagt, die Forschungen seien geheim. Basta. Damit steht fest: Der Bösewicht dieser Geschichte ist das Militär. Aber es wird keinen Richter geben, der ein Urteil fällen wird. Das ist bitter, aber ein durchaus realistischer und nachvollziehbarer Vorgang.

Vince Gilligan, der bereits während der fünften Staffel herausragende Drehbücher geschrieben hat (5X03 THE UNUSUAL SUSPECTS; 5X12 BAD BLOOD; 5X19 FOLIE Á DEUX), beweist einmal mehr, daß er der beste und vielseitigste Autor der Serie ist, denn mit der Betonung des Actionaspekts – bei dem es sich letztlich »nur« um eine rasante Autofahrt handelt – hat er AKTE X hervorragend um ein Genremerkmal erweitert. Note 1.

X-Hintergründe

★ Der Umstand, daß Mulder das Auto nicht stoppen darf und gezwungen ist, mit hoher Geschwindigkeit über den Highway zu rasen, ist natürlich eine Hommage an den Spielfilm SPEED (SPEED, USA 1994), in dessen Mittelpunkt ein Autobus steht, unter dem ein Erpresser eine Bombe versteckt hat, die das Vehikel in die Luft jagt, sobald es langsamer als 55 Meilen pro Stunde fährt – und nur der Erpresser kann die Bombe deaktivieren. Nur wenige Kinogänger werden wissen, daß diese Geschichte wiederum auf dem japanischen Spielfilm PANIK IM TOKIO-EXPRESS (SHINKANSEN DAIBAKUHA, Japan 1975) von Junya Sato basiert, in dem eine Erpresserbande eine hohe Geldsumme verlangt, um eine Bombe zu entschärfen, die sie unter einem Hochgeschwindigkeitszug angebracht hat, der explodiert, sobald er eine Geschwindigkeit von unter 200 km/h erreicht!

★ Obwohl in der Episode nicht genau erklärt wird, warum die Menschen gestorben sind, erfährt der Zuschauer, daß offenbar ein mißlungenes Radiowellenexperiment den Tod der Crumps verursacht hat. Während Scully mit Mulder telefoniert, um ihm ihren Plan zur Rettung von Patrick Crump zu erläutern, erklärt sie, was nach ihrer Ansicht für Crumps Zustand verantwortlich ist. Mulder versteht und erwähnt beiläufig, daß es sich hier um eine Art Haarp-Experiment gehandelt haben dürfte.

HAARP (der Begriff wird tatsächlich in großen Buchstaben geschrieben, im Verlauf dieses Textes soll darauf jedoch verzichtet werden) ist ein Projekt, das keinesfalls der Phantasie der Autoren entsprungen ist. Finanziert wird es größtenteils vom amerikanischen Militär. Es gibt sogar eine offizielle Homepage im Internet. Das Forschungsprojekt unterliegt strengster Geheimhaltung, vor allem, seit Umweltschützer die Öffentlichkeit auf die Gefahren aufmerksam gemacht haben, die von diesem Projekt ausgehen können – Gefahren für die gesamte Menschheit!

Heute steht die Nutzbarmachung von Radiowellen im Vordergrund der Arbeiten, begonnen wurden sie jedoch mit einem weitaus verwegeneren Ziel: die Nutzbarmachung von Sonnenwinden als Energiequelle durch die Nutzung der Ionosphäre.

Wie dies geschehen soll, läßt sich wie folgt erklären: Auf der Sonnenoberfläche herrscht ein steter Sturm. Aus diesem Sturm entstehen große
magnetische Kräfte, die Materie aus der Sonnenoberfläche herausreißen
und ins All schleudern. Diese ins All geschleuderte Materie wird Sonnenwind genannt.

Würde dieser Sonnenwind auf eine ungeschützte Erde treffen, könnte
sich kein Leben auf ihr entwickeln. Zumindest kein Leben, wie wir es
kennen. Tatsächlich ist die Erde aber doppelt geschützt. Das Magnetfeld
der Erde hält den größten Teil des Sturmes ab, die im Sturm befindlichen
UV- und Röntgenstrahlen gelangen jedoch ungehindert durch dieses
natürliche Magnetfeld hindurch. Da sie zuvor aber mit Luftmolekülen zu-
sammenstoßen, können sie nicht bis zur Erde durchdringen. So entsteht
ein Gemisch aus Elektronen und geladenen Molekülen, ein Plasma, das
Ionosphäre genannt wird. Diese Ionosphäre ist eigentlich unsichtbar; da
sie jedoch instabil ist, bewegt sie sich, und nachts kann man manchmal
den Absorptionsvorgang mit bloßem Auge beobachten. Die so entstan-
denen Luftbilder werden im Volksmund Polar- oder Nordlichter (auf der
südlichen Halbkugel Südlichter) genannt.

Kommen wir nun zu folgendem Gedankenspiel: Die Energieressourcen
der Erde sind beschränkt. Irgendwann werden sie aufgebraucht sein. Der
Mensch benötigt also unbedingt neue Energiequellen. Mit jedem Son-
nensturm trifft eine riesige Menge von Energie auf die Erde, und man
darf durchaus behaupten, daß diese Sonnenstürme eine niemals enden-
de Energiequelle darstellen.

Was hat das nun mit DRIVE zu tun?

In DRIVE sind die Radiowellen und die damit verbundenen Forschungen,
die vom amerikanischen Militär unterstützt werden, das Thema. Die Erforschung der Radiowellen wiederum – und mit ihr das Haarp-Projekt –
steht in einem ganz engen Zusammenhang mit der Ionosphärenforschung.

Um diese Zusammenhänge zu verstehen, muß der Bogen weit gespannt
werden, und zwar über 100 Jahre in die Vergangenheit. Ort der Handlung: Kroatien. Hier lebte der junge Wissenschaftler Nikola Tesla, ein
Visionär. Seine verwegenen Experimente, seine Liebe zur Magie und zu

den Grenzwissenschaften, die er als Wissenschaften vollkommen ernst
nahm (Magie war für ihn nichts anderes als eine Wissenschaft, die darauf wartete, erklärt zu werden), machten Tesla in Forscherkreisen zu
einem Außenseiter. Tesla selbst litt vor allem unter der Engstirnigkeit seiner Habsburger Forscherkollegen, die die Wissenschaft zu einem unan-
tastbaren Gut ihrer Kaste erklärt hatten und jeden, der gängige Meinun-
gen in Frage stellte, nicht nur kritisch beobachteten, sondern gleich
diskreditierten, indem sie versuchten, seine Reputation zu beschädigen.
Tesla emigrierte 1884 in die USA. Nun mag Tesla ein Außenseiter gewesen sein, aber er ist auch der Mann, der die Grundlagen zur Nutzbarmachung des Wechselstroms definierte, und ohne dessen Arbeiten es
heute möglicherweise kein elektrisches Licht gäbe. Damit wird deutlich,
daß Tesla keineswegs nur ein Träumer war. Seine Arbeiten basierten sehr
wohl auf wissenschaftlich fundierten Erkenntnissen – und Tesla besaß
den Mut, größere Visionen zu haben als seine Kollegen, die nur von
einem Schritt zum nächsten dachten.

Auch in den USA war Tesla umstritten. Er hatte für die meisten seiner
Kollegen kaum mehr als Verachtung übrig. Tesla wußte, daß Wissenschaftler Wissen gern als ihr persönliches Eigentum betrachteten (und
heute noch betrachten). Und Wissen ist bekanntlich Macht. Wenn Tesla
wieder einmal eine bahnbrechende Entdeckung gemacht hatte, ließ er dies
über die normale Tagespresse verkünden, um seine Forschungen allen
Menschen zugänglich zu machen. Auch scheute er nicht davor zurück,
in Varietés aufzutreten und Kunststücke mit Elektrizität aufzuführen.
Diese galt am Ende des letzten Jahrhunderts nämlich als äußerst gefähr-
lich; indem er nun in Unterhaltungsshows auftrat, nahm er den Menschen auf diese Art und Weise die Angst vor dem Umgang mit dem
»Mysterium« Elektrizität und machte sie populär. Neben Edison war Tesla der einzige »Star« unter den Wissenschaftlern seiner Zeit. Er schloß
sich nicht in sein Labor ein. Tesla liebte es, den Menschen seine Arbeiten
nahezubringen, er genoß seine öffentlichen Auftritte und war ein Lieb-
ling der Presse, da er stets interessante Geschichten zu erzählen hatte.

Eines seiner liebsten Forschungsgebiete waren die Radiowellen. Schon
um die Wende zum 20. Jahrhundert hatte Tesla die Vision, mit Hilfe von

Radiowellen die Ionosphäre als nie versiegende Energiequelle nutzbar zu machen. Es ist kaum zu glauben, doch während seine Kollegen die Nutzbarmachung der Elektrizität gerade erst als größte Errungenschaft der Menschheit feierten, suchte Tesla bereits nach alternativen Energiequellen. Im Jahre 1901 gelang es ihm schließlich, Geldgeber für die Entwicklung seines ehrgeizigsten Projektes zu gewinnen; unter ihnen war der berühmte Bankier J. P. Morgan, dessen Privatbank heute noch zu den bedeutendsten der Welt gehört. Er begann mit dem Bau eines Funkturms in Wardenclyffe auf Long Island. Dabei sagte er den Finanziers seines Turmes nicht die ganze Wahrheit über seine Ziele. Offiziell arbeitete er an der Nutzbarmachung von Radiowellen als Übertragungsmedium von Nachrichten – oder einfacher gesagt: Er wollte das Radio erfinden. Es gab eine Reihe von Wissenschaftlern, die auf diesem Gebiet tätig waren, und gerade die amerikanischen Bankiers waren sehr interessiert an einem derartigen Medium. Sie hofften, auf diese Weise bei Börsenschluß in London unmittelbar die Schlußnotierungen nach New York übermittelt bekommen zu können. Daher gaben sie Tesla gerne Geld. In Wahrheit versuchte Tesla, die Ionosphäre mit Hilfe der von ihm verwendeten Radiowellen nutzbar zu machen. Diese Absicht konnte er niemandem mitteilen. Die Bankiers hätten ihn kaum verstanden, und die etablierte Wissenschaft negierte größtenteils die Existenz einer Ionosphäre. Jene Wissenschaftler, die über die Zusammensetzung einer Ionosphäre laut nachdachten, hatten keinen guten Ruf in etablierten Forscherkreisen. Aufgrund einer Reihe von Untersuchungen hatte Tesla jedoch weder Zweifel an der Existenz dieser Schicht noch an ihrer Funktion. Seine Vision war es, die Ionosphäre mit Radiowellen anzuzapfen, die auf die Ionosphäre treffende Energie auf die Erde zu leiten und die Menschheit über ein Netz von Hunderten von Sendeantennen mit Energie zu versorgen. Zu Beginn, so seine Überlegung, benötigte er herkömmliche Energie, um die Masten in Gang zu setzen, dann aber würden sie sich aus der Ionosphäre selbst mit Energie versorgen. Eine nie enden wollende Energiequelle wäre so erschlossen worden. Um seinen Geldgebern zu gefallen, wollte Tesla Energie über die Luft von Long Island zur Weltausstellung nach Paris leiten (und so auch seine Theorie von der Stromübertragung durch die Luft über größere Strecken in der Praxis testen). Dies aber war, wie sich herausstellte, mit der ihm zur Verfügung stehenden Technologie nicht möglich. Nebenher arbeitete er natürlich auch an der Erforschung der Übertragung von Funknachrichten, doch er verlor den Wettlauf gegen den Italiener Marconi, der als erster ein einsatzfähiges Funkgerät vorstellen konnte. Tesla gab nun zu, wofür er den Masten tatsächlich gebaut hatte – und verlor all seine Finanziers. Er steckte dann sein eigenes Vermögen in dieses Projekt – und starb schließlich als armer Mann.

Während die Wissenschaft Tesla vor allem in den späten Jahren seines Lebens als exzentrischen Spinner verachtete, beobachtete die US-Regierung Teslas Arbeiten mit Interesse. Nach seinem Tod wurden Teile seines Nachlasses sogar vom Militär konfisziert. Viele seiner Arbeiten unterliegen heute noch der Geheimhaltung. Daraus sind natürlich Legenden entstanden. So gibt es Menschen, die behaupten, Tesla sei keineswegs gescheitert, sondern habe einen Weg gefunden, Energie aus dem All auf der Erde nutzbar zu machen. Dann besäße das US-Militär eine gigantische Energiequelle, sehr zum Nachteil der Energiewirtschaft, die in einem solchen Fall nur noch als Verteiler der Energie benötigt würde, aber nicht mehr als Produzentin. Das würde der Branche Milliardenverluste bescheren. Da die amerikanische Politik aber auf die Gelder der Wirtschaft angewiesen ist, verzichtet sie, so die Vermutung, auf die Nutzung von Teslas Arbeiten. So kann man wirklich hinter jeder Ecke eine Verschwörung vermuten.

Die Tatsache aber, daß viele von Teslas späten Forschungsergebnissen der Öffentlichkeit nicht zugänglich sind – angeblich sind viele seiner Schriften »verschwunden« –, nährt solche Vermutungen natürlich, und so ist es kein Wunder, daß der Bösewicht der Episode DRIVE das amerikanische Militär ist. Es besitzt, wenn die Verschwörungstheoretiker recht haben, schließlich Teslas Forschungsergebnisse.

Das Haarp-Projekt, auf das sich DRIVE indirekt bezieht, wurde Ende 1995 gestartet. Doch bevor es soweit war, geschah in den 80er Jahren folgendes: In Nordalaska hatte die Öl-Firma Arco ein Problem. Bei Bohrarbeiten hatten sich Milliarden von Kubikmetern überflüssiges

Erdgas gesammelt. Diese Menge konnte Arco nicht einfach in die Atmosphäre entweichen lassen. Der Bau einer Pipeline in die USA, wo es hätte verwendet werden können, war aber zu teuer. Arco wandte sich deswegen zum Beispiel an den Plasmaphysiker Ben Eastlund, der auf die Idee kam, diese Energie zu nutzen, um Wellen (Radiowellen) zu erzeugen, mit denen die ein wenig ins Stocken geratene Ionosphärenforschung wieder angetrieben werden könnte. Dabei stolperte er über das SDI-Programm der Militärs, mit dem sich die Amerikaner mit einer Art Schutzschild vor etwaigen sowjetischen Atomraketenangriffen verteidigen wollten. Eine der Überlegungen dieses Programms war, daß, sollten die Sowjets ihre Raketen abschießen, diese über den Nordpol kommen würden.

Könnte man die Ionosphäre nicht als Schutzschild verwenden?

Eastlund erhielt den Auftrag, seine Idee auf eine militärische Nutzbarmachung im Rahmen von SDI zu überprüfen – und entwickelte drei Vorschläge, die sogar Präsident Ronald Reagan aufhorchen ließen. 1.: ein Antiraketenschutzschild in Form einer Elektronenwolke (in der Ionosphäre sollte Energie erzeugt werden, es sollte zu einem Elektronenregen kommen, der sowjetische Raketen »durchknallen« lassen sollte, sie würden abstürzen, ohne zu explodieren), 2.: die Nutzung von Radiowellen zur Störung des Funkverkehrs (was vor allem bei Flugzeugen nützlich gewesen wäre) und 3.: die Erzeugung von Längstwellen (dazu später mehr). Zu ihrer Überraschung mußten Eastlund und seine Mitarbeiter feststellen, daß ihre Ideen alles andere als neu waren: Eine Reihe davon hatte sich Nikolas Tesla bereits vor dem Ersten Weltkrieg patentieren lassen oder in Gesprächen mit Zeitungen der Öffentlichkeit mitgeteilt – nur hatte man ihn damals einen Spinner genannt, und seine Ideen waren in Vergessenheit geraten.

Der Unterschied lag darin, daß Tesla wirklich geglaubt hatte, mit Hilfe der Nutzbarmachung der Ionosphäre eine unerschöpfliche Energiequelle für die Menschheit zu erschließen – im Gegensatz zum Militär, das natürlich militärische Ziele verfolgte.

Die Forschung auf dem Gebiet der Radiowellen wurde vom Militär auch nach dem Ende der Reagan-Administration und dem damit verbundenen (inoffiziellen) Ende des SDI-Programms freundlich unterstützt, vor allem, weil diese Forschung im Vergleich zu anderen Verteidigungsprojekten relativ kostengünstig ist. So soll das Haarp-Projekt bislang etwa 90 Millionen Dollar gekostet haben. Dafür kauft man gerade einmal zwei F-16-Kampfjets.

Bevor Haarp geboren wurde, stellte sich jedoch heraus, daß es ein Problem gab, das die Manipulation der Ionosphäre, in welcher Form auch immer, fast unmöglich macht: Um Wellen zu erzeugen, die einen spürbaren Einfluß auf diese Sphäre ausüben könnten, wäre es notwendig, einen Beschleuniger zu bauen, der, um bei der Aussendung von Radiowellen überhaupt einen Effekt zu erzielen, die Weltenergieproduktion eines ganzen Jahres verbrauchen würde!

Das war dann doch ein bißchen viel.

Nachdem Eastlund aufgrund eines offenen Interviews mit amerikanischen Journalisten vom Militär gefeuert worden war, wurde er von dem Physiker Dennis Papadopoulos ersetzt. Im Gegensatz zu Eastlund, der sich weit von den Wünschen des Militärs entfernt hatte, inzwischen Teslas Traum von der Energiegewinnung aus der Ionosphäre teilte und hoffte, einen realisierbaren Weg für dieses Unternehmen zu entdecken, war Papadopoulos ein Rationalist mit Blick für das Machbare. Die Ideen der Energiegewinnung oder des atomaren Schutzschildes legte er erst einmal in eine der untersten Schubladen. Statt dessen begann er, das High Frequency Active Auroal Research Programme (HAARP) aufzubauen. Es handelt sich um ein 13 Hektar großes Areal in Alaska, auf dem 150 Antennen stehen. Jede dieser Antennen ist ein kleiner Radiosender, der Radiowellen in Form von Mittelwellen aussendet. Diese werden in Richtung Ionosphäre geschickt, wo sie die Elektronen hin- und herschütteln und dadurch erhitzen (deshalb wird die Haarp-Forschungsstation im Fachjargon auch Ionosphären-Heater [=Erhitzer] genannt). Dabei versucht Haarp, die dort vorhandene Energie in die Erhitzung einzubinden, um minimale Veränderungen in der Ionosphäre vorzunehmen. Laut Papadopoulos handelt es sich bei der von Haarp benutzten Energie um ein Trillionstel der Kraft, die ein Wirbelsturm auf natürlichem Weg erzeugt: Eine Manipulation oder gar Schädigung der Ionosphäre ist daher, seinen Aussagen zufolge, ausgeschlossen. Doch es gibt Kritiker, die dies anders sehen. Über die Nutzbarmachung der Ionosphäre als Energiequelle redet zur Zeit niemand mehr; auch nicht über die Errichtung eines atomaren Schutzschildes, da auch dessen Realisierung zu gewaltige Energiemengen erfordern würde. Warum also finanziert das Pentagon Haarp dann überhaupt noch?

Die Geschichte klingt inzwischen doch recht abstrakt: Warum Tesla von der Ionosphäre fasziniert war, ist wohl inzwischen klar geworden. Auch die Ideen Eastlunds lassen sich nachvollziehen, sie scheiterten schließlich daran, daß sie nicht zu realisieren waren. Doch warum schießt Haarp immer noch Radiowellen in den Weltraum? Klar, Haarp soll in Erfahrung bringen, wie die Ionosphäre darauf reagiert.

Warum noch? Einer der Gründe dafür sind die Längstwellen (siehe dazu den nächsten Punkt der X-HINTERGRÜNDE). Diese Wellen sind für die Kommunikation mit U-Booten von großer Bedeutung und somit militärisch von großem Nutzen. Abgesehen von diesem Aspekt, der, wie gesagt, im nächsten Punkt erklärt wird, gibt es auf den ersten Blick keinen weiteren Nutzen, der das große, oft undurchsichtige Interesse des Militärs rechtfertigen würde.

Hingegen läßt sich erklären, warum der Wissenschaftler wissen will: Der Wissenschaftler will wissen, weil er wissen will. Es ist der Job des Wissenschaftlers, Dingen auf den Grund zu gehen und diese zu erforschen, auch solche, die für den Laien, ja vielleicht sogar für ihn selbst, keinen oder nur einen begrenzten Sinn ergeben. Nur wer forscht, der erhält Ergebnisse. Ergebnisse, die heute vielleicht niemanden interessieren, die aber die Grundlage für etwas darstellen können, was zum Beispiel den Traum des Nikolas Tesla eines Tages Realität werden läßt. Was man mit Forschungsergebnissen anfangen kann, weiß man zu Beginn der Forschungen oft nicht. Viele Forschungsergebnisse verändern das Bild der Welt, während andere im Papierkorb landen. Als Station zur Erforschung der Radiowellen besitzt Haarp einen guten Ruf.

Als Funkstation ist Haarp, wie sich noch zeigen wird, auch für das Militär wichtig. Doch welchen Nutzen erhofft sich das Militär sonst noch von dieser Station? Ist es die Manipulation des Wetters?

Tatsächlich gibt es Theorien darüber, wie man mit Hilfe von Radiowellen das Wetter beeinflussen könnte. Ein Areal von 150 Antennen scheint der richtige Ort zu sein, um solche Wellen in die Ionosphäre zu senden und auf diese Art und Weise das Wetter zu beeinflussen. Für Dennis Papadopoulos ist dies Unsinn. Schon an der dafür erforderlichen Energiemenge würde ein solches Unternehmen scheitern: Um einen einzigen lauen Wind umlenken zu können, müßte das Haarp-Areal etwa eine millionmal mehr Energie aufbringen, als ihm maximal zur Verfügung steht. Der deutsche Autor Christoph Drösser schreibt dazu in einem Bericht im Internet-Wissenschaftsmagazin *Morgenwelt*: »Mit einem Ionosphären-Heater wie Haarp das Wetter gezielt beeinflussen zu wollen, das ist so, als wollte eine Fliege einen LKW stoppen.« Es gibt jedoch Kritiker, und zu denen gehört auch Eastlund, die sagen, daß weitaus weniger Energie notwendig ist, um das Wetter zu beeinflussen, wenn man den entsprechenden Weg entdeckt. Auf diesem Weg spielen Radiowellen offenbar die entscheidende Rolle. Vielleicht bedarf es ja gar nicht so großer Energiemengen, um Veränderungen am Wetter vorzunehmen, vielleicht muß man einfach nur die richtige Frequenz finden? So betrachtet ist es kein Wunder, daß das Militär ein Projekt wie Haarp unterstützt, denn die Manipulation des Wetters wäre, wenn sie denn möglich wäre, die wirkungsvollste Waffe, die eine Militärmacht jemals besessen hätte. Dies alles mag nach Science-fiction klingen, doch bei Kosten von bislang gerade einmal 90 Millionen Dollar gehört Haarp nicht gerade zu den Projekten, die von Rechnungsprüfern streng unter die Lupe genommen werden. Wenn keine verwertbaren Ergebnisse ans Tageslicht gebracht werden, rollen schon keine Köpfe. Erhält man am Ende aber militärisch – in welcher Form auch immer – verwertbare Ergebnisse, hat sich die Investition für die Armee auf jeden Fall gelohnt. In der Theorie wissen die Wissenschaftler längst, wie mit Hilfe von Radiowellen das Wetter beeinflußt werden kann. Nur läßt sich dieses Wissen nicht in die Praxis umsetzen. Noch nicht...

★ Wie bereits erwähnt, gibt es zumindest einen sehr wohl nachvollziehbaren Grund, warum das amerikanische Militär Haarp finanziert. Und das sind die sogenannten Längstwellen. Diese Wellen wurden von dem

griechischstämmigen Amerikaner Nick Christofilos erforscht. Christofilos
stand vor folgendem Problem: Normale Radiosignale können nicht in
Wasser eindringen. Für Atom-U-Boote, die monatelang unter Wasser bleiben können, bedeutete das de facto, taub zu sein. Christofilos hatte jedoch einen Lösungsvorschlag parat: das Projekt »Sanguine« (= zuversicht-
lich). Das Projekt war verwegen, wurde aber vom amerikanischen Senat
ernsthaft diskutiert: Christofilos wollte einen Großteil des Staates Wisconsin mit Drähten überziehen, die etwa 20 Zentimeter unter der Oberfläche in den Boden eingelassen werden sollten, um mit ihnen extrem
niedrigfrequente Wellen, die sogenannten Längstwellen, zu erzeugen.
Diese Wellen besitzen die Angewohnheit – im Gegensatz zu anderen
Radiowellen –, in Wasser eindringen zu können. Man benötigt aber, um
eine Längstwelle zu erzeugen, eine Tausende von Kilometern lange Antenne. Eine solche Antenne wollte Christofilos in Wisconsin in den Boden eingraben. Kaum zu glauben, aber wahr: Tatsächlich wurde das Projekt in Teilen realisiert! Es war jedoch nicht stark genug, um eine globale
Kommunikation mit Atom-U-Booten unter Wasser möglich zu machen.
1972 starb Christofilos, und der ebenfalls griechischstämmige Dennis
Papadopoulos übernahm seine Arbeit. Papadopoulos suchte einen Weg
zur Nutzbarmachung der Längstwellen in der Ionosphäre (!), denn rein
theoretisch braucht man eine Radiowelle nur zur Ionosphäre zu schicken.
Dort läßt man sie abprallen, fängt sie mit einer Antenne wieder auf,
schießt sie zurück, und so weiter. Auf diese Art und Weise legt sie in kur-
zer Zeit Tausende von Kilometern zurück und wird so zu einer Längstwelle. Papadopoulos' Problem bestand darin, daß die Ionosphäre ein
Plasma ist – und somit keine Wand, von der man eine Welle einfach abprallen lassen kann. Statt dessen lief er Gefahr, eine Radiowelle im Plasma zu verlieren. Papadopoulos fand schließlich eine Lösung am Rande der
Arktis, in Alaska, wo heute die Haarp-Antennen stehen. Dort nämlich befindet sich der direkte Zugang zum Elektrojet: Der äußere Bereich des
irdischen Magnetfeldes, die Magnetosphäre, schützt die Erde vor Sonnenwinden. Sie hat am Nord- und am Südpol aber Löcher, wo die magnetischen Feldlinien zusammenlaufen. An diesem Punkt entsteht – bedingt
durch das Potential des dort abprallenden Sonnenwindes – eben jener so-

genannte Elektrojet, eine zumindest für Radiowellen feste Struktur, auf der diese abprallen und zum Ausgangsort zurückkehren können. Papadopoulos' Plan bestand also darin, diesen Elektrojet als riesige Antenne zu benutzen. Von einer Bodenantenne wollte er die Radiowelle absenden, der Elektrojet würde sie an die Bodenantenne zurückschicken. In den 70er Jahren lehnte das Militär diese Idee zwar noch ab, in den 80er Jahren aber wurde sie wieder aufgenommen und, etwas modifiziert, tatsächlich in die Realität umgesetzt.

DRIVE-Autor Vince Gilligan spielt in der von ihm geschriebenen Episode ganz direkt auf das »Sanguine«-Projekt an. Als Scully die Horizon View Naval Research-Station in Wendover, Nevada, besucht, wartet sie auf den Presseoffizier in der Lobby. Dabei steht sie vor einem Plakat des hier ansässigen »Project Seafarer«. Dieses Plakat zeigt den Schriftzug des Projektes und die Zeichnung eines großen U-Bootes, auf das von zwei Seiten her Radiowellen treffen!

★ Experimente mit Radiowellen sind nicht unumstritten, obwohl die Eingriffe in die Beschaffenheit der Ionosphäre als so geringfügig eingestuft werden, daß ein negativer Einfluß auf deren Schutzfunktion angeblich ausgeschlossen ist. Dies belegt auch ein vom US-Senat in Auftrag gegebenes Umweltgutachten. Dies aber wird von Kritikern als zweifelhaft eingestuft, da es bei einem zwar unabhängigen, aber regierungsfreundlichen Forschungsinstitut in Auftrag gegeben worden ist. Dabei macht den Kritikern nicht unbedingt die Tatsache angst, daß die Ionosphäre beschädigt werden könnte. Dies wird von den Physikern unter ihnen aufgrund der derzeit zur Verfügung stehenden technischen Möglichkeiten fast 100prozentig ausgeschlossen. Sorge bereitet vielmehr der Einfluß des Militärs auf die Erforschung der Ionosphäre und damit auch auf die Nutzbarmachung von Radiowellen. Wie das Beispiel der Längstwellen zeigt, gibt es immer militärische Ziele, die verfolgt werden, wenn das Militär ein Projekt finanziert. Nur welche Ziele verfolgt das Militär? Und so schließt sich Kreis zwischen der Wirklichkeit und der Welt von AKTE X: Auf diese Frage geben weder die Realität noch DRIVE eine Antwort.

★ Natürlich gibt es eine ganze Reihe von Verschwörungstheorien, wonach die amerikanische Regierung daran arbeitet, Radiowellen unter anderem zur Geisteskontrolle einzusetzen. Dies dient nicht nur dazu, die eigene Bevölkerung bei Laune zu halten, sondern natürlich soll mit dieser Form der Geisteskontrolle vor allem das Bewußtsein des Feindes beeinflußt werden. Ein solches Projekt soll das 1948 ins Leben gerufene »Phoenix One« gewesen sein, das 1969 von »Phoenix Two« abgelöst wurde. Bis 1979 soll eine Arbeitsgruppe an der Erforschung reiner Geisteskontrolle gearbeitet haben. Ihre Arbeit basierte auf Forschungen von Wilhelm Reich. Reich, der 1897 in der Ukraine geboren wurde, war ein Mitarbeiter von Sigmund Freud und von 1924 bis 1930 Leiter des Wiener Seminars für psychoanalytische Theorie. Von 1930 bis 1933 war er Dozent in Berlin. Für Reich war jede Krankheit das Ergebnis der verklemmten gesellschaftlichen Sexualordnung. Daher gründete er die Sexpol-Bewegung, die die Sexualökonomie in die Politik einführen wollte. Nachdem er in die USA emigrieren mußte, entwickelte er die sogenannte Orgontheorie. Er glaubte, eine allgemeine bioelektrische Energie entdeckt zu haben, die er »Orgon« nannte. Um diese nutzbar zu machen, entwickelte er verschiedene technische Apparaturen, die mit Radiowellen arbeiteten. Reich wurde öffentlich als Betrüger gebrandmarkt und schließlich sogar verhaftet. Er starb 1960 im Gefängnis. Für die antiautoritäre Bewegung der 60er Jahre war Reich aber ein Vorbild. Begriffe wie »freie Liebe« basieren auf seinen Ideen. Es gibt jedoch eine ganze Reihe von Verschwörungstheoretikern, die sagen, Reich sei nur verhaftet worden, weil er mit seinen Forschungen Erfolg gehabt hätte und die amerikanische Regierung nicht wollte, daß er seine Apparaturen der Allgemeinheit zur Verfügung stellt – vor allem wegen ihres militärischen Nutzens. So war Reichs Ruf beschädigt, und das Militär konnte sich seiner Forschungen in aller Ruhe bemächtigen. »Phoenix Two« etwa nutzte Reichs Forschungsergebnisse, um mit Hilfe seiner Orgonentechnologie Radiowellen zu entwickeln, die den menschlichen Geist beeinflussen sollten. Die Legende erzählt auch, wie das aussah: Die Wellen wurden an Menschen getestet, die 85 Meter von einem Sendemasten entfernt standen. Die meisten starben nach dem Beschuß durch die Radiowellen, bei anderen wurde das Gehirn quasi ausgebrannt, bei wieder anderen traten schwere neurologische Schäden auf.

Im Gegensatz zum Haarp-Projekt, das wirklich existiert, und den Versuchen Teslas, die tatsächlich stattgefunden haben, sind Geschichten wie die über »Phoenix One« Gerüchte, in denen Wahrheit, Fiktion, Lügen, Fehlinterpretationen und Falschmeldungen zusammenfließen, die sich jedoch vortrefflich als Hintergrund einer TV-Serie wie AKTE X verwenden lassen.

6ABX03 Triangle

US-Erstausstrahlung: 22. November 1998

Regie und Drehbuch: Chris Carter. Gaststars: Mitch Pileggi, William B. Davis (zigarettenrauchender Mann / Anführer der SS), Tom Braidwood (Frohike), Dean Haglund (Langly), Bruce Harwood (Byers), Chris Owens (Agent Spender / Dolmetscher der SS), Arlene Pileggi (Skinners Assistentin), Wolfgang Gerhard (Nazi #1), Guido Föhrweisser (Nazi #2), Kai Wulff (Nazi #3), Madison Mason (Kapitän Harburgh), Laura Leigh Hughes (Kershs Assistentin), Trevor Goddard (englischer Seemann #1), G.W. Stevens (englischer Seemann #2), Greg Ellis (englischer Seemann #3), Nick Meaney (englischer Seemann #4), Robert Thomas Beck (1. Matrose), James Pickens Jr. (assistierender Direktor Kersh), Robert Arce (Mann im Ballsaal), Issac C. Singleton Jr. (Heizer).

Bei der Ausstrahlung dieser Episode in den USA stand das Motto der Serie, THE TRUTH IS OUT THERE, im Vorspann auf deutsch (Die Wahrheit ist dort draußen)!

Kurzinhalt

Nach einem Bootsunglück in der Sargassosee wird Mulder von den Seeleuten der Queen Anne, eines britischen Luxusliners, gerettet, der kurz nach Beginn des Zweiten Weltkrieges auf geheimnisvolle Weise ver-

schwunden war. Mulder muß feststellen, daß er sich inmitten eines Zeit-
paradoxons befindet, in dem der Zweite Weltkrieg gerade erst begonnen
hat. Die Seeleute halten Mulder für einen Nazi, denn deutsche Truppen
haben wenige Minuten zuvor das Schiff geentert. Die SS-Einheit befindet sich auf der Suche nach Thors Hammer. Sie vermutet, daß Thors
Hammer eine Atombombe ist. Mulder muß verhindern, daß die Nazis in
den Besitz dieser Bombe gelangen, da sonst Hitler den Krieg gewinnen
wird.

Langinhalt

SARGASSOSEE, 64° WEST/SÜDWEST
Die Wrackteile eines Bootes liegen im Wasser. Das Mondlicht spiegelt
sich in den Wellen. Der Seegang ist ruhig. Ein Mann liegt bewußtlos mit
dem Gesicht nach unten im Meer. Es ist Mulder! In letzter Sekunde
gelingt es den englischen Seeleuten eines Luxusdampfers, Mulder aus
dem Wasser zu ziehen. Der Agent wirkt benommen, er spuckt Wasser
aus, er ist orientierungslos. Bevor er sich bei den Männern bedanken
kann, wird er geschlagen. Die Männer pöbeln ihn an. Er sei ein Nazi-
schwein, lassen sie ihn wissen. Mulder versteht nicht, was die Männer
von ihm wollen. Er sei Amerikaner, erklärt er ihnen und zeigt ihnen seinen FBI-Ausweis. Doch auch als *bloody american* steigt sein Ansehen
nicht. Statt dessen wird er immer wieder mit Schlägen und Tritten
malträtiert. Trotzdem kommt Mulder langsam zur Besinnung. Die Männer glauben, er sei ein Spion Nazideutschlands, das vor wenigen Stunden Polen überfallen hat. Dies, begreift Mulder schließlich, ist nicht mehr
seine Zeit. Er befindet sich in der Vergangenheit. Doch so einfach ist das
nicht. Für ihn mag es die Vergangenheit sein, für die Männer an Bord
dieses Schiffes ist es die Gegenwart. Und diese Gegenwart schreibt seine
Zukunft. Mit anderen Worten: Wenn die Ereignisse, die sich an Bord dieses Schiffes 1939 tatsächlich zugetragen haben, durch Mulders Auftauchen verändert werden, wird sich auch die Zukunft, so wie wir sie
kennen, verändern.

Doch was weiß Mulder über dieses Schiff? Es handelt sich um die »Queen Anne«, einen englischen Luxusliner, der wenige Tage nach Kriegsausbruch spurlos im Bermudadreieck verschwand. Die Legende sagt, daß ein deutsches U-Boot das Schiff versenkt habe. Das Wrack wurde niemals gefunden.

Mulder lernt in der Kajüte des Kapitäns einen barschen Schiffsführer kennen. Auch der Kapitän hat keine Lust, mit Mulder zu sprechen. Er verpaßt ihm mehrere Schläge in den Magen und weidet sich an seinen Schmerzen. Mulder muß erkennen, daß es dem Kapitän gleichgültig ist, ob er ein Nazispion oder ein Amerikaner ist. Ist er ein Nazi, dann gehört er zu einer SS-Einheit, die vor wenigen Minuten das Schiff geentert hat, und er, Mulder, wäre ein Feind. Ist er wirklich ein Amerikaner, gibt ihm Kapitän Yip Harburgh zu verstehen, ist er ein Drückeberger, da die Amerikaner vor Beginn des Krieges erklärt hatten, sie seien neutral und würden in die Kämpfe nicht eingreifen.

Mulder wird schließlich allein in der Kajüte zurückgelassen. Als die Tür wieder geöffnet wird, betritt ein deutscher SS-Mann das Zimmer. Zwischen Mulder und dem Mann kommt es zu einer handfesten Prügelei, die Mulder gewinnt. Er entkleidet den Mann und zieht dessen Uniform an. Seine Tarnung aber fliegt auf, und er ist gezwungen zu fliehen. Seine Flucht führt ihn in den Ballsaal, wo er in seiner Uniform für Aufsehen sorgt. Musik spielt, es wird getanzt. Offenbar haben die Passagiere vom Entern ihres Schiffes noch nichts mitbekommen. Kurz bevor er von deutschen Soldaten überwältigt wird, erstarrt er. Eine der Passagierinnen ist niemand anders als – Scully.

Während Mulder von den Soldaten auf die Brücke eskortiert wird, kommt es dort zum ersten Mord. Der Kapitän, der sich weigert, Kurs auf Deutschland zu nehmen, wird kurzerhand erschossen. Der SS-Offizier, der den Auftrag gegeben hat, ist niemand anders als der Krebskandidat. Mulder erklärt ihm, daß er den Krieg nicht gewinnen kann. Der Krebskandidat, der kein Wort versteht, gibt den Befehl, auch Mulder zu eliminieren. In letzter Sekunde stürmt ein Soldat auf die Brücke, der die offizielle Meldung überbringt, daß die Vereinigten Staaten ihre Neutralität erklärt haben. Da Mulder offensichtlich Amerikaner ist, nimmt der Krebskandidat den Tötungsbefehl zurück und läßt ihn bis zur endgültigen Klärung seines Schicksals zusammen mit den englischen Seeleuten in den Maschinenraum einsperren.

FBI-HAUPTQUARTIER, WASHINGTON D.C.
Scully, die nach wie vor zusammen mit einem Dutzend anderer Kollegen in einem Großraumbüro arbeitet, bekommt Besuch: die Lone Gunmen. Die drei liebenswerten Paranoiker, von denen nur Byers wegen seines korrekten Aussehens in dem Büro nicht auffällt, erregen das Interesse von Scullys Kollegen, weshalb sie die drei hinausbittet. Es gehe um Mulder, erklären sie ihr. Mulder habe heute morgen ein Boot gechartert und sei im Bermudadreieck unterwegs. Warum, fragt Scully. Dies sei ihre Schuld, geben die drei zu. Vor nicht einmal 24 Stunden hätten sie ein Satellitenbild aufgefangen, das offenbar unter strengster Geheimhaltung an eine Regierungsstelle in Washington gefunkt werden sollte. Es wurde über der Sargassosee aufgenommen und zeige die »Queen Anne«. »Queen Anne?« fragt Scully verwundert. Das Schiff sei 1939 mit Mann und Maus versenkt worden, erklärt sie. Die drei widersprechen ihr. Die Legende sage, es sei von einem U-Boot versenkt worden, doch gebe es weder in deutschen Unterlagen darauf einen Hinweis, noch sei je ein Wrackteil entdeckt worden. Und dieses Schiff, dessen Foto sie abgefangen hätten, sei einfach aus dem Nichts aufgetaucht. Und nun stecke Mulder in Schwierigkeiten, denn jeder Versuch, mit ihm Kontakt aufzunehmen, sei fehlgeschlagen. Sie hätten keinerlei Daten über den Kurs des Schiffes – im Gegensatz zu Mulder und der Regierung. Scully sei die einzige Person, die diese Daten nun in Erfahrung bringen könne!
Das läßt sich Scully nicht zweimal sagen. Ihr erster Weg führt zu Skinner, der sich jedoch weigert, ihr zu helfen. Ja, nicht einmal sprechen dürfe er mit ihr, erklärt er ihr und wird dabei beinahe ausfallend. Scully erkennt, daß sie von Skinner keine Hilfe zu erwarten hat. Doch wer kann ihr helfen? In ihrer Verzweiflung wendet sie sich an den FBI-Direktor Kersh. Das jedoch ist eine schlechte Idee, denn dieser führt in seinem Büro mit niemand anderem als dem Krebskandidaten gerade ein Gespräch.

Scully verläßt das Büro ebenso ungestüm, wie sie es betreten hatte. Ihr Weg führt sie in den Keller, wo sie sich Spender vorknöpft. Sie gibt ihm zu verstehen, daß sie ihn nicht ausstehen könne. Nun aber sei er ihre einzige Hoffnung. Mulder sei in Lebensgefahr, und wenn Spender nicht eines Tages zufällig von Scully erschossen werden wolle, solle er ihr die gottverdammten Koordinaten der »Queen Mary« besorgen. Spender scheint Scully helfen zu wollen. Er verläßt sein Büro und behauptet, die Informationen herbeischaffen zu können. In diesem Moment klingelt Spenders Telefon. Scully nimmt den Hörer ab, meldet sich jedoch nicht mit Namen. Am anderen Ende ist Kersh, der Spender mitteilt, daß er gleich Besuch von einer Agentin Scully bekommen werde, der er jede Unterstützung verweigern solle.

Scully rennt davon, steigt in den Fahrstuhl und fährt erneut hinauf in die Etage der Direktoren. Die Fahrstuhltür öffnet sich – und der Krebskandidat, Agent Spender und Kersh stehen nur wenige Meter von ihr entfernt. Sie sehen Scully, die geistesgegenwärtig einen Knopf drückt. Die Tür schließt sich, der Fahrstuhl fährt hinab, bleibt stehen, die Tür öffnet sich – und Skinner steigt in den Lift ein und fährt mit ihr zurück zur Etage der Direktoren.

Er würde Mulder gerne helfen, erklärt er ihr. Aber er dürfe es nicht. Daher werde er es nicht tun. Lautstark beginnt er, sich über ihr Verhalten auszulassen. Die Fahrstuhltür öffnet sich, und in Gegenwart Spenders, Kershs und des Krebskandidaten erteilt er Scully einen Verweis und gibt ihr den Befehl, in seinem Büro auf ihn zu warten. Kurz bevor sich die Fahrstuhltür ein weiteres Mal schließt, reicht ihr Skinner einen Kugelschreiber, um den eine Nachricht gewickelt ist. Es sind die Koordinaten. Scully atmet auf. Ihr Weg führt sie direkt in die Garage, wo die Lone Gunmen bereits auf sie warten. Scully springt in ihren VW-Bus, sie rasen davon. Mit Genugtuung beobachtet Scully Agent Spender, der ihnen hinterherrennt, dann aber die Verfolgung aufgeben muß.

Die englischen Seeleute fragen sich, was die Nazis mit ihnen tun werden. Noch habe der Krieg offiziell nicht begonnen, erklärt Mulder den Männern. Warum gingen die Deutschen dann das Risiko ein, ein britisches

Passagierschiff zu kapern? Sie seien auf der Suche nach Thors Hammer, erklärt ihm einer der Seeleute. Das sei alles, was sie wüßten. Sie hätten keine Ahnung, was mit Thors Hammer gemeint sein könnte, und irgendwie sehe es so aus, als wüßten es die Deutschen selbst nicht. Mulder sagt den Männern, er habe einen Wissenschaftler gesehen, der, so wisse er aus Geschichtsbüchern, ein bedeutender Atomphysiker sei. Möglicherweise sei Thors Hammer dessen Codename.

Diese Information reicht einem der englischen Seeleute. Er klopft an das verschlossene Schott. Dieses wird geöffnet – und umgehend beginnt der Seemann sich mit den Soldaten auf deutsch zu unterhalten. Er ist Engländer, doch er steht im Sold des Feindes. Nun ist genau das eingetreten, was Mulder befürchtet hat. Sein Auftauchen verändert die Geschichte. Dies kann nur noch verhindert werden, wenn das Schiff dorthin zurückkehrt, wo es geentert wurde. Offenbar befindet sich dort auch der Riß zwischen den Zeiten. Eigenartigerweise nehmen die englischen Seeleute Mulder seine Geschichte ab. Nach dem Verrat durch einen der eigenen Kollegen haben sie erkannt, daß Mulder ein redlicher Mann ist. Die einzigen Männer aber, zu denen sie Kontakt haben und die das Schiff möglicherweise umkehren lassen könnten, sind die Heizer aus Jamaika. Die haben aber keine Lust, für Deutsche oder Engländer in den Krieg zu ziehen. Am liebsten würden sie das Schiff auf Kurs nach Jamaika bringen. Es scheint unmöglich, die Männer zu überzeugen. Da wird Mulder von deutschen Soldaten abgeführt und in den Ballsaal gebracht.

Der Krebskandidat verlangt von Mulder, ihm den Mann, den er erkannt haben will, zu zeigen. Seine Befehle übersetzt ein junger SS-Mann, der niemand anders ist als Agent Spender. Mulder weigert sich, woraufhin mehrere Passagiere vor seinen Augen exekutiert werden. Erst als die Scully jener Welt ermordet werden soll, bricht Mulder sein Schweigen – und zeigt auf einen der toten Männer. Da haben die Nazis wohl Pech gehabt.

Währenddessen segelt eine kleine Barke an der »Queen Anne« vorbei. Scully und die Lone Gunmen trauen ihren Augen nicht. Sie betreten das für sie menschenleere Schiff (*von dieser Szene an wird das TV-Bild in zwei Teile geteilt, es entsteht ein sogenanntes Splitscreen; auf der linken*

Seite sind jene Situationen zu sehen, die sich in Scullys Gegenwart ab-
spielen, auf der rechten verfolgt der Zuschauer die Ereignisse, die Mul-
der in der Vergangenheit erlebt).

Kurz bevor die Scully der Vergangenheit erschossen wird, tritt ein Mann
vor, der sich als der gesuchte Wissenschaftler zu erkennen gibt. Die
Scully der Vergangenheit sei eine Agentin der US-Regierung, die ihn auf
seinem Weg nach Amerika beschützen sollte. Er dankt ihr dafür, daß sie
bereit gewesen sei, ihr Leben für seines zu opfern. Dies könne und wolle er jedoch nicht von ihr verlangen. Die Soldaten führen den Mann ab.
Der Rest der Passagiere ist nun entbehrlich, also gibt der Krebskandidat
seinen Männern den Befehl, sie zu exekutieren. Kaum hat er die Anordnung ausgesprochen, fliegen die Türen auf und die englischen und die
jamaikanischen Seeleute stürmen in den Saal. Zwischen den Nazis und
den Seeleuten beginnt ein erbitterter Kampf, Mulder schnappt sich Scully und flieht mit ihr.

Den Ballsaal, in dem gerade gekämpft wird, sieht die Scully der Gegenwart als einen heruntergekommenen Salon, der 60 Jahre lang von kei-
nem Menschen mehr betreten wurde. Scully sucht Mulder nunmehr in
den Gängen des Schiffes, in denselben Gängen, durch die Mulder
tatsächlich gerade flieht. Doch Mulder befindet sich in der Vergangenheit. In dem Moment aber, in dem die Scully der Gegenwart den Weg der
Scully der Vergangenheit kreuzt, verweilen beide für einen Moment.
Sehen aber können sie sich nicht.

Die Scully der Vergangenheit führt Mulder hinauf auf die Reeling. Der
einzige Weg, erklärt er ihr, die Nationalsozialisten zu stoppen und zu verhindern, daß sie den Krieg gewinnen, bestehe darin, das Schiff auf seinen alten Kurs zurückzubringen. Scully glaubt ihm. Beide schauen sich
für einen Moment tief in die Augen, dann küßt Mulder Scully leidenschaftlich. Ebenso leidenschaftlich erwidert sie seinen Kuß. Er läßt sie los
– und ein zweites Mal blicken sie sich tief in die Augen. Diesmal aber endet der Blickkontakt mit einem Fausthieb Scullys in Mulders Gesicht.
Dies solle ihn an sie erinnern, erklärt sie ihm ihre überraschende Reaktion. Dann springt Mulder, in der Hoffnung, die Geschichte wieder ins
Lot zu bringen, über Bord. Die Story begann damit, daß er das Schiff be-

trat und die Geschichte beeinflußte. Wenn er nun über Bord geht, nimmt die Geschichte vielleicht wieder ihren Lauf, und das Schiff kehrt auf seinen alten Kurs zurück.

Im Wasser treibend, verliert Mulder das Bewußtsein, und das Schiff verschwindet.

Das Mondlicht spiegelt sich in den Wellen. Die See ist ruhig. Mulder liegt mit dem Gesicht nach unten im Meer. In letzter Sekunde greifen Hände nach ihm und ziehen ihn an Bord einer kleiner Barke.

Diesmal erwacht Mulder erst in einem Krankenhaus. Scully steht über sein Bett gebeugt, hinter ihr stehen die Lone Gunmen und Direktor Skinner. Mulder erzählt ihnen von seinen Erlebnissen, doch niemand, nicht einmal die Lone Gunmen, will ihm die Geschichte von der Zeitreise glauben. Und während er ihre zweifelnden Gesichter sieht, weiß auch er nicht mehr, ob das, was er erlebt hat, wirklich passiert ist.

Mulder solle sich jetzt ausruhen, bittet ihn Scully und geleitet die Männer aus seinem Zimmer. Mulder möchte schlafen, doch als sein Kopf ins Kissen sinkt, schmerzt seine rechte Wange. Er streicht mit seiner Hand darüber und spürt eine gewaltige Schwellung, eine Schwellung, die nur von einem Fausthieb herrühren kann.

Mulder lächelt.

Bewertung

Um gleich zur Sache zu kommen: In der Top 5-Liste aller AKTE-X-Episoden – nimmt 6ABX03 TRIANGLE eine Spitzenposition ein. TRIANGLE hat alles, was eine hervorragende AKTE-X-Episode ausmacht: Sie ist rasant geschrieben, brillant inszeniert, hervorragend gespielt. TRIANGLE zeigt, von welch außergewöhnlicher Qualität Fernsehen heute sein kann. TRIANGLE ist nicht mehr bloß Fernehen, TRIANGLE ist ein kleiner, fürs Fernsehen produzierter Spielfilm. Ungewöhnlich ist in diesem Fall die Tatsache, daß die Episode tatsächlich auch in Spielfilmformat inszeniert wurde. Während in Deutschland und in anderen europäischen Staaten viele Serien inzwischen in Letterbox ausgestrahlt werden, tun sich die

Amerikaner noch sehr schwer damit, weil in den USA noch immer das Vorurteil herrscht, schwarze Balken oben und unten verkleinerten das Bild. (Das ist Unsinn. Vielmehr verkleinert das Vollbild das Bild eines Spielfilms, da bei einer Vollbildausstrahlung links und rechts, je nach Spielfilmformat, bis zu 40 Prozent des Bildes ausgeblendet werden müssen!)

Nun hat Carter nicht nur das übliche Bildformat verändert, Carter hat es auch genutzt! Die Methode des *splittscreenings*, dem Teilen des Bildes in zwei Hälften, um zwei Szenen gleichzeitig in einem Bild zeigen zu können, ist ein Verfahren, das nur wenige Regisseure verwenden. Brian de Palma hat es während des Showdowns von CARRIE – DES SATAN JÜNGSTE TOCHTER (CARRIE, USA 1974) meisterlich zu nutzen gewußt. Der Zuschauer bekam auf diese Art und Weise viel mehr zu sehen, als dies unter normalen Voraussetzungen möglich gewesen wäre. Das funktionierte nur, weil die Bilder einem strengen Muster folgten: links die Aktion, rechts die Reaktion. Auch der leider in Deutschland nicht erschienene Anime THE PROFESSIONAL GOLGO 13 (Japan 1984) ist ein wahres Meisterwerk des *splitscreenings*. Hier werden teilweise ein Dutzend Bilder gleichzeitig auf den Bildschirm gebracht, um Handlungen, die alle in der Person eines Killers zusammenlaufen, aus verschiedenen Perspektiven zu zeigen.

Ansonsten gibt es kaum Filme, die dieses Verfahren nutzen. TRIANGLE ist ein kleines Meisterstück, denn Carter nutzt dieses Stilmittel nicht nur als filmische Spielerei. Er nutzt es vielmehr, um zwei verschiedene Perspektiven eines Ortes zu zeigen: links die Gegenwart, rechts die Vergangenheit. Den Höhepunkt stellt der Perspektivenwechsel dar: Die Vergangenheit wechselt auf die rechte Seite, die Gegenwart auf die linke. Dieser Wechsel findet in derselben Kulisse, einem Flur, statt. In dieser Kulisse befinden sich die Scully der Vergangenheit und die Scully der Gegenwart für den Bruchteil einer Sekunde im gleichen Raum, an genau derselben Stelle. Und für einen kurzen Moment halten beide inne, spüren ihre gegenseitige Präsenz.

Besonders bemerkenswert ist die Tatsache, daß es Carter gelingt – obwohl der eine Teil der Geschichte in der Gegenwart und der andere in der Vergangenheit spielt –, den Eindruck zu erwecken, als handele es sich bei der Episode um einen *One-shot*! Jawohl, es gibt in der ganzen Episode nicht einen einzigen sichtbaren Schnitt! Während sich Carter in den Schiffsszenen damit hilft, die Kamera beispielsweise in eine dunkle Wand eintauchen zu lassen (Schnitte sind da für den Zuschauer nicht sichtbar), ist Scullys Suche nach den Schiffskoordinaten im FBI-Hauptquartier ein Meisterwerk der Planung. Ob es in dieser fast 15minütigen Sequenz überhaupt einen Schnitt gegeben hat, kann man nicht sagen. Wenn, dann hat der Computer phantastische Arbeit geleistet, denn zu sehen ist kein einziger! Selbst die Fahrstuhlfahrten und der Etagenwechsel werden von einer stets dynamischen, stets Gillian Anderson folgenden Kamera festgehalten. Eine falsche Bewegung, ein Statist am falschen Ort – und der größte Teil der Szene hätte wiederholt werden müssen. Wenn die Spielorte vom FBI-Hauptquartier auf das Schiff wechseln, geschieht dies durch ein kurzes *splittscreening* – die neue Szene wird von links kommend ins Bild geschoben und wirft das alte Bild hinaus. So bleibt die Dynamik des *one-shots* erhalten. *One-shots* gelten im Filmgeschäft als Herausforderung für jeden Filmemacher. Der damit verbundene Arbeitsaufwand aber schreckt viele Regisseure ab. Jede Bewegung muß stimmen, schon bei einer kleinen Erschütterung der Kamera muß die Szene wiederholt werden. Man stelle sich vor, daß eine zehnminütige Einstellung zu drehen ist, und 10 Sekunden vor dem Ende passiert ein Fehler! Der erste Regisseur, der einen ganzen Spielfilm auf diese Art und Weise drehte, war Alfred Hitchcock, der seinen ersten Farbfilm COCKTAIL FÜR EINE LEICHE (ROPE, USA 1948) so inszenierte. Da COCKTAIL FÜR EINE LEICHE auf einem Theaterstück basiert, ließ Hitchcock seine Darsteller wie in einem Theaterstück agieren. Da er jedoch kein Theaterstück filmen, sondern die Dynamik eines Filmes entstehen lassen wollte, wurden sämtliche Möbelstücke auf Rollen montiert, um diese unauffällig aus dem Bild schieben zu können. Da Filmrollen damals nur Material für zehn Minuten hergaben, plante Hitchcock seinen Film in acht Akten, die später im Schnittstudio zusammengestellt wurden und den Eindruck erweckten, es hätte keinen Schnitt gegeben. Dieser Film kostete die seinerzeit exorbitante Summe von 1,3 Millionen Dollar, obwohl die Effekte für den Zuschauer weitestgehend unsichtbar blieben. Der eingespielte Gewinn aber war nur geringfügig, und es ist daher nicht verwunderlich, daß die Studios – und die von ihnen abhängigen Regisseure – in der Zukunft auf dieses Stilmittel verzichteten. Ausnahmen gibt es natürlich immer wieder. So zum Beispiel findet sich in dem von John Woo inszenierten Spielfilm HARD BOILED (HARD BOILED, Hongkong 1992) eine etwa dreiminütige, in einem Shot gedrehte Actionsequenz, in der die Hauptfiguren in einem Fahrtstuhl die Stockwerke wechseln. Die Sensation dieser Sequenz ist die unglaubliche Choreographie, mit der Dutzende von Stuntleuten durch Fenster und Türen fliegen, ohne dabei Opfer verschiedener pyrotechnischer Explosionen zu werden. 1997 erlaubten sich auch die Macher der TV-Serie VERRÜCKT NACH DIR (MAD ABOUT YOU) diese Extravaganz und inszenierten eine 25minütige Episode ohne einen einzigen Schnitt!

Technisch betrachtet ist TRIANGLE also ohne Wenn und Aber ein Meisterstück moderner TV-Unterhaltung. Daß die Ausstattung sagenhaft wirkt und allein die Ballsequenz mit ihrer Kostümausstattung eines epischen Spielfilms würdig wäre, sei nur am Rande erwähnt. Einen solchen Aufwand sieht man wahrlich nicht alle Tage in einer TV-Serie.

Daß TRIANGLE nicht erklärt, ob das, was Mulder erlebt hat, tatsächlich geschehen ist oder nur ein Traum war, schmälert das Vergnügen an der Geschichte überhaupt nicht. Im Gegenteil: Diese Ungewißheit macht einen nicht zu unterschätzenden Reiz dieser Episode aus, da man als Zuschauer am Ende selbst ein Urteil fällen kann: War es nur ein Traum, oder hat sich diese Geschichte tatsächlich so abgespielt?

Am Ende bleibt somit nur die Frage, ob die amerikanischen Zuschauer diese Episode eigentlich verstanden haben. Dieser Bewertung liegt eine amerikanische Originalversion zugrunde, wie sie tatsächlich beim amerikanischen Sender FOX ausgestrahlt wurde. Nun wird in dieser Episode sehr viel deutsch gesprochen, und meist handelt es sich nur um Kommandos, die der Zuschauer aus Dutzenden von Kriegsfilmen kennt. Es gibt jedoch eine ganze Reihe von tatsächlich auf deutsch gesprochenen Dialogen, die nicht untertitelt werden! Für jene deutschen Zuschauer, die das Glück haben, diese Episode im Original sehen zu können, sind diese

Dialoge zumeist recht amüsant, da es stets ein Vergnügen ist, amerikanische und kanadische Schauspieler Deutsch reden zu hören (so ist offensichtlich, daß William B. Davis kein Wort von dem, was er auf deutsch sagt, verstanden hat – dies ist jedoch nicht weiter tragisch, da die Authentizität der deutschsprachigen Dialoge vor allem von drei Nebendarstellern deutscher Herkunft gewährleistet bleibt). Obwohl es nur wenige Dialoge sind, die ausschließlich auf deutsch geführt werden, muß es für die amerikanischen Zuschauer schwierig gewesen sein, der Handlung der Episode ohne Untertitel zu folgen. Die Pro 7-Zuschauerinnen und -Zuschauer, die eine deutsch synchronisierte Fassung sehen, haben diese Probleme ohnehin nicht. Daher die Note 1+.

Produktionsnotizen

★ Die Produktion dieser sehr aufwendigen Doppelepisode fiel zusammen mit dem Ausscheiden des Produzenten Michael Duggan aus Carters zweiter großen Serie MILLENNIUM, für die er nach wie vor als Executive Producer tätig ist und die von seiner Produktionsfirma Ten Thirteen produziert wird. Duggan war erst zu Beginn der dritten Staffel von MILLENNIUM zu Carters Team gestoßen, nachdem dessen Ziehkinder Glen Morgan und Michael Wong ausgeschieden waren. Nach nur sieben Episoden warf Duggan das Handtuch. Das bedeutete für Carter, neben AKTE X kurzzeitig auch noch MILLENNIUM betreuen zu müssen, und er mußte nebenher auch noch TRIANGLE inszenieren.

★ Leider gibt es keine Angaben zu den Produktionskosten der Episode. Bei einem durchschnittlichen Budget von 4,8 Millionen Dollar – AKTE X ist eine der teuersten Serien überhaupt – darf man davon ausgehen, daß TRIANGLE dieses Budget überstiegen hat.

★ Der Schauspieler William B. Davis ist in dieser Episode als Anführer einer SS-Einheit zu sehen. Davis' Problem: Er spricht kein Wort Deutsch. Nun gibt es in Hollywood eine Unsitte, von der sich auch AKTE X nicht hat freikaufen können: Statt einen Deutschlehrer zu engagieren, der den anglophonen Darstellern Nachhilfestunden in Sachen Aussprache gibt, wird an dieser Stelle gespart. Was dabei passieren kann, zeigt ein Film wie STIRB LANGSAM (DIE HARD, USA 1988). Hier sind die Bösewichter allesamt Deutsche. (Das wird in der deutschen Fassung verheimlicht, indem Anführer Hans zu einem anglisierten Jerry gemacht wurde!) Als Hans seinem Bruder in einer der Actionszenen in der Mitte des Filmes den Befehl gibt, ein Fenster zu zerschießen, sagt der Schauspieler Alan Rickman in der Originalversion des Films: »Schieß dem Fenster!« Solche grammatikalischen Fehler unterlaufen William B. Davis nicht, dennoch ist sein Deutsch für jeden der deutschen Sprache mächtigen Zuschauer eine Herausforderung. So erhielt William B. Davis eine Audiokassette zugeschickt – erzählte er der britischen Zeitschrift *DreamWatch* –, auf der seine Dialoge vorgesprochen waren und die er einfach nur wiederholen sollte. Da er auch die deutschen Schauspieler erst zu Beginn der Dreharbeiten traf, ergab sich nur einmal eine Gelegenheit, mit ihnen die Dialoge durchzugehen und somit zumindest grundlegende Aussprachekenntnisse zu erwerben. Wer die Chance hat, sollte diese Episode unbedingt in der englischen Originalversion sehen!

X-Hintergründe

★ Während Mulder im Krankenhaus das Bewußtsein wiedererlangt, stehen Scully, die Lone Gunmen und Direktor Skinner an seinem Bett. Duchovny erzählt Scully von seinen Erlebnissen und erklärt ihr, auch sie sei auf dem Schiff gewesen. Scully glaubt ihm zwar nicht, sagt jedoch, um ihn zu beruhigen: »There is no place like home« (»Es gibt keinen Platz wie daheim«). In den USA haben diese Worte Filmgeschichte geschrieben, denn es sind die Worte von Judy Garland in der Rolle der Dorothy in DER ZAUBERER VON OZ (THE WIZARD OF OZ, USA 1939). In diesem Film wird ein Mädchen während eines Tornados in ein Zauberreich verschlagen, in dem es gegen eine böse Hexe kämpfen muß und mit seinem Sieg das Reich vor dem Bösen rettet. Mit Hilfe von Zauberschuhen, deren Hacken mehrfach gegeneinander getreten werden müssen, gelangt es mit Hilfe des Zauberspruchs »There is no place like home« wieder nach Hause. So erwacht es in seinem Bett, an dem die Familie und seine Freunde Wache halten. Wie Mulder in TRIANGLE glaubt auch Dorothy, in der Märchenwelt ihre Freunde gesehen zu haben, wo sie keine Farmer waren, sondern ein Professor, ein ängstlicher Löwe, eine Vogelscheuche und ein Blechmann. Da hat Scully ja noch einmal Glück gehabt...

★ Geographisch beschreibt das Bermudadreieck eine Fläche zwischen den Bermudas, der Ortschaft Melbourne (Florida) und der Insel Puerto Rico. Die Bezeichnung Bermudadreieck entspricht keiner offiziellen Terminologie. Erfunden hat diesen Begriff vielmehr ein Autor namens Vincent Gaddis, der im Februar 1964 in dem amerikanischen Magazin *Argosy* den Artikel »The Deadly Bermuda Triangle« veröffentlichte. Dort behauptete er, daß in diesem Seegebiet immer wieder Schiffe und Flugzeuge auf äußerst geheimnisvolle Art und Weise verschwunden seien. Aufsehen erregte sein Artikel nicht, dennoch folgten weitere Berichte zur Thematik: In seinem Buch *Invisible Horizons: True Mysteries Of The Sea* aus dem Jahre 1965 beschäftigte sich Gaddis in Kapitel 13 mit »The Triangle Of Death«; damit begannen auch andere Autoren, sich für das Bermudadreieck zu interessieren. 1968 erschienen in der Zeitschrift *Argosy* erneut zwei Artikel, im Januar 1969 widmete der amerikanische *Playboy* diesem Mysterium einen umfangreichen Artikel. Es dauerte noch einmal fünf Jahre, bis 1974 das Buch *Das Bermudadreieck* des ehemaligen Sprachenlehrers Charles Berlitz auf dem Markt erschien. Es wurde ein Bestseller und erschien ein Jahr später auch in Deutschland. Berlitz' Leumund schien das Werk unangreifbar zu machen, denn sein aus Württemberg stammender Großvater hatte in den USA die Berlitz School of Languages, eines der angesehensten Spracheninstitute der Welt, gegründet, dem der 1913 geborene Charles Berlitz, der an der US-Eliteuniversität von Yale in Sprachwissenschaften promoviert hatte, lange Jahre angehörte. Charles Berlitz selbst ist der beste Beweis für die Effizienz der Berlitz-Lehrmethoden, spricht er doch selbst 25 Sprachen. Seit seiner Kindheit war Berlitz vom Atlantis-Mythos fasziniert. Als er 1967 aus der Berlitz School ausschied, widmete er sich diesem Rätsel und stolperte bei seinen Recherchen über das Bermudadreieck.

Wie dieser Text zeigen wird, ist das Rätsel des Bermudadreiecks in vielen Punkten ein Konstrukt, das es mit der Wahrheit nicht immer ganz genau nimmt. Auch Charles Berlitz trägt Schuld daran, denn allzuoft hat er Erzählungen einfach übernommen, ohne noch einmal sorgfältig zu recherchieren. Seinem zweiten Bermuda-Bestseller *Spurlos* aus dem Jahr 1977 muß man sogar den Vorwurf machen, Fakten bewußt mit Gerüchten vermischt zu haben.

Von Berlitz' Erfolg angetrieben, kam eine ganze Reihe von Büchern über das Bermudadreieck auf den Markt, die den Mythos des Dreiecks in der ganzen Welt bekanntmachten.

Geschichten über das Bermudadreieck gibt es viele. Sie alle beginnen damit, daß an einem klaren Tag ohne Stürme oder sonstige Beeinträchtigungen durch das Wetter ein Schiff in See stach oder irgendwo ein Flugzeug startete, die aber nie ihr Ziel erreichten. Dies allein wäre tragisch genug. Die Schiffe und Flugzeuge blieben aber mit Mann und Maus verschollen, ohne daß man je ein Wrack, eine Leiche oder sonstige Überreste gefunden hätte.

Berichte über ungewöhnliche Geschehnisse im Bermudadreieck und der Sargassosee, die den Bermudas vorgelagert ist, gibt es sei den Tagen von Christoph Kolumbus. Kolumbus sah, eigenen Aussagen zufolge, einen Feuerball ins Meer stürzen, woraufhin sein Kompaß verrückt spielte. Dies ist übrigens ein tatsächlich auftretendes Phänomen: In einem Teil dieses Gebietes schlägt die Kompaßnadel nicht zum magnetischen Nordpol aus, wie es sein müßte, sondern zeigt auf den tatsächlichen Nordpol (weil hier, um genau zu sein, vor der Küste Floridas magnetischer und geographischer Nordpol auf einer Linie liegen). Dieses Phänomen ist bekannt und wird von Navigatoren berücksichtigt. Es ist also möglich, daß unerfahrene Segler, die in diesem Gebiet verschollen sind, Probleme mit ihrem Kompaß bekamen und das Phänomen der Agonen, wie es in der Fachsprache genannt wird, einfach nicht berücksichtigten.

Doch zurück zu den Fallbeispielen: Am 31. Dezember 1812 verschwand die »Patriot«, ein amerikanisches Schiff, zu dessen Passagieren Theodosia Burr Alston zählte, die Frau des Gouverneurs von South Carolina und Tochter des ehemaligen Vizepräsidenten Aaron Burr. Es war ein klarer Tag ohne besondere meteorologische Vorkommnisse.

1814 verschwand erstmals ein amerikanisches Navy-Schiff, das erste einer langen Liste US-amerikanischer Schiffe, deren Höhepunkt das Verschwinden der US-Cyclops im März 1918 darstellte. Mit 309 Mann Besatzung (laut der Berichterstattung einer Tageszeitung vom 16. April 1918, der *Virginia Pilot*, waren es 293 Männer) befand sich das Versorgungsschiff auf dem Weg von Barbados nach North Folk, Virginia, wo es niemals ankam.

Einer der bizarrsten Fälle ereignete sich im Januar 1921, den der amerikanische Autor Lawrence David Kusche in seinem Buch *Die Rätsel des Bermuda-Dreiecks sind gelöst* wie folgt beschreibt: »An einem kalten, grauen Januarmorgen des Jahres 1921 wurde der fünfmastige Schoner ›Carroll A. Deering‹ mit vollen Segeln bei den Diamonds Shoals gestrandet aufgefunden. Eine Mahlzeit stand noch am Herd, aber die einzigen zwei Lebewesen an Bord waren zwei Katzen. Die Besatzung wurde nie mehr gefunden. Im selben Jahr verschwand im selben Gebiet ein Dutzend anderer Schiffe, und die Regierung der Vereinigten Staaten untersuchte die Möglichkeit, ob Piraten oder Sowjet-Sympathisanten sie verschleppt haben könnten.« Doch das war nicht so. Was war geschehen? Für die Verfechter der Existenz eines Bermudadreiecks steht fest: Es waren fremde, nicht menschliche Mächte am Werk. Doch welche Mächte? Außerirdische, Atlanter oder Naturphänomene?

Wie auch immer, die Liste der unerklärbaren Ereignisse geht auf jeden Fall weiter: 1925 verschwand im April das japanische Schiff Raifuku Maru, nachdem der Funker voller Panik ins Mikrophon geschrien hatte: »Es ist wie ein Dolch, kommt schnell!« und dann für immer verstummte. Es finden sich Ende der 20er und während der gesamten 30er Jahre eine ganze Reihe ähnlicher Berichte – bis im Dezember 1941 gleich zwei amerikanische Transportschiffe, die Proteus und die Nereus spurlos verschwanden. Dies ist tatsächlich unheimlich, da beide Schiffe aus derselben Baureihe wie die Cyclops stammten!

All diese Vorfälle finden ihren Höhepunkt in jenem Ereignis, das in den Artikeln und Büchern, die über das Phänomen Bermudadreieck geschrieben wurden, als mysteriösestes von allen betrachtet wird: das Verschwinden von Flug 19 am 5. Dezember 1945.

Ursprünglich bestand Flug 19 aus fünf Avenger-Torpedo-Bombern und 15 Mann Besatzung. Einer der Männer aber erschien nicht am Stützpunkt. Ob er verschlafen oder den Termin ganz einfach verschwitzt hatte, weiß man nicht. Auf jeden Fall rettete sein Nichterscheinen ihm das Leben. Die in Fort Lauderdale stationierten Maschinen sollten einen Routineflug absolvieren: 160 Meilen nach Osten, dann 40 Meilen nach Norden und dann 120 Meilen direkt zurück zum Flugplatz. Als das erste Flugzeug um 14.10 Uhr startete, war klares Wetter, die Piloten galten als erfahren. Der Flug war auf eine Dauer von zwei Stunden angesetzt, er führte sie unter anderem über das sogenannte Bimini-Atoll.

Um 15.45 Uhr, als die Flugzeuge längst die Vorbereitungen zum Landeanflug hätten beginnen müssen, erreichte den Tower von Fort Lauderdale der folgende Funkspruch: »Dies ist ein Notfall. Wir scheinen vom Kurs abgekommen zu sein. Wir können kein Land sehen.« Charles Taylor, der seit sechs Jahren für die Navy flog, war in Panik. »Wir sind verloren!« rief er, woraufhin der Lotse von Fort Lauderdale die Anweisung gab, die Flugzeuge ganz einfach Richtung Westen zu lenken, da sie auf diese Art und Weise automatisch auf Land treffen würden. Doch dies war nicht mehr möglich, denn die Instrumente der Flugzeuge spielten verrückt, berichtete Taylor. 40 Minuten lang versuchten die Lotsen von Fort Lauderdale, Flug 19 zurück in Position zu bringen. Erfolglos. Um 16.25 Uhr meldete sich der Marine Captain George Stivers ein letztes Mal auf seiner Basis: »Wir wissen nicht, wo wir sind ... Wir müssen 225 Meilen Nordost von der Basis sein, es sieht aus wie ... [*verstümmelt und unverständlich*]. Es sieht aus, als stürzten wir ins Wasser. Wir sind verloren!« Dann endete der Funkkontakt. Der Treibstoff muß schon bald nach der letzten Meldung ausgegangen sein. Eigenartig ist nur, daß um 19.04 ein Angestellter des Kontrollturms von Miami einen Funkspruch auffing, der mit der Kennung »FT« begann. FT war das Erkennungszeichen von Flug 19 – und nur von Flug 19! Auch ist die Beobachtung einiger Seeleute im vermeintlichen Unglücksgebiet kaum zu erklären, die um 19.50 eine Explosion in der Luft beobachtet haben wollen und tatsächlich einen Ölfleck auf dem Wasser fanden – aber nicht ein einziges Wrackteil.

Damit aber ist die Geschichte noch nicht beendet. Kurze Zeit nach dem offiziellen Verschwinden von Flug 19 setzte sich eine Armada von 21 Schiffen in Bewegung, um die Flugzeuge zu suchen. Auch Flugzeuge stiegen auf, darunter ein Martin-Mariner-Flugboot mit 13 Mann Besatzung, das speziell für die Seenotrettung ausgestattet war. Doch das Flugboot kehrte nie wieder nach Fort Lauderdale zurück, nicht ein Wrackteil wurde jemals gefunden!

Sechs Flugzeuge für immer verschwunden, 28 Männer tot (andere Quellen nennen 27 Vermißte. Es mag sein, daß diese Zahl stimmt und die 28 den einen Piloten einschließt, der seinen Termin verpaßt hatte).

Das Verschwinden von Flug 19 wurde untersucht – und schließlich als ungelöster Fall zu den Akten gelegt. Mit diesem Vorfall aber tauchte erstmals die Legende vom Bermudadreieck auf. Das spurlose Verschwinden von sechs Flugzeugen konnte nicht einfach als Unfall abgetan werden. Die Presse berichtete ausführlich über das Verschwinden, und der Fall, soviel schien sicher zu sein, war mysteriös. Spektakulär war und ist er bis heute geblieben. Dabei ist das Verschwinden von Flug 19 nicht der einzige Fall seiner Art im Jahr 1945. Bereits im Sommer desselben Jahres waren von Jacksonville, Florida, zwölf Flugzeuge zu einem Routineflug abgehoben. Das Wetter war ideal. Trotzdem kehrten aus nie geklärten Gründen zwei dieser Maschinen mit insgsamt vier Mann Besatzung nicht mehr zurück. Es ist müßig zu erwähnen, daß keine Wrackteile gefunden wurden.

Auch ein deutsches Schiff wurde nie wieder gesehen. Am 21. März 1973 stach der deutsche Frachter Anita von Newport News, Virginia, aus in See mit Kurs auf Hamburg. Dort aber kam das Schiff niemals an.

Und so weiter, und so fort…

Nun ist es keine Frage: Das Verschwinden von Flugzeugen und Schiffen ist stets begleitet von großer Tragik. Menschen sterben, Angehörige bleiben zurück. Dabei ist für die Angehörigen vor allem die Ungewißheit über das Schicksal der Verschollenen eine große Belastung. Wie sind sie gestorben? War es ein qualvoller Tod?

Doch so hart die folgenden Worte klingen mögen, sie gelten auch für das sogenannte Bermudadreieck: In der Welt der Schiff- und Luftfahrt ereignen sich von Zeit zu Zeit Unfälle. Und bedenkt man, daß das Gebiet, das als Bermudadreieck bezeichnet wird, fast so groß ist wie Westeuropa, muß man ganz einfach sagen, daß dort nicht mehr oder weniger Unglücke geschehen als anderswo auf den Weltmeeren. Was die Geschichte des Bermudadreiecks verwirrend macht, ist die Tatsache, daß sehr oft Schiffe und Flugzeuge verschwunden sind, ohne eine einzige Spur zu hinterlassen. Dies kann viele Gründe haben. Das Meer ist an vielen Stellen weit über 1 000, ja 2 000 Meter tief. Wenn hier etwas verlorengeht, dann ist es für immer verschwunden. Man darf nicht vergessen, daß selbst ein gigantisches Schiff wie die Titanic erst 71 Jahre nach dem Unglück am Meeresgrund aufgespürt wurde. Und wenn man bedenkt, daß nur ein kleiner Bruchteil des Meeresbodens überhaupt erforscht ist, gerade die Tiefen des Atlantiks zwischen Europa und den USA so gut wie gar nicht erforscht sind (dazu zählt auch die Sargassosee, jener Teil des Bermudadreiecks, in dem TRIANGLE spielt), lassen sich viele der sogenannten mysteriösen Vorkommnisse ganz einfach erklären. Hinzu kommen immer wieder plötzlich auftretende Stürme. Während Satelliten heute solche Stürme vorhersagen können, war man vor 40, 50 Jahren noch auf jene Daten angewiesen, die gefunkt wurden, und auf das, was man selbst sehen konnte. Wenn vor 100 Jahren, ja selbst bis in die Zeit nach dem Ersten Weltkrieg, von einem sonnigen Hafen aus ein Schiff in See stach, konnte es 60 bis 70 Meilen vor dem Hafen plötzlich in einen Hurrikan geraten. Sofern es überhaupt ein Funkgerät an Bord hatte, funkte es SOS. Doch kam dieses Signal dort an, wo es ankommen sollte? Nicht immer. Das Schiff zerbrach, der größte Teil ging unter, der Hurrikan selbst nahm die Wrackteile mit und legte sie an einer Stelle ab, wo sie niemand suchte und wo sie langsam untergingen. Wurde das Schiff nun überhaupt vermißt, suchte man es dort, wo es hätte sein müssen. Doch dort fand man gar nichts mehr. Und da der Hurrikan irgendwo über dem Meer seine Kraft verloren hatte und zu einem lauen Wind geworden war, wurde ein Mythos geboren: In ruhiger See gestartet und dennoch spurlos verschwunden. Daß dieses Seegebiet zu den hurrikanintensivsten der Welt gehört und die Stürme selbst heute noch erfahrene Seeleute in modernsten Schiffen hin und wieder Magenschmerzen bereiten, läßt man bei der Bildung von Legenden ganz einfach unter den Tisch fallen. Dazu kommt, daß rationale Erklärungen für das Verschwinden eines Schiffes gerne mißachtet werden, da sie so gar nicht in die Bildung eines Mythos' passen wollen. So geschah es auch im Fall der Cyclops, deren Verschwinden durchaus auch einige rational erklärbare Ursachen haben könnte.

Da es sich um ein Schiff der US-Navy handelte, wurde ein Untersuchungsausschuß eingesetzt, der ihr Verschwinden analysieren sollte. Das Office of Naval Intelligence stellte schließlich sechs Hypothesen auf. Zugegeben, was im Endeffekt geschehen ist, weiß man bis heute nicht, aber es gibt durchaus Überlegungen, die nicht von der Hand zu weisen sind.

Es herrschte der Erste Weltkrieg. Die Cyclops war ein amerikanisches Schiff, was also sollte dagegen sprechen, daß es von einem deutschen U-Boot torpediert und versenkt wurde? Tatsache ist, daß im Ersten Weltkrieg deutsche U-Boote der amerikanischen Küste viel näher kamen als im Zweiten Weltkrieg, da sie noch nicht mit Sonar und Radar geortet werden konnten. Ein Treffer – und die Cyclops war verloren.

Die Mannschaft könnte gemeutert und dann die üblichen Schiffahrtsrouten verlassen haben. Mit anderen Worten: Das Schiff ist überhaupt nicht gesunken, sondern wurde gestohlen. Dies mag heute etwas irritierend klingen, 1918 aber war dies möglich. Es wurde gemeutert, das Schiff wurde in einen neutralen Hafen gebracht, der Name war längst überpinselt worden, und irgendwann fand es einen neuen Besitzer. Absurd ist diese Theorie nicht, waren doch die meisten Seeleute deutscher Herkunft. Es ist ein Zufall, daß es zu einer solchen Konzentration deutschstämmiger Amerikaner an Bord eines US- Navy-Schiffes gekommen ist. Aber es ist geschehen. Was spricht also dagegen, daß diese Seeleute ganz einfach keine Lust hatten, möglicherweise gegen die eigenen ehemaligen Landsleute zu kämpfen und sich ihrer nichtdeutschen Kameraden auf offener See entledigten?

Kapitän Worley war in Deutschland geboren worden, der amerikanische Generalkonsul von Rio de Janeiro, ein Passagier an Bord der Cyclops, sympathisierte mit dem deutschen Kaiserreich. Hat man eine Übergabe organisiert?

Die Cyclops war nachweislich aber auch überladen. Es ist möglich, daß die Ladung auf hoher See verrutscht ist. In diesem Fall wäre die Cyclops gekentert und möglicherweise untergegangen. Für diese Hypothese spricht der Bericht von Conrad Nervig, einem (deutschstämmigen) Seemann, der bis kurz vor dem Unglück seinen Dienst auf der Cyclops versehen hatte. 1969 erzählte er Journalisten, die sich für das Schicksal des Schiffes interessierten, daß das Schiff immer wieder überladen worden sei, weshalb viele Seeleute befürchtet hatten, im Fall eines Verrutschens der Ladung könnte die Cyclops untergehen.

Das Schiff transportierte außerdem Mangandioxid. Dieses kann sich bei unsachgemäßer Lagerung leicht entzünden. Hat eine Explosion das Schiff versenkt?

Hinzu kommt die Legende, es sei ein wunderbarer, ruhiger Tag gewesen. Dies steht in den offiziellen Unterlagen. Geht man davon aus, daß das Schiff in einem 100-Meilen-Radius vor der Küste Virginias unterging, kann man außerdem die Vermutung äußern, daß die Wetterberichte der Navy falsch sind! Tatsächlich gab es am Tag des Verschwindens der Cyclops in Virginia sehr wohl Sturmwarnungen. Laut der Recherchen des Autors Lawrence David Kusche haben die Behörden Virginias ganz einfach vergessen, dies der Navy während der Untersuchungen mitzuteilen! Wie man sieht, gibt es eine ganze Reihe von möglichen Erklärungen, die keinesfalls mystischen Ursprungs sind. Kurz nach dem Unglück macht zum Beispiel das Gerücht die Runde, ein gigantischer Tintenfisch sei an die Oberfläche gespült worden und habe dort die Cyclops umklammert und in die Tiefe gerissen!

Flug 19 betreffend, sind ebenfalls viele Dinge gar nicht so gewesen, wie sie in der Legende überliefert wurden. Die Geschichte von Flug 19 ist es, die dazu geführt hat, daß alle anderen Geschichten etwa so beginnen: »Es war ein ruhiger, sonniger Tag...«. Doch schon dies ist falsch. Am Stützpunkt selbst herrschte zwar gute Sicht, die Maschinen aber flogen in eine Schlechtwetterfront. Dies kann in dem Untersuchungsbericht nachgelesen werden. Die See war nicht ruhig, als die Piloten verzweifelt versuchten heimzukehren. Das Gegenteil wird von jenen, die an die Existenz des Bermudadreiecks als mystischen Ort glauben, nach wie vor behauptet. Tatsache ist: Die See war sehr rauh. Bei einer Notwasserung etwa können die Flugzeuge also ganz einfach auseinandergebrochen sein, so daß sie schnell sanken und keine Trümmerreste zurückblieben. Hinzu kommt, daß es natürlich möglich ist, daß die Flugzeuge, je nach Kerosinverbrauch, an verschiedenen Stellen abstürzten, was es per se schwierig gemacht hätte, Überreste zu finden.

Der größte Patzer in der Berichterstattung über das Unglück ist aber, daß die Piloten und Ingenieure allesamt erfahrene Männer gewesen sein sollen. Dies ist ganz einfach falsch! Gerade einmal zwei Mann, nämlich die in diesem Text zuvor genannten Offiziere waren erfahrene Piloten. Die anderen waren Flugschüler!

Und dann gibt es eine Reihe tragischer Zufälle, die von Personen wie Charles Berlitz ganz einfach ignoriert wurden: Die Kompasse könnten ausgefallen sein. Wie bereits erwähnt, gibt es in diesem Teil des Ozeans tatsächlich das Phänomen, daß ein Kompaß zum geographischen und nicht zum magnetischen Nordpol zeigt. Vielleicht fiel ein Radiokanal aus, auf dem Flug 19 eigentlich hätte funken sollen. Dann suchten die Lotsen mit ihren Funksignalen Flug 19 ganz einfach an vollkommen falschen Orten. Da die Piloten glaubten, sich verflogen zu haben, suchten die Lotsen den Flug überall. Nur nicht dort, wo er sich dem Flugplan nach hätte befinden sollen. Woher man dies heute weiß? Nun, die Legende sagt, niemand hätte Flug 19 gesehen. Dies aber ist vollkommen falsch. Tatsächlich haben mehrere Fischer und Seeleute Flug 19 über den Riffen und Sandbänken direkt nördlich der Bahamas gesehen, und dies ist ein Ort, der genau der Flugroute von Flug 19 entsprach. Mit anderen Worten: Die Maschinen befanden sich sehr wohl auf Kurs, nur hatten sie sich verspätet, und die Piloten glaubten, sich verflogen zu haben, was gar nicht der Fall war.

Im Tower gab es indessen weitere Pannen. Ein Fernschreiber, mit dem dringend Flugdaten an andere Tower weitergegeben werden sollten, war defekt. Meldungen über die mögliche Position der Flugzeuge gingen im überlasteten Funkverkehr unter – und eine Schlechtwetterfront machte den Lotsen zunehmend zu schaffen! Auch gingen in einer herannahenden Schlechtwetterfront viele Nachrichten ganz einfach verloren (einer

Schlechtwetterfront, die laut der Bermudadreieck-Theoretiker gar nicht existierte).

Hinzu kommt die militärische Disziplin. Militärkenner gehen davon aus, daß die Flugzeuge auf Gedeih und Verderben zusammenblieben. Die Piloten gehorchten ihren Befehlen! Doch was passierte, wenn die Befehle ganz einfach falsch waren? Ein mit der Situation überforderter Offizier, ein Fehler – und alle Piloten flogen in den Tod. Wäre nur einer aus der Formation ausgebrochen und einen anderen Kurs geflogen – vielleicht hätte er überlebt.

Und was die Geschichte des Rettungsflugzeugs angeht, das spurlos verschwand – es ist durchaus vorstellbar, daß es sich um jenes Flugzeug handelte, das über Funk um 19.04 Uhr gehört und dessen Explosion um 19.50 Uhr beobachtet wurde. Was an Bord dieses Flugzeuges geschah, ist unbekannt. Wenn jedoch gesagt wird, die Seeleute des Schiffes, von dem aus die Explosion beobachtet worden war, hätten nur einen Ölfleck auf dem Wasser gesehen (so wie es in diesem Text auch niedergeschrieben wurde), ist dies ebenfalls nicht richtig. Tatsache ist: Sie sahen einen großen Ölfleck und einige Trümmerteile, die sie aber aufgrund des hohen Wellengangs nicht bergen konnten.

Vor einigen Jahren wurden außerdem Wrackteile eines amerikanischen Militärflugzeuges geortet, bei dem es sich möglicherweise um Überreste einer Maschine des Fluges 19 handeln könnte. In diesem Fall würde das Bermudadreieck schließlich doch eines Tages eines seiner Opfer wieder freigeben, was natürlich gar nicht in die Legendenbildung vom magischen Dreieck, in dem das, was verschwindet, nie wieder auftaucht, paßt.

Abgesehen davon, daß es natürlich eine ganze Reihe von Schiffen gegeben hat, die untergingen und sehr wohl Wrackteile oder sogar Tote (und auch Überlebende) zurückließen, die bezeugen konnten, daß mit ihnen nichts Mysteriöses geschehen war, sondern daß sie Opfer einer »normalen« Katastrophe geworden waren.

Es bleibt die Frage offen, warum der Mythos des Bermudadreiecks bis heute fortbesteht, obwohl in seinem Gebiet nicht mehr oder weniger Schiffe und Flugzeuge verschwinden als anderswo. Darauf gibt es viele Antworten. Es ist in erster Linie der Glaube an eine Legende. Wer kann schon einen Glauben widerlegen? Der britische Historiker G. M. Trevelyan formulierte es so: »Legenden haben ein zähes Leben; sie sterben selten an der Wirklichkeit.«

★ Die Legendenbildung um das Bermudadreieck umfaßt in großen Teilen auch den Atlantis-Mythos. So stieß Charles Berlitz auf die Geschichte des Bermudadreiecks erst, als er sich intensiv mit Atlantis auseinandersetzte. Atlantis wird in den Timaios- und Kritiasschriften des griechischen Gelehrten Plato um 400 vor Christus erstmals erwähnt. Plato nimmt dabei die Rolle eines Korrespondenten ein, der weitergibt, was ihm erzählt wurde. Es war ein ägyptischer Priester, der ihm von einem Inselkontinent erzählte, der jenseits der Säulen des Herakles gelegen sei (Säulen des Herakles = die Meerenge von Gibraltar). Dieses Atlantis, so der ägyptische Priester, liege zwischen dem europäischen Festland und einem noch viel größeren Kontinent auf der anderen Seite der Welt. Bei einer gigantischen Flutkatastrophe aber sei das sagenhafte Atlantis untergegangen. Laut Platos Berechnungen fand diese Katastrophe 9 000 Jahre vor seiner Geburt statt.

Nun gilt Platos Geschichte heute noch als Mythos, als eine Parabel, mit der der Gelehrte seinen Schülern die Idealform eines Staates erklären wollte, denn Atlantis war technologisch hochentwickelt, die Menschen lechzten nach Bildung, das Staatswesen war von Mitbestimmung geprägt. All dies klingt natürlich nach einem griechischen Ideal seiner Zeit. Seit der Landung von Kolumbus in Amerika weiß man in Europa, daß es auf »der anderen Seite« der Welt tatsächlich einen weiteren, großen Kontinent gibt.

Leider ist Atlantis in der Geschichtsforschung kein sonderlich seriöses Thema. So wird dieses Forschungsfeld statt dessen Autoren wie Charles Berlitz oder Michael Baigent (*Das Rätsel der Sphinx*) überlassen, deren Bücher zwar ungemein unterhaltsam und spannend zu lesen sind, denen es oft jedoch an Fakten und Beweisen fehlt und deren Recherchen oft die wünschenswerte Gewissenhaftigkeit vermissen lassen.

Dabei stellt gerade der Atlantismythos ein faszinierendes Betätigungsfeld dar, denn Plato berichtet schließlich von einer gigantischen Naturkatastrophe, die den gesamten Kontinent Atlantis vernichtete. Eine solche

Naturkatastrophe kann man sich kaum vorstellen. Was mag sie ausgelöst haben? War es ein gigantisches Erdbeben, der Einschlag eines Meteoriten oder eine Umweltkatastrophe, wie man sie erst heute für möglich hält, wie etwa das teilweise Schmelzen der Polkappen? Niemand weiß es, es ist jedoch eine Tatsache, daß es in den unterschiedlichsten Kulturen Erzählungen über eine gigantische Naturkatastrophe gibt, die vor Urzeiten über die Menschheit hereingebrochen sein soll: So erzählt die griechischen Mythologie, daß der thessalische König Deukalion von seinem Vater, dem Halbgott Prometheus, vor einer gigantischen Flut gewarnt wurde. Er baute ein Schiff, in dem er und seine Frau diese Flut überlebten. Als die Flut zurückging, landeten sie auf dem Gipfel des Parnaß. Ihr gemeinsamer Sohn Hellen setzte hier schließlich den Grundstein zur Gründung des hellenischen Reiches – Griechenland.

Auch die Geschichten altindischer Völker berichten von einer gigantischen Naturkatastrophe, die Maya kennen sie ebenso wie die Juden, die sie im Alten Testament niederschrieben (die Parallelen zwischen der Geschichte von Noah, der von Gott gewarnt wurde, und der von König Deukalion sind nicht zu übersehen). Allerdings soll diese Katastrophe nicht vor mehr als 11 000 Jahren stattgefunden haben, sondern, so vermuten die wenigen seriösen Forscher, die sich mit Atlantis beschäftigen, vor rund 9 350 Jahren.

Mit der Theorie von der Existenz von Atlantis verknüpft sich die Vermutung, daß die Menschheit möglicherweise älter ist als angenommen – und bereits in früheren Zeiten über eine viel weiterentwickelte Technologie verfügte, als heute vorstellbar. (So gibt es durchaus Forscher, die glauben, die Pyramiden seien älter als 4 000 Jahre und damit von Völkern erbaut worden, die heute längst vergessen sind. Dies mag verrückt klingen; es sei deshalb nur eine Frage erlaubt: Warum eigentlich gibt es aus der Zeit, als die Pyramiden gebaut worden sein sollen, keine Berichte über die Bauphasen – und das bei einem Volk wie den Ägyptern, die bereits sehr früh damit begonnen hatten, ihre Geschichte niederzuschreiben und die über ein hochentwickeltes Verwaltungswesen verfügten?)

Doch zurück zu Atlantis: Wenn es diesen Kontinent also gegeben haben sollte, müßten seine Überreste irgendwo zwischen der Straße von Gibral-

tar und der Karibik zu finden sein. Es gibt Theorien, die behaupten, daß
die Azoren Überbleibsel von Atlantis sind. Damit hätte der Kontinent
noch immer recht »nah« an Afrika und auch Europa gelegen. Für Forscher wie Berlitz gibt es jedoch weitere Möglichkeiten wie etwa die Sargassosee, womit zum Beispiel die Bermudas ein Überbleibsel des sagen-
haften Kontinents wären, aber auch die Bahamas und hier insbesondere
das Bimini-Atoll, wo tatsächlich unter Wasser Ruinen einer alten Kultur
entdeckt wurden, die an dem sogenannten *Tongue of Ocean* enden, einem
sechstausend Meter tiefen Wassergraben. Ist in diesem Graben Atlantis
untergegangen? Sind die Ruinen seine Überreste?

Um nun den Bogen zurück zum Bermudadreieck zu schlagen, sei erwähnt, daß es natürlich eine ganze Reihe von Theorien gibt, nach denen
Atlantis und das Verschwinden von Schiffen und Flugzeugen direkt zu-
sammenhängen. Wenn, so die Überlegung, die Atlanter eine Zivilisation
besaßen, die möglicherweise der unseren überlegen war, werden sie auch
einen Weg gefunden haben, den Untergang ihres Kontinents zu überleben. So wären sie auch für die seltsamen, unerklärlichen Phänomene
verantwortlich, die schon Kolumbus einst beobachtete und nicht erklären konnte. Die Frage ist nur: Was wollen die Atlanter, wenn sie so hoch
technisiert sind, von uns Primitivlingen?

Wie auch immer. Von dieser Position aus betrachtet ist der Mythos des
Bermudadreiecks eine Geschichte aus dem reichhaltigen Fundus der
Mythen und Mysterien des Atlantis-Rätsels.

★ Die meisten Schiffe sind in einer Zeit verschwunden, in der sich niemand ernsthaft mit dem Bermudadreieck auseinandergesetzt hat. Dies ist
eine typische Krankheit von Geschichten dieser Art. Es gibt nur selten
Berichte aus der jüngeren Vergangenheit oder der Gegenwart. Die letzten beiden wirklich eigenartigen Geschehnisse im Bermudadreieck ereigneten sich 1972 und 1984. 1972 verschwand hier der 20 000 Tonnen
schwere deutsche Frachter Anita mit einer Besatzung von 32 Mann. Weder vom Schiff noch von den Männern wurde je wieder etwas gesehen.
1984 verschwand eine 27 Meter lange Yacht namens Brigg. 18 Menschen
fanden den Tod.

★ Wer nun glaubt, das Bermudadreieck sei einzigartig, irrt. Das Drachenmeer oder Drachen-Dreieck ist ebenfalls für das Verschwinden von Schiffen und Flugzeugen verantwortlich. Es befindet sich im Pazifik, seine Grenze beschreibt eine Linie von Ostjapan, nördlich von Tokio, bis zu einem Punkt im Ozean, der etwa auf dem 145sten östlichen Längengrad liegt; von dort aus betrachtet, verläuft sie über die Boninseln bis nach Guam, dann nach Westen (Taiwan) und schließlich nordöstlich zurück nach Japan. Ähnlich wie im Bermudadreieck zeigen Kompasse auch hier zum geographischen Nordpol (Agone!). Innerhalb dieses gedachten Dreiecks liegen außerdem einige der tiefsten Gräben der Welt: die Ogasawaratiefe, der Ryukyu- und der Philippinengraben sowie die bekannteste aller Meerestiefen, der Mariengraben, der tiefste Meeresgraben der Welt mit einer Tiefe von rund elf Kilometern. Auch dieses Dreieck wird mit mystischen Geschehnissen in Verbindung gebracht (vor allem Charles Berlitz hat sich hier wieder einmal einen Namen gemacht: Sein Bestseller zum Thema heißt *Das Drachen-Dreieck*). Aber auch in diesem Fall werden viele Aspekte, die das Verschwinden von Schiffen und Flugzeugen erklären könnten, gerne verschwiegen, zum Beispiel die plötzlich auftretenden Stürme, die zu den heftigsten der Welt gehören und die vor allem in dieser Region, mehr noch als im Bermudadreieck, Flutwellen entstehen lassen können, denen schon manch ein Schiff im Laufe der Jahrhunderte zum Opfer gefallen ist. Und wem eine Flutwelle nicht ausreicht, für den gibt es hier Tsunamis, durch Erdbeben ausgelöste Riesenwellen, die verschlingen, was sie in ihre Gischt bekommen. 1960 tötete eine einzige Tsunami-Welle auf den Philippinen 400 Menschen, in Chile starben durch eine Tsunami, die vom selben Erdbeben ausgelöst worden war, noch einmal 60 Personen. Wenn eine solche Flutwelle ein kleines Schiff erfaßt, dann bleibt nichts von diesem Schiff übrig. Es versinkt in den Untiefen des Meeres.

★ Es gibt übrigens eine relativ neue Theorie zum Verschwinden von Flugzeugen und Schiffen im Bermudadreieck, die eine nachvollziehbare Erklärung dafür liefert, warum oft keine Wracks gefunden werden: Es geht um die »schäumende See«. Die Theorie besagt nun, daß es aufgrund kleinerer Erdbeben zur Freisetzung von sogenanntem Methanhydrat kommt. Dieses Methanhydrat, soweit es in der freien Natur so vorkommt, hat die

unangenehme Eigenschaft, die Dichte des Wassers drastisch zu verrin-
gern. Gerät es nun an die Oberfläche, brodelt die See, und da sich die
Dichte des Wassers plötzlich drastisch verringert, ist ein Schiff nicht
mehr in der Lage, auf dem Wasser zu schwimmen, sondern geht unter.
Wie ein Stein! Da der Meeresboden durch ein Beben aufgebrochen ist,
fällt es nun in ein Loch und wird von den hoch geschleuderten, sich nun
wieder legenden Sedimentschichten begraben. Derselbe Effekt könnte
auch Flugzeuge vom Himmel holen, denn das Gas steigt weiter in den
Himmel auf. Wenn es nun mit Triebwerkabgasen in Verbindung kommt,
kommt es zu einer Explosion: Das Flugzeug stürzt ab und verschwindet
im Wasser (dessen Dichte bekanntlich verringert ist) des Ozeans. Beweise
für diese Theorie gibt es jedoch gar keine. Bei Bohrungen in der Region
um die Bermudainseln entdeckten Forscher 1996 jedoch gefrorenes
Methangas, aus dem Methanhydrat entsteht.

★ 1976 nutzte die AIRPORT-Reihe mit ihrem dritten Film AIRPORT '77
– VERSCHOLLEN IM BERMUDA-DREIECK (AIRPORT '77, USA 1976) den
seinerzeit populären Mythos, um die Menschen ins Kino zu locken. Dabei haben es die amerikanischen Verleiher bei Andeutungen auf das Bermudadreieck belassen, im Gegensatz zu ihren deutschen Kollegen, die
das Dreieck schon im Titel nannten. Tatsächlich spielt es in diesem Film
eigentlich überhaupt keine Rolle: Kunsträuber entführen einen privaten
Jumbo, um an Bord befindliche Gemälde zu stehlen. Um vorzutäuschen,
im Bermudadreieck spurlos verschwunden zu sein, unterfliegen sie den
Radar. Dabei aber kollidiert ein Flügel mit dem Turm einer Bohrinsel, das
Flugzeug stürzt ab und versinkt im Meer an einer Stelle, wo niemand
nach den noch an Bord befindlichen Passagieren suchen wird. Zu Beginn
haben die Menschen an Bord noch Sauerstoff. Dieser aber wird im Laufe
der Zeit immer weniger.

★ Einen echten Bermudadreieck-Mystery-Thriller inszenierte 1977 der
mexikanische Regisseur René Cardona Jr. SOS-SOS-SOS BERMUDA-
DREIECK (IL TRAINGOLO DELLE BERMUDE Italien/Mexiko 1977) heißt
der Film, der von einer Familie auf einer Privatyacht erzählt, deren Mitglieder sich anscheinend gegenseitig massakrieren. Erst im Laufe der Zeit
wird deutlich, daß mysteriöse Kräfte am Werk sind, vor allem, als plötz-

lich ein Funkruf von Flug 19 aufgefangen wird! Am Ende der Geschichte – das Boot ist inzwischen manövrierunfähig – gelingt es, mit der Küstenwache Funkkontakt aufzunehmen. Die Küstenwache aber bezichtigt die übriggebliebenen Familienmitglieder eines geschmacklosen Scherzes: Ihr Boot sei doch vor fünf Jahren spurlos im Bermudadreieck verschwunden. SOS-SOS-SOS BERMUDA-DREIECK ist ein typischer italienischer Film seiner Zeit: Kostengünstig produziert, arbeitet er mit billigen Effekten und verhehlt nicht, mit seiner Handlung ganz einfach nur von einem Trendthema, dem Bermudadreieck, profitieren zu wollen. Das einzig Erstaunliche an diesem Film ist die Mitwirkung von Regie-Legende John Huston in einer der Hauptrollen! Von dem Regisseur dieses Filmes, René Cardona Jr., stammen übrigens auch solche Meilensteine der Filmgeschichte wie TROMMELN ÜBER DEM SKLAVENCAMP (VALLEY OF THE DOOMED, USA/Mexiko 1975), TINTORERA! MEERESUNGEHEUER GREIFEN AN (TINTORERA, USA/Mexiko 1977) oder GUYANA – KULT DER VERDAMMTEN, der auf Video TRIP IN DIE HÖLLE (GUYANA EL CRIMEN DEL SIGNO Mexiko/Spanien/Panama 1979) hieß. Die Titel sprechen für sich.

★ Der deutsche Schauspieler Kai Wulff arbeitet seit 20 Jahren in Hollywood. In dieser Episode von AKTE X ist er in der Rolle eines namenlosen SS-Mannes zu sehen. Kai Wulff verkörperte in vielen Filmen das Klischee des Teutonen. So stand er zum Beispiel für John Landis vor der Kamera – und das zweimal: In OSCAR – VOM REGEN IN DIE TRAUFE (OSCAR, USA 1990) hat er einen kurzen Auftritt als deutscher Chauffeur; eine relativ große Rolle hatte er vier Jahre zuvor in DREI AMIGOS (THREE AMIGOS! USA 1986) als deutsches Fliegeras. In einer hierzulande nie ausgestrahlten TV-Serie gehörte er Anfang der 80er Jahre sogar zu den Hauptdarstellern. Sie hieß CASABLANCA, war eine Fortsetzung des berühmten Films mit Humphrey Bogart und wurde relativ schnell wieder eingestellt, weil sie keinen Erfolg hatte. In allen drei Fällen verkörperte Kai Wulff das, was sich Amerikaner offenbar unter einem typischen Deutschen vorstellen. Er ist groß, er ist blond, er ist blauäugig. In seiner Heimat ist er so gut wie unbekannt, obwohl er Hauptdarsteller der ersten deutschen Action-Fernsehserie war: BERLIN BREAK (BRD/USA 1992).

BERLIN BREAK spielt im »Mac's Café«, einer Art neutralem Treffpunkt
für Geheimagenten aus aller Welt, das von einem gebürtigen Amerikaner (John Hillerman) geleitet wird. Seit dem Ende des kalten Krieges
herrscht Verwirrung unter den Spionen, die nun nicht mehr wissen, für
wen oder gegen was sie arbeiten sollen. Besonders hart betroffen sind
Willy Richter (Kai Wulff), ehemals Agent beim Bundesnachrichtendienst
BND, und Valentin Renko (Nicholas Clay), Exagent des russischen Geheimdienstes KGB. Beide sind gestandene »kalte Krieger«, die der Fall der
Mauer arbeitslos gemacht hat und die nun nach neuen Erwerbsquellen
suchen müssen. Durch Macs Tochter Maria lernen sich die beiden kennen
und entdecken, daß sie zusammen unschlagbar sind. Sie machen sich als
»Ermittler« selbständig.

Um die Geschichte kurz zu machen: Die Serie war ziemlich übel. Sie
wollte eine moderne Actionserie werden, sah aber aus wie DERRICK (BRD
1974-98). RTL sendete 25 Episoden von August bis Dezember 1993 in
seinem damals noch wenig strukturierten Nachtprogramm und stieß auf
nur geringe Zuschauerresonanz. Kai Wulff packte wieder seine Koffer
und kehrte in die USA zurück, um dort sofort wieder in einem Actionfilm
vor der Kamera zu stehen. Und zwar in Chuck Norris' TOP DOG (TOP
DOG, USA 1993). Als Randnotiz sei bemerkt, daß er einen deutschen Terroristen spielte!

6ABX04 Dreamland I

US-Erstausstrahlung: 29. November 1998

Regie: Kim Manners. Drehbuch: Vince Gilligan, John Shiban, Frank
Spotnitz. Gaststars: Michael McKean (Morris Fletcher), Michael Buchman
Silver (Howard Grodin), Scott Allan Campbell (Jeff Smoodge), Tyler Bin-
kley (Terry Fletcher), Dara Hollingworth (Christine Fletcher), Nora Dunn
(Joanne Fletcher), James Pickens Jr. (assistierender Direktor Kersh), John
Mahon (General Wegman), Julia Vera (Ms Lana Chee), Laura Leigh
Hughes (Kershs Sekretärin), Christopher Stapleton (Pilot), Eddie Jackson

(Copilot), Ted White (Tankwart), James Yaker (Kassierer), Freeman Michaels (Wache), Greg Smith (Soldat).

Kurzinhalt

Nach einem Zwischenfall in der Area 51 tauscht Mulder seinen Körper mit dem Geheimdienstler Morris Fletcher. Dieser hat den Vorfall offenbar provoziert, um die Area 51 – und seine Familie – ohne Aufsehen zu erregen, verlassen zu können. So führt Fletcher fortan Mulders Leben. Die Veränderungen in Mulders Verhalten bleiben Scully nicht verborgen. Der echte Mulder landet indes in der Area 51 – ohne jedoch Antworten auf die Frage zu erhalten, ob hier möglicherweise UFOs gelagert werden, wie dies allgemein behauptet wird. Als er schließlich versucht, mit Scully Kontakt aufzunehmen, läuft er geradewegs in eine Falle.

Langinhalt

HIGHWAY 375, IM HERZEN VON NEVADA, 23:17 UHR
Der Anruf eines anonymen Informanten hat Mulder und Scully mitten in die Wüste Nevadas gelockt. Mulder weiß nicht, wer ihn angerufen hat; da ihn der Anruf jedoch mitten in die Area 51 führt, muß er ihm nachgehen. Die Area 51 ist ein militärisches Sperrgebiet, in dem offiziell neue Flugzeugtypen getestet, in dem aber auch unbekannte Flugobjekte extraterrestrischer Herkunft vermutet werden.
Ein Warnschild fordert die beiden Agenten auf, sofort umzukehren, der Informant aber hat gesagt, sie sollten weiterfahren und sich nicht um diese Schilder kümmern. Scully versteht Mulders Enthusiasmus nicht. Diese Geschichte werde ihnen nur Schwierigkeiten einbringen, glaubt sie. »Na und?« fragt Mulder. Was verlange sie vom Leben? Etwa Normalität? Kinder, Hunde, Katzen? Für ihn ist das ein Alptraum. In diesem Moment nähern sich von allen Seiten her Scheinwerfer mit hoher Geschwindigkeit. Mulder flucht und stoppt. Soldaten springen aus den Fahrzeugen,

die beiden Agenten werden aufgefordert, aus ihrem Wagen zu steigen. Ein Zivilfahrzeug hält. Ein zigarettenrauchender Mann steigt aus. Dieser entpuppt sich jedoch nicht als der Krebskandidat, sondern als ein Agent der Regierung. Er läßt sich Mulders Papiere zeigen und ist überrascht, mitten in der Nacht einen FBI-Beamten in Nevada zu treffen. »Was wollen Sie hier?« fragt der Agent. »Was wollen Sie hier?« fragt Mulder zurück. »Wir suchen UFOs und andere Technologien«, antwortet Scully gelangweilt, was dem Agenten ein Lächeln ins Gesicht zaubert. »UFOs? So etwas gibt es hier nicht«, antwortet er. Keine Sekunde später erhebt sich ein helles, dreieckiges Flugobjekt hinter einem Hügel in den Himmel und nähert sich den Soldaten. Mulder ist von dem Schauspiel fasziniert. Sein Körper wird in ein gleißendes Licht getaucht. Dann verschwindet das unbekannte Flugobjekt.

Als Mulders Augen sich wieder an die Dunkelheit gewöhnt haben, erstarrt er: Er ist nicht mehr Mulder. Statt dessen befindet er sich im Körper des Agenten – während der Agent von seinem Körper Besitz ergriffen hat.

Offenbar war dieser Agent der Chef der Operation, denn er, Mulder, wird von einem Soldaten gefragt, was sie tun sollten. »Laßt sie gehen!« befiehlt er den Soldaten, woraufhin Scully und der vermeintliche Mulder das Weite suchen.

Auf dem Weg zurück in die Basis fragt ihn sein junger Kollege Howard Grodin, warum er die beiden habe ziehen lassen. Mulder hat keine Antwort parat. Zum Glück fällt ihm sein älterer »Kollege« Jeff Smoodge ins Wort und erklärt dem jungen Agenten, daß man FBI-Beamte nicht einfach verschwinden lassen könne.

Der Weg führt die drei direkt in die Area 51, wo Mulder ungehindert die Schranken passieren darf. Wie er aus seinem Dienstausweis erfährt, heißt er Morris Fletcher und ist Mitglied von Majestic, was immer dies für ein Geheimdienst sein mag. Er findet schließlich Fletchers Büro, an dessen Wänden eine Reihe von Bildern hängen. Sie zeigen nicht nur Morris mit seiner Familie, sie zeigen Morris auch mit Ronald Reagan, dem Sprecher des Abgeordnetenhauses Newt Gingrich und – Saddam Hussein!

Schon auf dem Rückweg wirkt »Mulder« auf Scully verändert. Er bittet sie zu tanken (was er sonst stets selbst macht), er bittet sie, für ihn einen Schokoriegel zu holen, und er ignoriert das Klingeln seines Handys, da er lieber laute Musik im Radio hört. Während sich Scully über »Mulders« eigenartiges Verhalten wundert, betritt Jeff Smoodge Morris' Büro und erklärt ihm vertraulich, daß es in der Area ein Leck gebe. Die FBI-Agenten seien offenbar von der Station aus informiert worden. Der Verräter habe seine Spuren jedoch so gut verwischt, daß sie ihn noch nicht ausfindig machen konnten. Nachdem er ihm von dem Verräter erzählt hat, bringt er seinen »Kollegen« nach Hause. Dort muß Mulder feststellen, daß er ein normales Familienleben führt: Er hat eine Frau, zwei Kinder, ein mit Hypotheken belastetes Haus. Statt ins Bett zu »seiner« Frau zu kriechen, setzt er sich vor den Fernseher und stellt fest, daß Fletcher Eigentümer sämtlicher Pay-TV-Kanäle ist. Beim Pornokanal bleibt Mulder hängen – und schläft ein.

2:04 UHR
Irgendwo im Wüstengebiet um die Area 51 ist ein Flugzeug abgestürzt. Abstürze hat General Wegman schon viele gesehen, doch für das, was hier passiert ist, hat er keine Erklärung: Der Pilot hat zwar überlebt, doch er spricht in einer Sprache, die Wegman nicht verstehen kann. Auch der Copilot hat überlebt. Doch er wird sterben – sein Körper ist zum großen Teil in einen Felsbrocken eingeschweißt.

FBI-HAUPTQUARTIER, WASHINGTON D.C. 9:41 UHR
Scully erwartet den vermeintlichen Mulder im Vorzimmer von Direktor Kershs Büro. »Mulder« läuft zuerst an dem Büro vorbei, ein Klopfen Scullys weist ihm jedoch den richtigen Weg. Scullys Irritation wächst, als Mulder sie Dana nennt. Kersh ist ungehalten: Er habe gerade einen Anruf aus dem Pentagon erhalten, in dem zwei seiner Agenten beschuldigt werden, unbefugt militärisches Sperrgebiet betreten zu haben.
Bevor er weiterspricht, ergreift »Mulder« das Wort. Er übernimmt für alle Vorkommnisse die volle Verantwortung und bittet um Entschuldigung. Er hätte einen Anruf erhalten, der ihn in die Area 51 gelockt habe. Leider

wisse er den Namen des Anrufers nicht, würde ihn sonst Kersh selbstverständlich mitteilen. Da sie nicht mehr mit den X-Akten betraut sind, gibt er Kersh sein Wort, werde dies ein einmaliger Rückfall in alte Gewohnheiten gewesen sein. Kersh ist überrascht und läßt es bei einem mündlichen Verweis bewenden.

Scully ist indessen über »Mulders« Verhalten erbost. Wie könne er nur einen Informanten preisgeben wollen, fragt sie ihren Kollegen. Dieser aber antwortet nicht. Statt dessen kehrt er noch einmal in Kershs Vorzimmer zurück, wo er mit dessen Sekretärin flirtet. Dann entschuldigt er sich bei Dana und gibt ihr einen Klaps auf den Po.

Der echte Mulder wird in der Zwischenzeit unsanft von »seiner« Frau aus dem Schlaf gerissen. »Scully?« – fragt er in Trance. Wer ist Scully? Schlagartig wird er wach. Und wie, fragt ihn seine Frau Joanne, könne er es wagen, sich diesen perversen Kanal anzuschauen? Was ihre Kinder wohl gedacht hätten, wenn sie vor ihr ins Wohnzimmer gekommen wären? Mulder sondiert die Situation, doch er begeht den ersten Fehler, als seine »Tochter« die Treppe herunterkommt und er sie mit Terry anspricht. Heulend rennt sie die Treppe wieder hinauf. Terry ist in Wahrheit Christine, während Terry Terrance heißt und sein jüngerer »Sohn« ist. Nachdem sich die Familie schließlich in der Küche eingefunden hat, erlebt Mulder den All-American-Alptraum. Seine Tochter will einen Nasenring (er glaubt jedoch, sie wolle ein Nasenoperation, was sofort zu einem neuerlichen Streit führt), sein Sohn beachtet ihn nicht, seine Frau tadelt ihn ständig. Ein Anruf seines Kollegen Jeff rettet ihn schließlich aus dieser ganz normalen Familie.

Während der echte Mulder den Alptraum seines Leben erlebt, genießt der falsche Mulder seine Freiheit. Er spielt Golf am Computer, gibt sich korrekt und macht auch sonst einen eigenartigen Eindruck auf Scully. Als diese schließlich einen Anruf von einem Mann bekommt, der behauptet, Mulder zu sein, versteht sie gar nichts mehr. Sie bittet den vermeintlichen Mulder, seinen Telefonhörer aufzunehmen. Dieser verfolgt die Worte des echten Mulders, der einen Beweis dafür ankündigt, daß er der echte Mulder ist und Scullys Kollege ein Betrüger ist. Kaum ist das Gespräch beendet, sucht der falsche Mulder seinen Vorgesetzten, Direktor Kersh, auf, um ihm von dem Telefonat zu erzählen.

Der Pilot der Absturzmaschine steht nach wie vor unter Schock. Wenn er denn der Pilot ist: Agent Grodin klärt General Wegman darüber auf, daß der Pilot nicht der Pilot sei. Der Pilot sei in Wahrheit eine 73jährige Hopi-Indianerin, die vor Angst bete, während sich im Körper der 73jährigen Hopi-Indianerin der Pilot befinde. Die Begegnung des Generals mit der vermeintlichen Hopi-Indianerin verläuft bizarr. Sie – oder er – salutiert und erklärt dem General, daß es für den Absturz keine Erklärung gebe. Ohne Warnung sei die Elektronik ausgefallen und das Flugzeug abgestürzt.

Nach dem Telefonat mit Scully von einer an einer Tankstelle gelegenen Telefonzelle aus holt sich Mulder noch ein paar Drops und fährt zur Area 51. Dann läßt eine plötzlich auftretende Druckwelle die Fenster der Tankstelle zerspringen. Erst auf dem Weg zur Area 51 erfährt Mulder von dem Vorfall, als drei weiße, auffällig unauffällige Autos an ihm vorbeifahren. Im letzten Wagen sitzt sein »Kollege« Jeff, der ihn auffordert mitzukommen. Die Tankstelle liegt in Trümmern. Mulder rennt in das Gebäude und findet den Tankwart – halb in den Fußboden eingeschmolzen. Er will dem Mann helfen, doch einer der Soldaten erschießt ihn. Mulder ist entsetzt, doch offenbar geht man in der Area 51 so mit Zeugen um. Die Tankstelle wird gesprengt, alles sieht nun nach einem Unfall aus.

Der Besuch von Mulder entpuppt sich für Scully als unangenehme Überraschung. Aus Mulders Apartment stolpert Kershs Sekretärin, »Mulder« selbst raucht und wirkt eigenartig verändert. Scully erzählt ihm, sie hätten den Anruf des Informanten zurückverfolgen können, doch dies kümmert »Mulder« nicht. »Wir sind aus den X-Akten raus«, sagt er Scully lapidar, die sich verärgert von ihm abwendet.

In der Area 51 ist in der Zwischenzeit ein weiterer bizarrer Fund gemacht worden: ein Salamander, dessen Kopf in einem Felsbrocken eingeschweißt wurde. Agent Grodin hat für General Wegman nun auch eine Erklärung für diese Geschehnisse parat: Es hat eine Art Zeitverschiebung stattgefunden. Eine Verschiebung, die nur den Bruchteil einer Millisekunde gedauert hat. Wie sie ausgelöst wurde, ist unbekannt; auch konnte ihre genaue Ausbreitung noch nicht definiert werden. Erstmals trat sie an dem Ort auf, an dem die FBI-Agenten herumschnüffelten, richtete aber keinen sichtbaren Schaden an, dann an der Stelle, an der das Flugzeug abstürzte. Diesmal wurde ein größeres Gebiet in die Verschiebung einbezogen, so daß die Hopi-Indianerin, die mehrere Meilen entfernt in einem Reservat lebt, ihren Körper mit dem des Piloten tauschte. Und nun gab es in Höhe der Tankstelle einen weiteren Vorfall. Mulder, den alle für Morris Fletcher halten, ist dieses Phänomen nicht unbekannt. Man vermutet, daß, wenn es zu einem temporären Sprung kommt, zwei Gegenstände oder Lebewesen sich für einen kurzen Moment an ein und demselben Ort befinden. Zwei molekular vollkommen unterschiedliche Gegenstände oder Lebewesen können aber nicht gleichzeitig an einem Ort existieren. Wenn sich die Verschiebung wieder aufhebt, die Moleküle aber an dem Ort verbleiben, passiert das, was dem Piloten passiert ist: Die Moleküle verschmelzen oder werden vollkommen falsch zusammengefügt. Die Frage ist, wie dies rückgängig gemacht werden kann. Agent Grodin ist erstaunt: Wie komme er darauf, fragt er »Fletcher«, daß sie diese Verschmelzung rückgängig machen könnten?

HIGHWAY 375, 22:12 UHR
Auf ihrem Weg in die Wüste entdeckt Scully die zerstörte Tankstelle, von der der Anruf des Informanten kam. Sie wird mißtrauisch.
Sie ahnt nichts von den Problemen, in denen Mulder steckt. Wieder auf dem Sessel eingeschlafen, wird er ein weiteres Mal unsanft von seiner »Frau« geweckt. »Du liebst mich nicht mehr!« faucht sie ihn an. Mulder versucht es mit Psychologie und erklärt ihr, daß es Dinge gebe, über die er mit ihr nicht reden könne, die ihm aber zu schaffen machen würden. Er fühle sich ausgelaugt. Manchmal wisse er nicht einmal mehr, wer er sei. Diese Erklärung scheint seiner »Frau« zu gefallen. Sie verzeiht ihm sogar, daß er im Schlaf laufend den Namen »Scully« gemurmelt habe –

bis diese Person plötzlich vor der Haustür steht! Morris alias Mulder bekommt eine Ohrfeige, Scully ist etwas verwirrt, vor allem, als Morris Fletcher versucht, ihr zu erklären, daß er Mulder sei. Die Tatsache, daß er einige ihrer Geheimnisse kennt, überzeugt sie nicht von seiner Geschichte, denn theoretisch könnte er sich dieses Wissen auch über ein intensives Aktenstudium angeeignet haben. Mulder führt einen Zweifrontenkampf. Er versucht auf der einen Seite, Scully zu überzeugen, Agent Fox Mulder zu sein, während ihm auf der anderen Seite seine »Frau« die Koffer vor die Tür stellt und ihm droht, wenn er das Haus nicht sofort verlasse, die Polizei zu rufen.

Scully glaubt ihm nicht, und die Koffer bleiben vor der Tür stehen. Er verspricht Scully, einen Beweis zu bringen.

Mulder ahnt nicht, daß er von dem echten Morris Fletcher beobachtet worden ist, der Agent Grodin anruft. Dieser will wissen, woher er, »Agent Mulder«, seine Nummer habe. Nun, erklärt ihm Fletcher alias Mulder, es gebe offenbar einen Maulwurf in seiner Einrichtung, und es sei seine Aufgabe als Bundesagent, ihn, Grodin, zu unterrichten.

So beobachtet Grodin Mulder, als dieser aus einem Labor den Flugschreiber des abgestürzten Flugzeuges verschwinden läßt, den er als Beweis benötigt, um Scully von der Richtigkeit seiner Aussage zu überzeugen. Scully bekommt unterdessen einen Anruf von Direktor Kersh, der ihr mitteilt, von der Bundesregierung bei der Verhaftung eines Agenten um Hilfe gebeten worden zu sein. Es handele sich um einen Agenten, der Kontakt mit ihr aufgenommen habe.

AHEARNS TANKSTELLE, LINCOLN COUNTY, NEVADA

Scully wartet auf »Fletcher«, der sich mit ihr in dieser Tankstelle verabredet hat. Mulder ist glücklich, Scully zu sehen. Hier habe er den Beweis für seine Geschichte, erzählt er ihr. Doch schon ihre körperliche Reaktion verrät ihm, daß er in eine Falle gelaufen ist. Soldaten stürmen die Tankstelle, Mulder wird verhaftet. Der falsche Mulder gesellt sich zu Scully und lächelt. Und plötzlich ist Scully nicht mehr sicher, richtig gehandelt zu haben.

Fortsetzung folgt ...

Bewertung

Kim Manners hat mit DREAMLAND I einen kuriosen Thriller inszeniert,
der sämtliche Stärken der Serie in sich vereint: Die Inszenierung von
DREAMLAND I entspricht eher der eines kleinen Spielfilms und nicht der
einer TV-Geschichte. Die Spielorte wechseln oft, eine ganze Reihe von
Handlungssträngen wird aufgebaut, die allesamt sehr unterschiedlichen
Inhalts sind, die aber ohne Ausnahme auf den großen Showdown hin-
auslaufen (der allerdings erst in der zweiten Episode stattfinden wird).
Daß DREAMLAND I auch noch ein humoristisches Meisterstück ist, sei
nur am Rande erwähnt. Note 1.

X-Hintergründe

Siehe die X-HINTERGRÜNDE zu 6ABX05 DREAMLAND, Part II.

6ABX05 Dreamland II

US-Erstausstrahlung: 6. Dezember 1998

Regie: Kim Manners. Drehbuch: Vince Gilligan, John Shiban, Frank
Spotnitz. Gaststars: Michael McKean (Morris Fletcher), Michael Buchman
Silver (Howard Grodin), Scott Allan Campbell (Jeff Smoodge), Tom
Braidwood (Frohike), Dean Haglund (Langly), Bruce Harwood (Byers),
Tyler Binkley (Terry Fletcher), Dara Hollingworth (Christine Fletcher),
Nora Dunn (Joanne Fletcher), Chris Ufland (Sam), Mike Rad (Randy), Lisa
Joanne Thompson (Kelly), John Mahon (General Wegman), Julia Vera
(Lana Chee), Nick Lashaway (Mulder als Junge), Ashlynn Rose (Mulders
kleine Schwester Samantha), Chris Owens (Mulders Vater).

Kurzinhalt

Mulder, noch immer im Körper von Morris Fletcher gefangen, wird aus der Haft entlassen, da man glaubt, er habe das Treffen mit dem FBI arrangiert, um den wahren Verräter in den eigenen Reihen zu entlarven. Dies schafft ihm Zeit, einen Weg zu finden, seinen echten Körper zurückzubekommen. Der echte Morris Fletcher aber hat sich an Mulders Körper gewöhnt. Er hat vor, Mulders einst abgebrochene Traumkarriere wieder aufzunehmen und ein Star beim FBI zu werden.

Langinhalt

Prolog: Der falsche Mulder, also Morris Fletcher, hat sich in das Leben von Mulder eingelesen und alte Filme angeschaut, die Mulder mit seiner Schwester Samantha zeigen. Da Mulder keine Freunde hat, glaubt Morris, werde es nicht weiter problematisch werden, sein Leben weiterzuführen, ein Leben, das, wie er sagt, weggepißt wurde. Mulder hatte alles, um ein Star zu werden. Er besuchte eine Eliteuni, er war ein Shooting-Star beim FBI. Und dann sah er plötzlich nur noch Verschwörungen und verprellte Freunde und Vorgesetzte gleichermaßen – er landete auf dem Abstellgleis. Morris nimmt sich vor, diese Karriere wieder aufzunehmen und im Körper von Fox Mulder wieder ein Star in den Reihen des FBI zu werden.

Fortsetzung der ersten Episode: Während Morris verhaftet wird, kommen Scully ernsthafte Zweifel daran, richtig gehandelt zu haben. Mulder nennt sie Dana, Morris Scully. Das gesamte Verhalten von Morris gleicht viel mehr dem von Mulder als das, das Mulder seit einigen Tagen zeigt. Sie sagt Morris, den sie für Mulder hält, zwar, daß sie richtig gehandelt hätten, aber sie will ihren eigenen Worten nicht wirklich glauben.

FBI-HAUPTQUARTIER, WASHINGTON D.C.
»Mulder« spielt ein weiteres Mal Computer-Golf. Er wirkt glücklich und scheint für einen Moment tatsächlich überrascht, als er erfährt, daß Scully

für zwei Wochen vom Dienst suspendiert wurde. Wenn sie wolle, könne er noch einmal mit Kersh, zu dem er inzwischen einen recht guten Draht aufgebaut habe, sprechen. Scully bedankt sich, lehnt aber ab. Er weiß, daß sie nicht gut auf ihn zu sprechen ist. Um sich zu entschuldigen, lädt er sie für acht Uhr zum Essen ein. Von seinem Angebot erstaunt, sagt sie zu.

Der echte Mulder, der vor wenigen Stunden noch in Ketten lag und in eine Zelle geführt wurde, in der ihn nur eine Glaswand von einer offenbar verrückten Hopi-Indianerin trennte, wird nun zu General Wegman geführt, der keinesfalls einen verärgerten Eindruck macht. Statt dessen bittet er ihn, zu erzählen, warum er sich mit dieser FBI-Beamtin getroffen habe. Mulder hatte den falschen Flugschreiber mitgenommen, als ob er jemandem eine Falle stellen wollte. Mulder reagiert schnell. Tatsächlich wollte er in Erfahrung bringen, wer Geheimnisse der Area 51 weitergibt – und darum wollte er Scully treffen. Spätestens in dem Moment, in dem sie festgestellt hätte, daß der Flugschreiber der falsche war, hätte sie den Verräter in irgendeiner Form zu kontaktieren versucht – und er, »Fletcher«, hätte zugreifen können. Er bedaure, niemanden in diesen Plan eingeweiht zu haben, aber er vertraue leider nicht einmal mehr seinen eigenen Kollegen (was diese, da sie am Verhör teilnehmen, gar nicht gerne hören). Alles wäre gutgegangen, wenn ihm dieser dämliche Streber Mulder nicht dazwischengefunkt hätte. Wegman läßt ihn wegtreten, Fletcher (also Mulder) ist wieder ein freier Mann.

»Mulder«, also Fletcher, betritt sein Apartment. Er mag Mulders kargen Wohnstil nicht sonderlich. Er stellt ein paar Kerzen auf und öffnet das Schlafzimmer (jenen Raum, den noch nie ein Zuschauer zu sehen bekommen hat). »Mulder« fallen Kartons voll mit Pornos und Paranoia-Schriften entgegen. »Mulder« ist amüsiert.

FLETCHERS HAUS, RACHEL, NEVADA
Vor dem Haus steht ein Möbelwagen. Mulder steht unter Beobachtung. Er zieht sich in sein Haus zurück und versucht seiner »Frau« zu erklären, daß er nicht der ist, für den sie ihn hält. Doch sie glaubt ihm kein Wort. Nicht, daß sie aggressiv sei, sie habe eher Mitleid. Andere Männer in sei-

nem Alter kämen in die Midlifecrisis, kauften sich einen Sportwagen und machten auf jung. Er aber verleugne seine eigene Persönlichkeit. Das stimme sie traurig.

Während sich Mulder ins Haus von Fletcher zurückzieht und langsam nicht mehr weiß, was er tun soll, hat Fletcher im Körper Mulders die Wohnung umdekoriert. Er hat ein paar Lampen angebracht, Ordnung geschaffen, ein wenig Farbe an die Wände gebracht. Um acht Uhr klopft es, und Scully betritt sein kleines Reich. Sie beobachtet »Mulders« eigenartiges Verhalten, sein Singen, sein Tanzen. Als er ihr schließlich sein Schlafzimmer zeigt, wird sie mißtrauisch. Tatsächlich, erklärt sie ihm, habe sie nicht einmal gewußt, daß er ein solches Zimmer habe. Sie habe immer geglaubt, er schliefe auf dem Sofa. »Mulder« lockt Scully mit einer Flasche Schampus auf das Bett. Von seinen Avancen angeregt, bittet sie ihn, wenn es denn nun endlich passieren solle, ihre Phantasien zu befriedigen. »Mulder« ist positiv überrascht, als sie ihm ihre Handschellen reicht. Er kettet sie an das Bett – und blickt im nächsten Augenblick in den Lauf einer Waffe, die ihm unmißverständlich zu verstehen gibt, daß Scully wissen will, wer er in Wirklichkeit ist.

Fletcher gibt auf. Ja, er ist Morris Fletcher. Und ja, er hat mit Mulder den Körper getauscht. Aber er schwört bei Gott, daß er keine Ahnung habe, wie das passieren konnte. Er habe ganz einfach die Chance ergriffen, seiner Frau, den Kindern, den Hypotheken und den Versicherungen zu entkommen.

Das Telefon klingelt, ein Mann spricht auf das Band des Anrufbeantworters. Es ist der Informant. Fletcher nimmt den Anruf entgegen und verabredet sich mit ihm in einer Country-Kneipe in Nevada, ganz in der Nähe der Area 51.

Ausgerechnet in dieser Kneipe »A'Le 'Inn« (Wortspiel aus »Ale Inn« = Bier-Schenke und »alien« = Fremder, hier Außerirdischer) sitzen auch Joanne und der echte Mulder. Mulder fühlt sich der Frau gegenüber verantwortlich, daher hat er ihr angeboten, an diesem Abend mit ihr auszugehen, um sich mit ihr auszusprechen. Mulder will die Ehe der Fletchers nicht ruinieren, schließlich ist Joanne nur das Opfer widriger Umstände geworden. Als er nun einige Männer in Anzügen eintreten sieht, weiß er sofort, daß es sich um Agenten handelt. Er taucht für einen Moment ab und verläßt das Lokal auf der Suche nach etwaigen Fahrzeugen der Regierung. Dabei trifft er Scully, die ihn als den erkennt, der er wirklich ist. Während sich die beiden im Dunkel des Wagens unterhalten, erhält »Mulder«, also Fletcher, von seinem Informanten den echten Flugschreiber. Der Informant ist niemand anders als General Wegman.

Als Morris Fletcher das Lokal verlassen will, sieht auch er die Agenten und zieht sich auf die Toilette zurück, wo er mit Mulder zusammentrifft, der nach seiner Rückkehr ins Lokal für eine Szene gesorgt hatte: Seine »Frau« hatte ihn gesucht und im Auto mit Scully sitzen sehen. Nach seiner Rückkehr ins Lokal schüttete sie ihm einen Drink ins Gesicht und verließ das Etablissement. So wurden auch die Agenten auf ihn aufmerksam, und er verzog sich auf die Toilette. Mulder gibt Fletcher zu verstehen, daß er ihm am liebsten jeden Knochen brechen würde – wenn er sich nicht zufällig in seinem Körper befände. Geräusche von draußen veranlassen die beiden, sich in eine Kabine zurückzuziehen. Ein dritter Mann betritt den Toilettenraum: General Wegman. Die beiden geben sich ihm zu erkennen und erzählen ihm ihre unglaubliche Geschichte.

So ergibt sich eine Möglichkeit zur Flucht. Aufrechten Ganges verläßt Wegman die Toilette und ruft die Agenten zu sich. Er will mit ihnen den Verräter schnappen. Auf dem Parkplatz stellen sie schließlich Mulder (im Körper Fletchers) und nehmen ihm seine Tüte ab. In der aber befinden sich nur Bierflaschen. Der falsche Mulder entkommt so aus einem Hinterausgang und flüchtet mit Scullys Hilfe.

Ihr Weg führt sie schließlich zu den Lone Gunmen, die den Flugschreiber untersuchen sollen. »Mulder«, also Fletcher, ist von den dreien begeistert. Sie schrieben in ihrem Paranoia-Blättchen all die Geschichten, erklärt er den dreien, die er brauche, um von den tatsächlichen Machenschaften der Regierung abzulenken. Besonders eine ihrer Schlagzeilen, in der die drei behaupten, Saddam Hussein würde eine Armee von Mandroiden aufstellen, amüsiere ihn: Es gibt keinen Saddam Hussein, erklärt er ihnen. Saddam hieße mit richtigem Namen John Gilnut und sei eigentlich ein harmloser Zeitgenosse. Die Regierung habe ihn 1979 eingesetzt, damit er hin und wieder ein bißchen Trubel in Nahen Osten veranstalte.

Die drei sind von solchen Offenbarungen genauso entsetzt wie von der Tatsache, daß dieser Schlamassel offenbar einem Unfall zu verdanken ist, der das Raum/Zeit-Kontinuum durcheinandergewirbelt hat. Daß so etwas passieren kann, damit hätten nicht einmal sie ernsthaft gerechnet. Es gelingt ihnen jedoch, der Black Box ihre Nachrichten zu entlocken. Dabei stoßen sie auf die Nachricht, daß der Antrieb des Flugzeuges auf Tachionen-Beschleunigung basierte. Womit, fragen sie Fletcher, sei da experimentiert worden? Niemand wisse genug über Tachionen, um mit ihnen experimentieren zu können. Fletcher zuckt nur mit den Schultern. Der falsche Fletcher, also Mulder, sucht General Wegman in dessen Büro auf. Wegman erklärt Mulder, daß er nur zufällig auf ihn aufmerksam geworden sei. Ihm als Soldaten, der stets nur seinem Land dienen wollte, imponiere Mulders Suche nach der Wahrheit. Als Soldat habe er dem Staat geschworen, ihn gegen all seine Feinde zu verteidigen, das einzige aber, was er in all den Jahren getan habe, sei gewesen, die Wahrheit vor der Öffentlichkeit wegzuschließen. Da entbehre es nicht einer gewissen Ironie, daß er keine Ahnung habe, was Wahrheit denn nun eigentlich sei. Hier, in der Area 51, würden nur Flugzeuge getestet, UFOs gebe es keine. Die Triebwerke würden aus Ohio geliefert, diese würden in Flugzeuge eingebaut – und wenn mal ein Test danebengehe, dann bestehe sein Job darin, die Spuren zu beseitigen. Er habe nun Mulder unterstützen wollen und ihn zur Area gelockt, wo er eines der Flugzeuge sehen sollte. Er, der General, hätte das Flugzeug sabotiert, so daß es gezwungen gewesen wäre, in relativer Bodennähe zu fliegen. Diese Flugzeuge, so seine Vermutung, benutzten außerirdische Technologie. Sicher sei er nicht. Auch habe er nicht gewollt, daß es abstürzte. Warum er sich diese Mühe gemacht habe? Um eine Antwort auf jene Frage zu erhalten, die ihn seit Jahren nicht mehr loslasse: »Gibt es Außerirdische, Agent Mulder?«

AUSSERHALB DER AREA 51, 21:26 UHR
Zwei junge Männer und eine junge Frau suchen ein bißchen Abenteuer. Und hier, am Zaun der berüchtigten Area 51, ist der richtige Ort. Während die junge Frau und ihr Freund übereinander herfallen und wilde

Küsse austauschen, ist ihr Kumpan einfach von diesem Ort überwältigt. Dies sei der geheimste Ort der Welt, triumphiert er.

In diesem Moment nähert sich den dreien eine geheimnisvolle Druckwelle. Der Himmel leuchtet weiß auf, der junge Mann wird von ihr erfaßt und schreit vergnügt auf – seine Freunde aber, die gerade noch wilde Küsse austauschten, haben sich in ein bizarres Wesen mit vier Armen und zwei halben Gesichtern verwandelt.

Ganz in der Nähe treffen sich Mulder und Scully, während Fletcher auf Distanz bleibt. Scully hat keine guten Nachrichten. Offenbar hat das Militär mit einem Antrieb experimentiert, der einen künstlichen Ereignishorizont kreiert, der wiederum eine Welle verursacht, in der Raum und Zeit durcheinandergeraten.

Unterdessen rennt der junge Mann in Panik auf die Straße und hält einen Wagen an. Darin sitzt Agent Grodin. Er folgt dem jungen Mann zum Zaun der Area 51 – wo sich gerade ein junger Mann und eine junge Frau lieben. Sie hätten sich verwandelt, stammelt der junge Mann, der ihn zu Hilfe geholt hat, verzweifelt. Grodin nickt. Er glaubt ihm seine Geschichte. Und er entschließt sich zu handeln. Er läßt die Hopi-Indianerin und den Piloten abholen und an jene Orte bringen, an denen sie ihre Körper getauscht haben. Es ist Zeit, dieser Geschichte eine neue Wendung zu geben. Auf dem Rückweg in die Zivilisation fahren Scully und Fletcher an der ausgebrannten Tankstelle vorbei, das heißt, sie war ausgebrannt. Jetzt steht sie am Straßenrand, als sei nichts geschehen. Selbst der Tankwart lebt. Scully ist verwirrt.

Mulder versucht, sich in der Zwischenzeit mit seinem neuen Leben zu arrangieren, und bittet seine Frau, sich den Rauswurf noch einmal zu überlegen. Diese aber zeigt sich wenig verständnisvoll, als ausgerechnet in diesem Moment Scully vorfährt. Während sich Scully Mulder schnappt, betrachtet der echte Fletcher seine Frau voller Wehmut. Ist sie nicht die Frau, die er liebt? Leise fluchend tritt er auf sie zu und erzählt ihr einige intime Details aus der Hochzeitsnacht, die nur er wissen kann. Joanne ist schockiert. In diesem Moment stürmen Soldaten das Anwesen und verhaften Mulder, Scully und Fletcher.

Auf dem Weg in die Area 51 wird ihr Wagenkonvoi jedoch auf offener Straße von einer Gruppe von Soldaten, die unter Grodins Kommando stehen, angehalten. Es gebe einen Weg, alles wieder in Ordnung zu bringen, erklärt er seinen verdutzten Kollegen. Die Welle sei nicht verebbt. Aus unerklärlichen Gründen habe sie einen Weg eingeschlagen, der sämtliche Geschehnisse in ihren Urzustand zurückversetze.

Sie fahren an jenen Ort zurück, an dem die Geschichte ihren Anfang nahm. Die Welle kommt. Sie erfaßt Mulder und Fletcher, sie tauschen ihre Körper – und finden sich in exakt jenen Positionen wieder, in denen sie sich das erste Mal gegenüberstanden. Obwohl sie sich niemals getroffen haben, starren sie sich an, als hätten sie sich schon einmal irgendwo gesehen.

Mulder und Scully steigen in ihren Wagen und verlassen diesen unfreundlichen Ort.

Somit haben die letzten Tage niemals stattgefunden. Oder doch?

Als Mulder sein Apartment betritt, erkennt er es nicht wieder. Alles wirkt so freundlich und einladend. Erst ein Blick auf die Nummer seines Apartments bestätigt ihm, daß es das richtige ist.

Bewertung

DREAMLAND II kann den Spannungsbogen, der mit dem ersten Teil geschlagen wurde, nicht halten. Die Idee vom Körpertausch, die dem ersten Teil seine Faszination gab, ist im zweiten Teil nun bekannt, die Suche nach einem Ausweg aus dieser Situation aber kommt, obwohl sie eigentlich im Mittelpunkt des Geschehens stehen müßte, etwas zu kurz und wird schließlich relativ schnell abgewickelt. Dies ist der große Fehler dieser Episode: Statt einen »rationalen« Weg zu finden, die Geschichte aufzulösen, kommt die Welle am Ende einfach zurück. Ist es ein Wunder? Oder fiel den Autoren nichts anderes ein?

Die Schwächen des zweiten Teils werden jedoch vor allem von David Duchovny überspielt, der Gefühle wie Verzweiflung und Wut, vereint mit einem tiefgründigen Humor, oft in einer einzigen Szene darstellen muß

– und nicht einmal aus dem Tritt gerät. Duchovny ist und bleibt der Mittelpunkt dieser Serie, um den sich alles, aber auch wirklich alles dreht. Er ist in der Lage, oft mit nur einem Blick eine veränderte Gefühlslage darzustellen.

Die Schwächen der Episode werden jedoch nicht nur von Duchovny aufgefangen, auch Michael McKean als Morris Fletcher ist eine Entdeckung. So muß McKean drei Rollen spielen: Morris Fletcher, einen Möchtegern-Mulder und eine B-Ausgabe vom Krebskandidaten. Alle Rollen verschmelzen in seiner Darstellung zu einer Person, bei der ebenfalls ein Lächeln ausreicht, um eine neue Persönlichkeit zu kreieren.

Neben den beiden exzellenten Darstellern tröstet auch der Humor über die Schwächen der Fortsetzung von DREAMLAND I hinweg. Allein Fletchers Geschichte über Saddam Hussein als Troublemaker im Auftrag der amerikanischen Regierung macht diese Episode absolut sehenswert. Note 2.

X-Hintergründe

★ Die Area 51, die von UFO-Fanatikern auch Dreamland genannt wird, ist ein militärisches Sperrgebiet und in der Realität eine unter strengster Geheimhaltung stehende militärische Einrichtung 190 Kilometer nordwestlich von Las Vegas, Nevada. Die Area 51 umfaßt ein Gebiet von sechs mal zehn Meilen. In der Mitte dieses Geländes befindet sich die Nellis Air Force Range And Nuclear Test Site sowie die längste Flugzeuglandebahn der Welt (die genaue Länge ist geheim).

★ Die Amerikaner und die UFOs – das ist eine unendliche Geschichte. 95 Prozent aller Amerikaner haben schon einmal etwas über UFOs gehört, 57 Prozent glauben, selbst schon einmal eines gesehen zu haben, unter ihnen US-Präsidenten wie Jimmy Carter und Ronald Reagan. Beide Präsidenten bestritten jedoch, daß die amerikanische Regierung selbst UFOs besäße, wie etwa jenes, das 1947 in Roswell, New Mexico, abgestürzt sein soll (ausführliche Informationen über den Roswell-Zwischenfall und die Area 51 liefert das Kapitel X-HINTERGRÜNDE zur Episode 4X24

GETHSEMANE im Econ & List-Band zur fünften Staffel der Serie AKTE X).

Die amerikanische Öffentlichkeit glaubt Politikern jedoch relativ wenig, wenn es um das Thema UFOs geht, denn zu oft wurde die Öffentlichkeit hinters Licht geführt. Allein die Geschichte um den Roswell-Absturz steckt derart voller Widersprüchlichkeiten und Fehlinformationen, daß selbst der gutgläubigste Mensch seine Zweifel an den Aussagen des US-Militärs hegt. Lautete die erste Meldung im Jahr 1947, ein UFO sei abgestürzt (das Militär selbst hatte diese Meldung an die Nachrichtenagenturen geschickt), handelte es sich nur zwei Tage später um einen Wetterballon. Diese Erklärung ist noch heute äußerst beliebt, wenn es darum geht, die Sichtung eines UFOs zu erklären. Ein UFO? Nein, es war ein Wetterballon. Bedenkt man, wie viele Berichte über UFO-Sichtungen jedes Jahr eingehen, muß man sich fragen, ob man überhaupt noch beruhigt ein Flugzeug besteigen kann, denn bei der Masse an Wetterballonen über unseren Köpfen ist die Gefahr, mit einem von ihnen zu kollidieren, enorm groß.

Vor allem die Rolle der amerikanischen Geheimdienste und des Militärs steht immer wieder im Vordergrund, wenn es um die Vertuschung von UFO-Meldungen geht. In diesem Zusammenhang spielt die Area 51, das Dreamland, eine zentrale Rolle; dabei wurde die Existenz dieses Luftwaffenstützpunktes erst vor wenigen Jahren offiziell zugegeben. So behauptete noch Anfang der 90er Jahre die Regierung der Vereinigten Staaten, diesen Stützpunkt gäbe es nicht. Ein Fernsehteam des Senders Pro 7 machte sich schließlich, wie eine Reihe von amerikanischen Kollegen vor ihm, auf, mit einem Kleinflugzeug das Dreamland zu überfliegen. Dabei wurde es von einem Abfangjäger der US-Luftwaffe abgefangen und hinaus in den zivilen Luftraum eskortiert. Obwohl der Vorgang von einer Kamera aufgezeichnet worden war (wie im Fall der amerikanischen Kollegen), wurde auch nach diesem Vorfall die Existenz von Dreamland dementiert. Der Stützpunkt war da, jeder konnte die Zäune und die Warnschilder in der Wüste Nevadas sehen – doch geben durfte es diesen Stützpunkt dennoch nicht. Schluß, Ende, Aus.

Mehr noch als auf das Militär richtet sich der Argwohn der UFOlogen gegen den amerikanischen Geheimdienst, wenn es um die (angebliche) Existenz von UFOs geht. Auch dieser Aspekt spiegelt sich in der vorliegenden Episode wider: Die Agenten der Majestic sind Staatsbeamte und offenbar auch Geheimdienstagenten. Somit wären sie den Soldaten gegenüber nicht weisungsberechtigt. Die Theorie vieler UFOlogen geht jedoch dahin, zu vermuten, daß der Geheimdienst die Fäden im Spiel um die Vertuschung der Existenz von UFOs zieht – eine Theorie, der DREAMLAND Rechnung trägt. Ist die CIA Besitzerin von UFOs?

Die CIA war als größter amerikanischer Geheimdienst früher eine strenggeheime Einrichtung, über deren Strukturen nur wenig nach außen drang, obwohl viele CIA-Mitarbeiter im Anschluß an ihre Geheimdienstkarriere erstaunliche politische Karrieren machten (so wurde ihr Direktor George Bush einige Jahre nach seinem Ausstieg sogar US-Präsident). Methoden und Resultate der CIA wurden nur selten publik. In den letzten Jahren hat sich die CIA jedoch ein wenig nach außen geöffnet. Während des kalten Krieges hatte der amerikanische Auslandsgeheimdienst CIA eine klar umrissene Funktion: die Spionage beim Feind, der Sowjetunion und deren Satellitenstaaten. Seit zehn Jahren aber ist der kalte Krieg zwischen den Systemblöcken vorbei (ob der kalte Krieg zwischen den USA und Rußland wirklich vorbei ist, sei einmal als Frage in den Raum gestellt). Die Welt hat sich verändert. Die CIA hat viele ihrer Kompetenzen eingebüßt. So ist eine der wichtigsten Aufgaben der amerikanischen Auslandsspionage inzwischen die Bekämpfung des Drogenschmuggels geworden. Diese Aufgabe hat weitgehend die National Security Agency NSA, der Geheimdienst des Militärs, übernommen. Auch wenn es darum geht, arabische Terroristen aufzuspüren, ist dies inzwischen meist eine Angelegenheit der NSA.

Obwohl die CIA offiziell nur außerhalb der amerikanischen Grenzen aktiv werden darf und es nicht zulässig ist, in den USA amerikanische Staatsbürger zu überwachen – dies wäre ein Job für die Bundespolizei, das FBI –, ist es in den USA eine allgemein bekannte Tatsache, daß sich die CIA bislang wenig um diese Einschränkung gekümmert hat.

Die CIA steht nun ein wenig wie die alte Tante der amerikanischen Geheimdienste da, wie ein Relikt aus vergangenen Zeiten. Die NSA arbeitet wesentlich effektiver, und auch das FBI nimmt es nicht mehr hin, daß sich die CIA in seine Angelegenheiten mischt. Oft nämlich behielt die CIA ihr Wissen über in den USA ausgeübten Verbrechen für sich – sie hatte ja, strenggenommen, illegal ermittelt – und behinderte statt dessen die Arbeit des FBI. Selbst der relativ kleine Secret Service, der Geheimdienst des Präsidenten, steht im Ruf, moderner zu arbeiten.

Ist die CIA nur noch ein die Zeit verschlafender Geheimdienst, ein Staat im Staate oder gar der Geheimdienst des Kapitals, dessen Aufgabe heute vornehmlich darin besteht, die Wirtschaft befreundeter Staaten wie Deutschland zu unterwandern? (Tatsächlich werden, wie *Der Spiegel* schon mehrfach berichtete, amerikanische Funkabhöranlagen, mit denen früher die Sowjetunion überwacht wurde, heute eingesetzt, um beispielsweise die Telefonate von deutschen Wirtschaftsbossen abzuhören, was amerikanischen Firmen bei Ausschreibungen schon häufig einen Vorsprung vor ihren internationalen Konkurrentinnen beschert hat.)

Um diesem Image entgegenzuwirken und den Amerikanern zu beweisen, daß er für und nicht gegen die amerikanische Öffentlichkeit arbeitet, gibt sich der Geheimdienst in den letzten Jahren überraschend volksnah. Dazu gehört nicht nur die Einrichtung einer Internetseite, die ein jeder Surfer besuchen darf, ohne gleich verhaftet zu werden. Interessanter ist die Tatsache, daß der Geheimdienst in den letzten Jahren Teile seines Archivs geöffnet hat. Dabei wurden jedoch nur jene Dokumente freigegeben, die ohnehin als unbedenklich eingestuft worden waren – während fast eine Billion Blatt Papier beziehungsweise Computerdateien nach wie vor der Öffentlichkeit aufgrund sicherheitsrelevanter Inhalte vorenthalten werden. Eine unvorstellbar große Zahl!

Und wer sagt, daß die freigegebenen Dokumente stets die Wahrheit sagen und nicht ihrerseits vom Geheimdienst frisiert wurden? So sind die folgenden Absätze, die sich um die Rolle des Geheimdienstes in der UFO-Frage beschäftigen, durchaus mit Skepsis zu betrachten.

Aus diesen Dokumenten geht jedoch relativ sicher hervor, daß das Thema UFOs zunächst militärisches Fachgebiet war. Am 24. Juni 1947 beobachtete der Geschäftsmann und Privatpilot Kenneth Arnold in der Nähe des

Mount Rainier im US-Staat Washington, wie ein Flugobjekt an seiner Privatmaschine vorbeirauschte. Er hatte ein solches Flugobjekt noch nie in seinem Leben gesehen. In der Ferne sah er neun weitere dieser runden, flachen Objekte, die mit über 1000 Meilen die Stunde durch das Gebirge zu rasen schienen. Arnold meldete diesen Vorfall nicht nur der Luftfahrtbehörde, sondern erzählte auch Zeitungsreportern von seinen Beobachtungen und nannte die Objekte »Flying Saucers« = fliegende Untertassen! Arnold war nicht der einzige, der diese Beobachtungen gemacht hatte, seine Bezeichnung der Objekte aber blieb der Nachwelt erhalten.

Eine ganze Reihe ähnlicher Geschichten wurde daraufhin im ganzen Land von amerikanischen Bürgern unterschiedlichster Herkunft und Bildung berichtet. Es war der 2. Juli desselben Jahres, als eine vom Pressedienst der US-Air Force herausgegebene Meldung der Welt für einen kurzen Augenblick den Atem raubte: In der Nähe des 600-Seelenortes Roswell, New Mexico, sei ein außerirdisches Raumschiff abgestürzt, tickerte es, wie an anderer Stelle bereits erwähnt, über die Fernschreiber in aller Welt! Wenige Stunden später folgte zwar ein Dementi, und die Meldung wurde als Fehlinterpretation entschuldigt, doch es dauerte Tage, bis sich die Nachrichtenagenturen beruhigten und der Roswell-Vorfall erst einmal in Vergessenheit geriet.

Die Öffentlichkeit befand sich dennoch in einer UFOnoia, die Regierung erklärte den Bürgern jedoch weiterhin: Ihr braucht euch keine Sorgen zu machen, ihr alle habt nur Wetterballone am Himmel gesehen.

Die Wahrheit sah anders aus. Und hier scheinen die Quellen der CIA sogar recht genau zu sein: Im Januar 1948 rief der Luftwaffen-General Nathan Twining das Projekt SIGN (das von den Mitarbeitern jedoch nur SAUCER genannt wurde) ins Leben, um alle UFO-Berichte zu sammeln und der Regierung zu übergeben, da es sich bei diesen Sichtungen um Belange der nationalen Sicherheit handelte. Dabei sollte nicht nur das UFO-Phänomen untersucht werden, die Berichte sollten auch über möglicherweise sowjetische Spionageflüge Auskunft geben. So rief der kalte Krieg das erste ernstzunehmende UFO-Beobachtungsprojekt ins Leben! In Dayton, Ohio, – wo 1997 das Friedensabkommen der Kriegsparteien im Konflikt um Bosnien-Herzegowina geschlossen werden sollte –, wurde die Arbeit am Projekt SIGN am 23. Januar 1948 bei der dort stationierten Technical Intelligence Division of the Air Command (AMC) aufgenommen. In erster Linie ging es darum herauszufinden, ob die Sowjetunion möglicherweise über Flugobjekte verfügte, die die USA aus der Luft ausspionieren könnten. Die Dienstanweisung beinhaltete jedoch auch den Befehl, nicht auszuschließen, daß es sich bei den gemeldeten Beobachtungen tatsächlich um UFOs handeln könnte!

Kurze Zeit später wurde von der Air Force das Projekt GRUDGE ins Leben gerufen, dessen Aufgabe einzig und allein in der Desinformation der Öffentlichkeit bestand. Aufgabe von GRUDGE war es, für jede UFO-Sichtung eine logische Erklärung zu (er-)finden. Damit sollte die Öffentlichkeit beruhigt werden, denn in dieser Zeit schien das UFO-Phänomen eine Gefahr für den Staat darzustellen (es wird sich noch zeigen, daß es der Staat auch für seine eigenen Zwecke zu nutzen wußte). Dabei interessierte die Mitglieder von GRUDGE nicht im geringsten, was am Himmel gesehen worden war, ihr Job bestand vielmehr darin, den Menschen zu erklären, was sie am Himmel gesehen haben sollten!

GRUDGE gelang es, das Thema UFOs auf die hinteren Seiten der Tageszeitungen zu verbannen. Die UFO-Hysterie verflog aufgrund der herausragenden Desinformations- und Manipulationspolitik von GRUDGE. Der kalte Krieg und die einsetzende Kommunisten-Hysterie, die die USA von sowjetisch gesteuerten Kommunisten unterwandert sah, löste sie ab, und das Thema UFOs wanderte in den Science-fiction-Sektor. So war die Arbeit von GRUDGE nicht mehr länger nötig, und am 27. Dezember 1949 wurde das Projekt eingestellt.

Die Geheimdienste, so die Selbstdarstellung, betrachteten diese UFO-Geschichten zunächst als einen »Mitternachts-Wahnsinn«. Zu diesem Wahnsinn gehörte auch das »Project Blue Book«, das vom US-Präsidenten Harry S. Truman kurz nach dem Roswell-Zwischenfall als Teil eines Untersuchungsausschusses in Auftrag gegeben wurde und das seinen Namen 1952 erhielt. Es wurde zum Hauptuntersuchungsprojekt der amerikanischen Luftwaffe, in deren Hände es übergeben worden war. BLUE BOOK, wie das Projekt offiziell hieß, sammelte zwischen 1947 und 1969

Berichte über 12 618 UFO-Sichtungen, bevor es über Nacht eingestellt wurde, nachdem alle Berichte in drei Kategorien eingeteilt worden waren: 1) Fehlinterpretationen, 2) Hysterie, 3) Betrug. Das ist eigenartig, denn 1954 nahm die Luftwaffe ins militärische Handbuch für spezielle Operationen ein Kapitel mit der Überschrift »Extraterestrical Creatures and Technology, Recovery and Storage« (»Außerirdische Wesen und Technologie, Bergung und Lagerung«) auf.

Obwohl die CIA – eigenen Aussagen nach! – die UFO-Geschichten nicht wirklich ernst nahm und das Feld weitgehend dem Militär und dessen Area 51 überließ, empfiehlt ein CIA-Papier aus dem Jahre 1952 die sorgfältige Untersuchung jeder einzelnen Sichtung, falls es sich bei den Flugobjekten um interstellare Flugkörper handeln sollte. Diesem Stimmungswechsel in der Beurteilung der Sichtungen ging eine massive Sichtungswelle am 19. und 20. Juli 1952 voraus, die den größten Teil der GRUDGE-Erfolge erst einmal zunichte machte.

Ganz freiwillig, so der Geheimdienst, habe man sich anfangs nicht auf diesen Kurswechsel eingelassen, es sei vielmehr auf Druck aus dem Weißen Haus geschehen, das auf die Vorkommnisse vom Juli des Jahres beunruhigt reagiert hatte. Es wurden daraufhin innerhalb des Geheimdienstes zwei Arbeitsgruppen eingerichtet, die sich ausschließlich mit diesen Sichtungen beschäftigen sollten, das Office of Scientific Intelligence (OSI) und das Office of Current Intelligence (OCI).

Diese Büros machten nun genau das, was die CIA eigentlich in dieser Form gar nicht tun durfte: Sie begannen, amerikanische Staatsbürger zu überwachen und teilweise massiv gegen sie vorzugehen. Die Arbeitsgruppen kamen sehr schnell zu der Erkenntnis, daß die Sowjetunion ihre Flugzeuge nur als UFOs zu tarnen brauchte, um sie in aller Ruhe in den USA landen lassen zu können. So hatten die meisten Augenzeugen von UFO-Sichtungen nämlich keine Angst vor den »außerirdischen« Flugobjekten gehabt, sie waren vielmehr von ihnen fasziniert gewesen. Für die Büros handelte es sich deshalb bei der UFO-Hysterie um eine der schlimmsten Gefahren, die jemals für die nationale Sicherheit der Vereinigten Staaten bestanden hatte. Es wurden nun Nachrichten und Meldungen gezielt gefälscht, und die Büros brachten das Gerücht in

Umlauf, daß viele private UFO-Forschungsgruppen, wie die Aerial Phenomena Research Organization aus Wisconsin, kommunistisch unterwandert seien, um die Bürger der Vereinigten Staaten bezüglich der UFOs in Sicherheit zu wiegen und auf diese Art und Weise die Machtergreifung des Kommunismus vorzubereiten.

Damit gerieten die UFO-Enthusiasten der Vereinigten Staaten ins Fadenkreuz des Kommunistenjägers McCarthy, der mit seinem »Ausschuß gegen unamerikanisches Verhalten« nicht nur Kommunisten, sondern auch Liberale, Homosexuelle, freiheitlich denkende Demokraten und vor allem Künstler jagte, die das Verbrechen begingen, eine eigene Meinung zu vertreten. Wenn es jemals eine Gefahr für die Freiheit Amerikas gegeben hat, dann war es der Ausschuß dieses Mannes, der mit seiner Inquisition sämtliche Werte der Demokratie und einer auf der Freiheit des Denkens ausgerichteten Weltanschauung in Gefahr brachte – und dem nun auch noch der Geheimdienst in die Hände spielte.

Die Idee einer außerirdischen Invasion als Metapher für eine kommunistisch-sowjetische Invasion auf amerikanischem Boden bildete in den folgenden Jahren die Grundlage vieler Science-fiction-Filme, darunter auch Klassiker vom Format wie KAMPF DER WELTEN (WAR OF THE WORLD, USA 1953) und Roger Cormans Gruselmeisterstück GESANDTER DES GRAUENS (NOT OF THIS EARTH, USA 1957).

Es bleibt anzumerken, daß die Arbeitsgruppen zu dem Ergebnis kamen, daß es unwahrscheinlich sei, daß tatsächlich Außerirdische mit Raumschiffen die Erde besucht haben könnten. Dennoch entschloß sich die OSI, die den Hauptteil der Arbeit übernehmen sollte, weiterhin Sichtungen nachzugehen und diese, unabhängig vom BLUE BOOK oder anderen Projekten, zu katalogisieren und zu erforschen. Das Problem bestand für die CIA weniger darin, Gelder für solche Untersuchungen zu bekommen. Finanzielle Mittel waren eigentlich mehr als genug vorhanden. Aber es war nicht so einfach, Personal für die OSI zu bekommen. Laut eigener Aussagen hatte die CIA mit einem Umstand zu kämpfen, mit dem sich jeder UFO-Forscher auseinandersetzen muß: Jene Personen, die sich professionell mit UFOs und ihren Sichtungen beschäftigten, galten in den Reihen des CIA, der Navy und der Luftwaffe als Spinner. Und Spinner waren und sind von der Beförderung ausgeschlossen. In den 50er Jahren ließ das öffentliche Interesse an UFOs wieder gewaltig nach, und die Desinformationskampagnen von GRUDGE und seinen Nachfolgeorganisationen hatten selbst in den eigenen Reihen hervorragend gewirkt. Auch bei der CIA und der Luftwaffe wußte man inzwischen, daß UFOs ausschließlich ein Thema für weltfremde Spinner waren. Während gerade der Geheimdienst nach außen hin genau diese Thesen vertrat, sah es hinter den Mauern des Hauptquartiers in Langley, Virginia, ganz anders aus. Dort nahm man das UFO-Phänomen durchaus ernst. Nur fand man sehr schwer geeignete Mitarbeiter, die bereit waren, im OSI oder anderen, weniger bedeutenden Arbeitsgruppen mitzuarbeiten. Der Karrierestopp war durch eine solche Mitarbeit vorprogrammiert. Und wenn es um das Thema Karriere geht, hört nicht nur heute bei vielen Staatsbeamten plötzlich die Vaterlandsliebe auf.

Mit dem Ende der Kommunistenhatz ergab sich für die Central Intelligence Agency ein zweites Problem: Sie durfte ihre Ergebnisse nicht mehr an andere, außerhalb des Geheimdienstes stehende Arbeitsgruppen weiterleiten, sofern es sich um Sichtungen innerhalb der USA handelte – denn diese zu untersuchen war nicht ihr Job! In der Zeit der Kommunistenhatz interessierte sich niemand dafür, wie Informationen gesammelt wurden. Ob der Geheimdienst im Inland oder im Ausland operierte, war egal, solange dabei ein paar Kommunisten auf der Strecke blieben. Es war jedoch ein offenes Geheimnis, daß McCarthys Opfer auch aufrechte Demokraten waren, die sich für nichts weiter als für verbriefte Menschenrechte eingesetzt hatten. Der Geheimdienst mußte nunmehr also damit rechnen, daß es in Washington Leute gab, die es gar nicht mehr gerne sahen, wenn eine solch mächtige Organisation wie die CIA gegen die Gesetze verstieß. Offiziell wurde der Geheimdienst also nur noch aktiv bei Vorkommnissen wie UFO-Sichtungen über Osteuropa und Afghanistan, von denen es in den späten 50er Jahren eine ganze Reihe gab und die natürlich zu dem Verdacht führten, daß die Sowjets neue Flugzeuge testeten, die aufgrund ihrer Formen mit sogenannten UFOs verwechselt werden könnten. Darüber hinaus spionierte die CIA auch in den Hinterhöfen befreundeter Staaten wie Kanada, nachdem diverse UFO-Sichtungen in British-Columbia die Vermutung nährten, daß Kanadier und Briten gemeinsam einen geheimen Flugzeugtyp testeten.

Es sei übrigens als Fußnote angemerkt, daß weder die CIA noch das Militär tatsächlich daran interessiert waren, das UFO-Phänomen ganz sterben zu lassen. Wie die Sowjetunion oder Großbritannien entwickelten natürlich auch die Vereinigten Staaten neue Flugzeugtypen, die streng geheim und nur dazu da waren, den Feind auszuspionieren. Die berühmtesten Flugzeuge dieser Art waren die U2 und die SR-71, das bis heute schnellste Flugzeug der Welt. Gerade die U2 wurde ab Ende der 50er Jahre für Spionageflüge jenseits des sowjetischen Radars hinter dem Eisernen Vorhang eingesetzt. Wurden solche Flugzeuge in den USA von Augenzeugen beobachtet, dann wurde von seiten des Geheimdienstes oder des Militärs natürlich nicht erklärt, daß es sich um ein Spionageflugzeug handelte: Dieselben Militärs und Geheimdienstler, die einige Jahre zuvor noch mit GRUDGE alles daran gesetzt hatten, das UFO-Phänomen der Lächerlichkeit preiszugeben, waren es nun selbst, die immer wieder UFO-Meldungen in der Presse veröffentlichten, um von der tatsächlichen Beschaffenheit der unbekannten Flugobjekte am Himmel abzulenken!

Daß ausgerechnet im Umland der Area 51 in Nevada Hunderte von UFOs gesehen wurden, ist nicht verwunderlich, denn hier wurden sowohl die U2, die SR-71 als auch der im Kosovo-Krieg eingesetzte Tarnkappenbomber R-117 getestet. Dessen futuristische Formen haben vor allem in der Zeit, als er noch ein streng geheimes Militärprojekt war, durchaus den Irrglauben zugelassen, man habe gerade ein UFO am Himmel gesehen – wenn der Tarnkappenbomber nicht ohnehin mit außerirdischer Technologie hergestellt wurde, wie verschiedene Verschwörungstheoretiker behaupten.

Die 50er Jahre sind aus heutiger Sicht vor allem für Historiker interessant. Ob die Kommunistenhatz, die frühe UFO-Hysterie, der kalte Krieg: es ist inzwischen selbst den Geheimdiensten erlaubt, über viele Dinge, die sich in dieser Zeit zugetragen haben, offen zu sprechen. Das hat dazu geführt, daß die CIA sogar eine ganze Reihe von Informationen freigegeben hat, die sie keinesfalls in einem guten Licht zeigen und die sogar belegen, daß sie gegen Gesetze verstoßen hat. Schaden können solche Dokumente niemandem mehr. Diejenigen, die den Befehl zum Gesetzesbruch gaben oder unschuldige Menschen durch gezielte Falschinformationen zu kommunistischen Spionen mutieren ließen, sind heute längst tot oder zumindest so alt, daß es nicht mehr zu einer Anklage kommen würde.

Anders sieht dies schon in den 60er Jahren aus. Das Wissen um die UFO-Untersuchungen der CIA verliert sich hier in einem Meer von Spekulationen und Vermutungen, denn die meisten Dokumente dieser Zeit wurden, trotz der Imagekampagne des Geheimdienstes, zur Angelegenheit der nationalen Sicherheit erklärt und damit für Außenstehende unzugänglich.

Es gibt jedoch einen äußerst eigenartigen Bericht aus dem Jahre 1964, nach dem der CIA-Direktor zusammen mit hohen Militärs ins Weiße Haus bestellt worden war, um dort mit ranghohen Politikern zu klären, was zu tun sei, würde tatsächlich außerirdisches Leben entdeckt. Sollte die Menschheit von dieser Entdeckung – wenn die Außerirdischen nicht mit großen Raumschiffen auf die Erde kämen – unterrichtet werden? Und wie stand es mit anderen Regierungen? Sollten die NATO-Partner Bescheid bekommen? Oder gar die feindliche Sowjetunion? Welche strategischen Vorteile würden die USA aus einer Zusammenarbeit mit außerirdischen Besuchern ziehen können? Was würde geschehen, wenn die Außerirdischen in feindlicher Absicht kämen und die USA den Rest der Welt davon nicht in Kenntnis setzen würden?

Es ist nicht bekannt, welcher Anlaß diesem Treffen zugrunde lag.

Was dann jedoch geschah, ist eigenartig: Hatten das Militär und die CIA bislang bei der Erforschung des UFO-Phänomens offenbar recht gut zusammengearbeitet – war es doch gerade der Geheimdienst, der in den letzten Jahren für das Militär immer wieder falsche Meldungen lanciert hatte, um geheime Flugzeugtests zu tarnen –, kam es 1966 offenbar zu einem Bruch der Zusammenarbeit. Wann dieser Bruch wieder gekittet wurde (wenn es denn tatsächlich ein Bruch war und nicht nur ein Schauspiel für die Öffentlichkeit oder einige Politiker, die gerne wissen wollten, wo die Gelder für die UFO-Forschung eigentlich hinflossen), ist nicht bekannt. Die Luftwaffe kündigte im August 1966 jedoch ganz offiziell an, eine unabhängige Einrichtung – sprich: eine Universität – mit der Untersuchung des UFO-Phänomens zu betrauen. Dazu sollten dieser Einrichtung Akten, Fotos und Filmaufnahmen zur Verfügung gestellt werden, die bis dato unter strengster Geheimhaltung gestanden hatten.

Der Auftrag und die damit verbundenen 325 000 Dollar wurden der Universität von Colorado übertragen. Die Untersuchungen leitete ein Physikprofessor namens Edward U. Condon, der als Skeptiker, aber auch als ein für alle Ideen offener Forscher galt. Welche Unterlagen der Geheimdienst Condon zur Verfügung stellte, ist unbekannt. Offiziell gar keine, denn es war ein Auftrag des Militärs. Und was hatte die CIA damit zu tun? Gar nichts – verwunderlich ist in diesem Zusammenhang nur, daß der im Jahre 1969 fertiggestellte Untersuchungsbericht zuerst der CIA vorgelegt werden mußte! An keiner Stelle des Berichts wird erwähnt, daß die CIA in irgendeiner Form an seiner Erstellung beteiligt war.

Dieser Widerspruch konnte bis heute nicht geklärt werden. Während Staatsrechtler und Historiker auf diese Ungereimtheit bislang keine Antwort geben wollten, steht für Ufologen natürlich fest, daß der »Condon Report« nichts weiter als ein Ablenkungsmanöver darstellen sollte.

Die offizielle Linie des Geheimdienstes ging nun dahin, die Öffentlichkeit wieder einmal davon zu überzeugen, daß es keine UFOs gäbe. Der Bericht, von unabhängigen Wissenschaftlern erstellt, gab den Menschen die Gewißheit, nicht vom Staat hinters Licht geführt worden zu sein. Dabei wurde der Universität von Colorado nur jenes Material zur Untersuchung vorgelegt, von dem jeder wußte, daß es sich bei den angeblichen UFO-Sichtungen um Fehlinterpretationen handelte.

Warum sich Geheimdienst und Militär auf diese neue Linie in ihrer UFO-Politik geeinigt hatten, ist nicht bekannt.

Der »Condon Report« kam 1969 zu dem Ergebnis, daß alle UFO-Sichtungen Fehlinterpretationen gewesen seien. Dies ist exakt das Ergebnis von BLUE BOOK im selben Jahr, woraufhin das Projekt prompt eingestellt wurde. War das ein Zufall?

Auf jeden Fall war nun für viele Jahre Ruhe im UFO-Land. Offenbar hatte die Allgemeinheit ihr Interesse an den Besuchern aus dem All verloren. Was der Geheimdienst seither getan hat, läßt sich nicht feststellen. Die entsprechenden Akten sind größtenteils streng geheim und dürfen wohl erst in 40 Jahren geöffnet werden, wenn sie dann nicht wieder eine Einstufung als »streng geheim« erhalten.

Dabei wäre gerade das Jahr 1977 aus Sicht des Geheimdienstes äußerst interessant. 1977 ist nämlich jenes Jahr, in dem der Presseoffizier im Ruhestand, Jesse Marcel, die Geschichte von Roswell in das Gedächtnis der Öffentlichkeit zurückholte. Marcel war jener Mann, der 1947 den Befehl erhalten hatte, die Welt davon zu unterrichten, daß in New Mexico ein UFO abgestürzt sei. Marcel war derselbe Mann, der einige Tage später während einer Pressekonferenz der Öffentlichkeit die Überreste eines Wetterballons zeigte, der tatsächlich abgestürzt war und den man versehentlich für ein UFO gehalten haben wollte. Nun, 30 Jahre später, erklärte Marcel, er sei zu dieser Farce gezwungen worden. Das, was er der Öffentlichkeit seinerzeit präsentierte, seien nicht die Wrackteile des Flugobjektes gewesen, das wirklich abgestürzt sei. Sagte Marcel 1977 als Privatmann die Wahrheit? Oder war er nur ein alter, verbitterter Mann, der nicht mit der Tatsache leben konnte, 1947 mit einer Falschmeldung nicht nur zum Gespött seiner Kollegen, sondern de facto zum Gespött der ganzen Welt geworden zu sein?

Wie dem auch sei: Marcel erzählte von den »wahren« Geschehnissen in Roswell. Er erzählte von außerirdischen Körpern und der Tatsache, daß diese Körper irgendwo gelagert würden. In der Area 51? Viele Ufologen behaupten dies.

Im September 1977 sah sich der Geheimdienst mit der Klage einer Organisation namens Freedom of Information Act (FOIA) konfrontiert. Die Organisation verlangte Auskünfte bezüglich der Geschehnisse in Roswell und anderer UFO-Untersuchungen des Geheimdienstes mit der Begründung, es handele sich um Informationen, die der Öffentlichkeit gar nicht vorenthalten werden dürften. Insgesamt bestand die Forderungsliste aus 355 Dokumenten und 900 Seiten. Nun könnte eine solche Begründung einen Geheimdienst wie die CIA kalt lassen. Doch die Klage war so exakt formuliert, daß mit Ausnahme von 57 Dokumenten alle anderen der Öffentlichkeit zugänglich gemacht werden mußten. Lediglich in 57 Fällen konnte die Deklaration der Papiere als »streng geheim« aufrecht erhalten werden.

Daß die Kläger überhaupt von diesen Unterlagen wußten, zeigt, daß sie schon vor der Herausgabe durch den Geheimdienst nicht gerade als besonders wichtig eingestuft worden waren. Es ist demnach auch nicht verwunderlich, daß diese Akten kaum Aufschluß über die Untersuchungsarbeiten des Geheimdienstes und des Militärs gaben und letztendlich wenig mehr Informationen enthielten als diejenigen, die die offizielle UFO-Forschung in den USA ohnehin bereits bekanntgegeben hatte.

Auch wenn die freigegebenen Akten im Laufe der Jahre immer dünner wurden und in den 80er und 90er Jahren kaum mehr präsent sind, weiß man doch, daß sich die CIA und das Militär in ihren Untersuchungen seit rund 20 Jahren hauptsächlich mit parapsychologischen Phänomenen wie etwa dem Remote Viewing beschäftigen, einer unglaublichen Gabe, die es Menschen ermöglicht, über Tausende von Kilometern hinweg örtliche Begebenheiten derart naturgetreu beschreiben zu können, als ob sie diesen Ort gerade besuchen würden – ohne in Wahrheit auch nur einmal im Leben dort gewesen zu sein. (Mit diesen Remote Viewern sollen die Amerikaner sowjetische Atombombensilos recht genau ausgekundschaftet haben. Die Sowjets sollen ebenfalls Remote Viewer für bestimmte Aufgaben eingesetzt haben.) Die UFO-Forschung steht seitdem etwas im Hintergrund, und offiziell hat es auch keine neuen CIA-Forschungsprojekte mehr gegeben.

Wer weiß, vielleicht ist dies auch nicht nötig, da in der Area 51 längst die Antworten auf alle Fragen, die man stellen könnte, liegen. Vielleicht ist der Tarnkappenbomber R-117 wirklich mit außerirdischer Technologie gebaut worden. Wer weiß? Schade ist nur, daß, sollte dies der Fall sein, es dazu sicherlich auch Akten gibt. Akten, die, wie eine Billion anderer auch, der Öffentlichkeit nicht zugänglich gemacht werden dürfen.

★ Die Geschichte der Area 51 ist auch in Deutschland nicht unbekannt. Die TV-Serie DARK SKIES (DARK SKIES; USA 1996) spielte zu Beginn in der Area 51. Und natürlich gab es auf diesem Stützpunkt Überreste eines

UfOs. Auch eine seriöse Zeitschrift wie die *P.M.* widmete sich der Area 51. Im April 1999 lautete der Titel ihres Aufmachers: »Area 51 – Der geheimste Ort der Welt«.

★ Der Highway 375 am Rand der Area 51 erhielt 1997 ganz offiziell vom Staat Nevada den Beinamen »Extraterrestrial Highway« (»außerirdische Autobahn«) verpaßt. Ein Werbegag, der vor allem den Truckstops am Straßenrand der 375 seither kräftige Zugewinne beschert hat, denn wer würde sein Spiegelei nicht gerne an der »außerirdischen Autobahn« essen?

★ Tachione, die von dem abgestürzten Flugzeug in DREAMLAND angeblich im Antrieb nutzbar gemacht wurden, sind Elementarteilchen, die sich mit Überlichtgeschwindigkeit fortbewegen sollen. Wenn man ihre Fortbewegungsgeschwindigkeit verringerte, würde sie automatisch mehr Energie erzeugen. Bislang handelt es sich bei Tachionen jedoch ausschließlich um ein hypothetisches Konstrukt, das experimentell noch nicht nachgewiesen werden konnte. Aufgrund seiner Geschwindigkeit gibt es die Theorie, das Tachion könnte sich entgegen dem Materiestrom zeitlich betrachtet in die Vergangenheit bewegen. Daher spielt es in der Zeitforschung eine wichtige Rolle.

★ Scully spricht in DREAMLAND II davon, daß das Militär offenbar mit einem Antrieb experimentiert hätte, der einen künstlichen Ereignishorizont kreiert, der wiederum eine Welle verursacht hätte, in der Raum und Zeit durcheinandergeraten wären. Da ist den Autoren dann ein wenig die Phantasie durchgegangen. In der Astrophysik spricht man von einem Ereignishorizont im Zusammenhang mit »Schwarzen Löchern«. Beides sind theoretische Konstrukte, die in ihrer Existenz 100prozentig noch nicht nachgewiesen sind. Ein Ereignishorizont ist jene gedachte Fläche, die ein »Schwarzes Loch« umgibt: In einem »Schwarzen Loch« funktionieren die normalen Gegebenheiten von Raum und Zeit nicht, da die Anziehungskraft in einem solchen Loch so stark ist, daß selbst das Licht der Anziehungskraft einer solchen sogenannten Singularität nicht entkommen kann. Man definiert die Größe eines »Schwarzen Lochs« nun nach der Größe seines Ereignishorizontes, also dem Punkt, an dem die Zeit stoppt und jedes sich dem »Schwarzen Loch« nähernde Objekt praktisch von der Bildfläche verschwindet. Dabei ist der Ereignishorizont keine physikalische, sondern eine sogenannte gravitionelle Barriere zwischen unserem Universum und der Singularität, hinter die niemand blicken kann. Der Ereignishorizont ist somit der Punkt, an dem kein Umkehren mehr möglich ist und an dem man geradewegs aus Raum und Zeit herausgeschleudert wird.

In der Science-fiction-Literatur ist der Ereignishorizont (englisch: Event Horizon) sehr populär, da er für Autoren jenes dankbare Konstrukt darstellt, das Zeitreisen und Reisen durch den Weltraum ermöglicht. Folgendes Beispiel: Ein Raumschiff beschleunigt auf Lichtgeschwindigkeit. Während der Beschleunigung würde die Masse stetig ansteigen und die Zeit immer langsamer ablaufen. Würde das Raumschiff schließlich tatsächlich Lichtgeschwindigkeit erreichen, wäre seine Masse in diesem Moment unendlich. Und das ist, laut Einsteins Relativitätstheorie, ganz einfach nicht möglich. Mit Hilfe des Ereignishorizontes würde dieses Problem umgangen, denn in diesem Horizont gibt es diese Probleme nicht. Immer wieder taucht in der Literatur die Idee auf, sich den Ereignishorizont mit Tachionen beispielsweise in Form eines Strahls nutzbar zu machen beziehungsweise ihn mit Hilfe von Tachionen (siehe DREAMLAND II) künstlich zu erschaffen. Dies aber sind Ideen, die vor allem der Literatur und weniger der Astrophysik entspringen.

★ Fletcher gehört einem Geheimdienst namens »Majestic« an, was eine Anspielung auf die »Majestic 12« ist. Diese Gruppe soll es laut eines veröffentlichten Armeeberichts aus dem Jahre 1989 tatsächlich gegeben haben, ihr Gründer war Präsident Truman. Am 24. September 1947 rief er, so der Bericht, einen Untersuchungsausschuß ins Leben, dem hochdekorierte Offiziere und führende Wissenschaftler angehörten und deren Vorsitzender der US-Präsident sein sollte. Die Aufgabe dieses Ausschusses bestand darin, abgestürzte oder abgeschossene UFOs zu bergen, zu lagern und zu erforschen. Truman übergab sein Amt Eisenhower, der auch den Vorsitz der »MJ 12« übernahm. Ob die »Majestic 12« jemals wirklich existierte, ist trotz des Armeeberichts unbewiesen. Dennoch taucht ihr Name in Verschwörungsgeschichten immer wieder auf. Dabei gehen einige dieser Theorien soweit, zu behaupten, die tatsächliche Regierungsmacht in den USA würde von diesem Konsortium ausgeübt.

(Könnte es sein, daß sich Chris Carter bei der Beschreibung seines Verschwörungskonsortiums von »Majestic 12« hat beeinflussen lassen?) Die Verschwörungstheorie behauptet, daß »MJ 12« in den 50er Jahren derart viel Macht angehäuft hatte, daß sie nicht mehr gewillt war, diese wieder abzugeben. Mit der Regierungsübernahme von Kennedy mußte sie in den Untergrund abtauchen, da Kennedy ihre Forschungsergebnisse der Menschheit zum Geschenk machen wollte, was ihr automatisch ihre Macht genommen hätte. Als Kennedy zu einer richtigen Bedrohung wurde, ermordeten sie ihn.

★ Die Agenten von Majestic tragen schwarze Anzüge, schwarze Krawatten und weiße Hemden. Eine sehr schöne Szene im ersten Teil von DREAMLAND zeigt, wie Mulder seinen Anzug wechseln will, den Kleiderschrank von Morris Fletcher öffnet – und eine Reihe von schwarzen, vollkommen identischen Anzügen vorfindet. Dies ist natürlich eine Anspielung auf die »Männer in Schwarz«: Der Spielfilm MEN IN BLACK (MEN IN BLACK, USA 1997) gehört zu den ganz großen Kinohits der letzten Jahre, allein in Deutschland sahen ihn 7 316 205 Menschen im Kino. Die »Männer in Schwarz« sind also auch dem deutschen Publikum nicht unbekannt. Doch die »Men in Black« sind keine Erfindung gewiefter Hollywood-Produzenten. Bereits in den 50er Jahren tauchten Berichte auf, daß Menschen, die Zeugen einer UFO-Sichtung geworden waren, kurze Zeit später Besuch von vollkommen schwarz gekleideten Männern (so gut wie nie Frauen) erhalten hätten. Diese Männer trugen Anzüge, wie man sie von FBI-Agenten aus billigen Gangsterfilmen kennt, sie waren schmuck- und schnörkellos, aber sehr korrekt. Außerdem trugen sie grundsätzlich schwarze Hüte und Krawatten, einige Berichte erzählen auch davon, daß sie mit schwarzen Cadillacs vorfuhren, deren Autokennzeichen sich bei späteren Überprüfungen stets als nichts existent herausstellten. Die Gesichter der Männer waren aufgrund der tief ins Gesicht gezogenen Hüte oft nicht zu erkennen. Eine Reihe von Personen, die angeblich einen Besuch von diesen Männern erhalten hatten, berichteten, daß einige von ihnen ein orientalisches, andere wiederum ein ostasiatisches Aussehen gehabt hätten.

In der Regel traten die »Men in Black« zu dritt auf (auch in DREAMLAND sind es drei Agenten, Fletcher, Grodin und Smoodge), wobei nur einer das Gespräch mit dem Augenzeugen führte. Dieser Mann sprach stets akzentfrei Englisch, meldete sich aber mal einer der anderen Männer zu Wort, wird in fast jedem Bericht von einem Akzent gesprochen.

Berühmt gemacht hat die Geschichten um die »Männer in Schwarz« Albert Bender, der Direktor des International Flying Saucer Bureaus aus Connecticut, einer privaten UFO-Forschungsorganisation. Er behauptete, das Geheimnis der UFOs gelüftet zu haben. Bevor er seine Erkenntnisse jedoch veröffentlichte, sandte er sie einem Kollegen zu, damit dieser sie noch einmal gegenlas. Schon am nächsten Tag bekam er Besuch von den »Men in Black«, die das Originalmanuskript, das er seinem Kollegen geschickt hatte, besaßen und die ihm unter Androhung von Gewalt den Befehl gaben, all das, was in seinem Manuskript stand, zu vergessen. Bender schwieg daraufhin mehrere Jahre lang, bis er das Buch *Flying Saucers And The Three Men* veröffentlichte, in dem er mehrere Fälle über Bedrohungen von UFO-Zeugen durch schwarzgekleidete Männer zusammengetragen hatte.

Nun ist Benders Fall wieder einmal typisch für die Misere der UFOlogie: Es gibt für das, was er sagt, nicht einen einzigen Beweis. Sein Buch wurde von seriösen UFO-Forschern außerdem scharf kritisiert, da es in vielen Punkten nicht korrekt recherchiert war. Benders Buch widmete sich außerdem einer Theorie, die heute sehr populär ist: UFOs kommen in Wirklichkeit aus der Antarktis und werden dort von der Regierung für geheime Kommandooperationen gelagert. Diese Theorie ist inzwischen so populär, daß es sogar Vertreter gibt, die behaupten, die Nazis hätten in der Antarktis gigantische, unterirdische Hallen errichtet, und ihre UFOs seien nur die Vorhut für die Eroberung der Welt zu einem späteren Zeitpunkt! Geschichten gibt es . . .

Doch zurück zu Benders Buch. Bender wurde vorgeworfen, er wolle sich mit diesem Buch an der UFOlogie rächen: Jahre seines Lebens habe er ihr geopfert, ohne auch nur einen Beweis für die Existenz jener Flugobjekte gefunden zu haben. Um nun die UFOlogie zu diskreditieren, habe er ein Buch geschrieben, das diese Wissenschaft, die als solche nicht anerkannt ist, der Lächerlichkeit preisgibt.

Dennoch gewann die Geschichte der »Men in Black« sehr schnell an Popularität und wurde ein integraler Bestandteil der UFO-Forschung.

★ Es gibt für die Existenz der »Men in Black« nicht einen einzigen Beweis. Es gibt kein Foto, das Fragen aufwirft, die niemand beantworten kann, es gibt keine besonderen Waffen, es gibt gar nichts. Das US-Militär gibt aber heute sogar zu, in Roswell 1947 die Bewohner des Ortes, die an die Presse herangetreten waren, eingeschüchtert zu haben. Gerade in den 50er Jahren, als die Worte Demokratie und Meinungsfreiheit in den USA sehr kleingeschrieben wurden, ist es durchaus vorstellbar, daß auch in anderen Fällen Agenten ausgeschickt wurden, um Zeugen von eigenartigen Geschehnissen unter Druck zu setzen, wenn sie etwas gesehen hatten, was sie besser nicht gesehen hätten.

★ Geschichten über »Men in Black« stammen übrigens nicht nur aus den USA; auch aus Italien, Schweden, Großbritannien und Mexiko sind ähnliche Geschichten bekannt. Doch auch hier gibt es keine Fakten, keine Beweise, nicht einmal verwackelte Fotos, die zumindest die Phantasie anregen würden.

★ Ihre Hochzeit erlebten die »Men in Black« in den 50er Jahren. In den 60er Jahren nahmen die Geschichten ab, in den 70er Jahren war der Mythos fast ganz vergessen.

★ Bekannt gemacht und der Vergessenheit entrissen wurden sie durch den Spielfilm MEN IN BLACK von Barry Sonnenfeld mit Tommy Lee Jones und Will Smith, der seinerseits auf einer 80er-Jahre-Comicserie beruht. In diesem Film steht der alternde Man in Black »K« (Jones) im Mittelpunkt, der in einem jungen New Yorker Polizisten (Smith) den idealen Kandidaten für seine Nachfolge sieht. Dieser Agent »J« wird nun in die Geheimnisse der »Men in Black« eingeweiht: Diese sind dazu da, außerirdische Emigranten in den USA zu überwachen. Und die sind zahlreich – und zumeist harmlose Zeitgenossen wie Taxifahrer, Lehrer oder Kioskverkäufer. Als nun aber ein bösartiger Kakerlaken-Außerirdischer auf die Erde kommt und mehrere außerirdische Würdenträger ermordet, müssen die »Men in Black« diesen aufhalten. Daß die »Men in Black« dabei im verborgenen handeln und der Öffentlichkeit ihre Informationen vorenthalten, sieht Regisseur Barry Sonnenfeld dabei als nicht wirklich problematisch an: Die Hauptfiguren, die »Men in Black«, wissen nicht, wie das Universum funktioniert. Sie wissen jedoch viel mehr über seine Beschaffenheit als alle anderen Menschen auf der Erde. Würden sie dieses Wissen preisgeben, würde der Glaube an alles andere zusammenbrechen. Das Ergebnis wäre Anarchie und Chaos. Ich persönlich glaube, daß wir Menschen überhaupt keine Ahnung haben, wie die Welt funktioniert. Wir glauben, es zu wissen, doch was ist Fakt? Vor 1 500 Jahren war es ein Faktum, die Erde sei der Mittelpunkt des Universums. Vor 500 Jahren wurde es als Fakt angesehen, die Erde sei eine Scheibe. Wer sagt mir, daß das, was wir heute als Fakt betrachten, morgen nicht schon müde belächelt wird?

★ Die Schauspielerin Nora Dunn, die in dieser Doppelepisode in der Rolle der Joanne Fletcher zu sehen ist, ist dem amerikanischen Publikum bekannt als ständiges Ensemble-Mitglied der Comedy-Reihe SATURDAY NIGHT LIVE, dem Vorbild der einst in Deutschland erfolgreichen Serie RTL SAMSTAG NACHT. Von 1985 bis 1990 gehörte sie dem Ensemble an, seither ist sie auf das Komödienfach abonniert. »Meist bekomme ich Rollen in Komödien angeboten, dabei habe ich ursprünglich mit ernsten Rollen angefangen«, erzählt sie.

★ Auch der Schauspieler Michael McKean, der ihren Ehemann Morris Fletcher spielt, begann seine Schauspielerlaufbahn mit dramatischen Rollen, um dann, wie Nora Dunn, bei der Komödie zu landen. Von 1976 bis 1983 spielte er eine Hauptrolle in der Sitcom LAVERNE AND SHIRLEY, die jedoch nie in Deutschland zu sehen war. Nach dem Ende der Serie war er in dem Kultfilm THIS IS SPINAL TAP (THIS IS SPINAL TAP, USA 1983) zu sehen, den er mit Harry Shearer, Christopher Guest und Rob Reiner geschrieben hatte. Auch die Musik der fiktiven Hardrock-Band »Spinal Tab« stammt von ihnen. Der Film wurde ein solcher Hit, daß sich McKean und Harry Shearer entschlossen, auch in der Realität »Spinal Tab« aufleben zu lassen und sogar mehrere Alben einspielten. Da Harry Shearer einer der Hauptsprecher von DIE SIMPSONS (THE SIMPSONS; USA seit 1990) ist, ist es nicht verwunderlich, daß auch McKean bereits mehrfach Charaktere der Serie gesprochen hat. Von 1991 bis 1996 war Michael McKean immer wieder Gaststar in der HBO-

Serie DREAM ON, die in Deutschland auf RTL 2 zu sehen war. Von 1994
bis 1995 gehörte er auch dem ständigen Ensemble von SATURDAY
NIGHT LIVE an. Für die Rolle des Morris Fletcher schaute er sich einige besonders auf die Figur von Mulder zugeschnittene AKTE-X-Episoden an, um sich in diesen Charakter hineindenken zu können. Das war
für ihn keine besonders schwierige Aufgabe, denn nach rund einem
Monat war die Doppelepisode im Kasten, und er konnte sich von dieser Figur, die er in der Doppelfolge kopierte, wieder lösen. Er hat seither großen Respekt vor David Duchovny und gibt zu, sich nicht sicher
zu sein, ob er eine Rolle wie die des Fox Mulder, mit all der Melancho-
lie und all dem Schmerz, den sie in sich trägt, über nunmehr sechs Jahre hätte spielen können. Dabei versteht sich auch Michael McKean, der
1995 den bösen Nachbarn Mr. Dittmeyer (in der deutschen Synchroni-
sation Onkel Dittmeyer) in dem inzwischen zu Kultehren gelangten
Spielfilm DIE BRADY FAMILY (THE BRADY BUNCH, USA 1995) spielte, auch auf das Spielen dramatischer Rollen. 1996 war er in STAR
TREK: VOYAGER (STAR TREK: VOYAGER, USA seit 1995) in der Episode DER CLOWN (THE CLOWN) zu sehen. Als Wesen, das von der Angst
seiner Opfer lebt (und schließlich stirbt, da sie ihre Angst verlieren),
brachte er eine beeindruckende Leistung in der bis dato sehr umstritte-
nen, schwachen Serie.

6ABX06 Terms of Endearment

US-Erstausstrahlung: 3. Januar 1999

Regie: Rob Bowman. Drehbuch: David Amann. Gaststars: Bruce Camp-
bell (Wayne Weinsider), Lisa Jane Persky (Laura Weinsider), Michael
Milhoan (Deputy Arky Stevens), Grace Phillips (Betsy Monroe), Michael
Rothhaar (Dr. Couvillion), Lenora May (Ms. Britton), Jimmy Staszkiel
(Mr. Ginsberg).

Kurzinhalt

Laura Weinsider erlebt während eines Alptraums, wie der Teufel ihr das ungeborene Baby aus dem Leib stiehlt. Als sie erwacht, ist sie tatsächlich nicht mehr schwanger. Mulder glaubt, daß ihr Ehemann, der Versicherungsvertreter Wayne, in Wahrheit der Teufel ist. Gegen Mulders Theorie spricht, daß das Kind kurze Zeit später tot aufgefunden wird. Warum sollte der Teufel sein eigenes Kind umbringen?

Langinhalt

HOLLINS, VIRGINIA

Laura Weinsider ist besorgt. Sie ist schwanger, und bei einer Ultraschalluntersuchung wurden leichte Verformungen am Schädel des Kindes festgestellt. Der Arzt hat sie beruhigt. Dies müsse nichts heißen, hat er ihr erklärt. Ihr Ehemann Wayne jedoch scheint, als sie zusammen ins Bett gehen, mit den Nerven am Ende zu sein. Sie schlafen – bis ein Alptraum Laura heimsucht. Das Schlafzimmer steht in Flammen, und aus dem Feuermeer tritt der Teufel an ihr Bett. Er reißt ihre Beine auseinander und greift direkt in ihren Unterleib. In Panik stürzt Laura sich auf den Teufel und beißt ihn in die linke Schulter, dann schlägt der Teufel Laura nieder. Dies ist der Moment, in dem Laura schreiend aus dem Alptraum erwacht.

Wayne versucht, sie zu trösten. Es war nur ein Traum, sagt er ihr immer wieder. Plötzlich tropft Blut von seinen Fingern. Erschrocken reißt Wayne die Bettdecke beiseite. Lauras Unterleib ist blutüberströmt, ihr Bauch flach.

FBI-HAUPTQUARTIER, WASHINGTON D.C.

Sheriff Arky Stevens übergibt den Fall Agent Spender. Stevens ist Lauras Bruder, und er weiß, daß Fälle wie dieser von niemandem wirklich ernst genommen werden. Aber er weiß keinen anderen Rat, als einen Spezialisten aufzusuchen. Spender erklärt dem Sheriff, richtig gehandelt

zu haben. Der Fall komme in die Prioritätenmappe. Kaum hat Stevens
sein Büro verlassen, landet die Akte im Reißwolf.

Mulder sitzt neben Sheriff Stevens in dessen Streifenwagen und erklärt
ihm, daß Fälle wie diese vom FBI sehr ernst genommen würden. In seinen Händen hält er Stevens Unterlagen, deren einzelne Schnipsel er
zusammengeklebt hat. Gemeinsam mit dem Sheriff verhört er Laura, die
nicht verhaftet worden ist, über die sich in der Gemeinde jedoch der
Mund zerrissen wird. Sie erzählt Mulder ihre Geschichte. Dabei erwähnt
sie auch, daß ihr Mann in ihrem Traum nicht neben ihr gelegen habe.
Dies ist nur eine Randnotiz. Mulder aber nimmt das Detail sehr ernst.
Dies teilt er auch Scully mit, die ihrer Routinearbeit, den Befragungen von
Mitarbeitern des öffentlichen Dienstes, nachgeht. Sie kann nicht fassen,
daß Mulder sich mit einer X-Akte befaßt, verspricht ihm aber, ihn zu decken.
Das Gespräch wird von Wayne mit Hilfe eines Babyphones belauscht.

22:56 UHR
Laura erwacht aus einem Halbschlaf. Sie geht zum Fenster und beobachtet, wie Wayne in einem Feuer neben Gestrüpp auch etwas anderes
verbrennt. Was, das kann sie nicht erkennen.

6:57 UHR
Ein Anruf von Scully weckt Mulder, der in seinem Wagen geschlafen hat.
Scully hat sich die Ultraschallbilder angeschaut und leichte Verformun-
gen am Kopf des Kindes festgestellt. »Wie haben die Verformungen aus-
gesehen?« »Wie kleine Hörner«, antwortet Scully. Für Mulder steht die
Lösung des Falles fest: Wayne ist der Teufel. Doch Scully streitet das ab.
Der Teufel sei Laura. In ihrem Blut seien nämlich Spuren eines illegalen
Abtreibungsmedikamentes gefunden worden. So einfach ist der Fall für
Mulder jedoch nicht – vor allem, nachdem er auf einem Foto, auf dem
Wayne abgebildet ist, auf dessen Stirn zwei Hörner gezeichnet hat, die
Wayne wie den Teufel aussehen lassen.
Mulder ahnt nicht, daß Wayne Bigamist ist und sich gerade auf dem Weg
zu seiner zweiten Frau, Betsy, befindet – die ebenfalls hochschwanger ist.

Aufgrund der neuen Erkenntnisse über das Abtreibungsmittel wird eine Hausdurchsuchung vorgenommen. Zwischen Mulder und Sheriff Stevens kommt es zu einem Streit, da dieser glaubt, Mulder unterminiere die Rechte seiner Schwester. Laura bittet ihren Bruder um Ruhe, schließlich habe sie nichts zu verbergen.

Dies, erklärt ihr Wayne, als sie für einen kurzen Moment alleine sind, sei so nicht richtig. In der Nacht, als das Baby verschwand, habe er nicht schlafen können. Er sei in die Küche gegangen, um sich etwas zu essen zu machen. Als er zurück ins Schlafzimmer gekommen sei, habe Laura in einem tranceähnlichen Zustand im Bett gesessen. Sie habe das Kind umklammert in ihren Händen gehalten – und es sei tot gewesen. Er habe vergeblich versucht, mit ihr zu sprechen. Dann habe er ihr das Kind weggenommen und verbrannt, um sie vor Verdächtigungen zu schützen. In diesem Moment entdecken Polizisten im Ofen die Überreste des Kindes. So wird Laura verhaftet und abgeführt. Mulder aber bleibt für einen Moment mit Wayne allein im Haus. Er sagt Wayne, daß er genau wisse, wer er in Wahrheit sei.

Auf dem Weg zu seiner zweiten Frau wird Wayne von Mulder auf Schritt und Tritt beschattet. Um Mulder in die Irre zu führen, besucht er schließlich eine Kundin, um den Anschein zu erwecken, er würde arbeiten. Er nutzt diese Gelegenheit, um sich beim FBI über Mulders Nachstellungen zu beschweren. So erhält Mulder einen Anruf von Scully, die ihm mitteilt, Kersh sei über sein Verhalten erbost. Scully solle für ihn lügen, bittet er sie knapp.

ROANOKE-COUNTY-GEFÄNGNIS

Laura hat Angst. Aber sie ahnt, daß die Geschichte, die ihr Wayne erzählt hat, nicht stimmen kann. Sie bittet Wayne zu sich und erzählt ihm von einem Detail, über das sie mit niemandem gesprochen hat: dem Biß in die Schulter. Während eines Kusses nutzt sie die Chance, den Kragen von Waynes Hemd zu verschieben. Die Bißwunde auf seiner Schulter ist nicht zu übersehen. Wayne ist wütend. Das hätte sie nicht tun dürfen, fährt er sie an. Dann stiehlt er ihre Seele. Laura bricht zusammen. Sanitätern gelingt es jedoch, sie ins Leben zurückzuholen. Allerdings fällt sie in ein Koma.

Endlich hat Wayne es geschafft, unbeobachtet zu seiner zweiten Frau zu gelangen. Betsy ärgert sich darüber, daß er nicht mit ihr beim Arzt war. So sei er nicht an ihrer Seite gewesen, als ihr der Arzt nach der Ultraschalluntersuchung mitgeteilt habe, daß der Kopf ihres Babys Verformungen aufweise. Dies sei in dieser Phase nicht beunruhigend, habe ihr der Arzt erklärt, dennoch solle dies weiter beobachtet werden.

ROANOKE-COUNTY-KRANKENHAUS, 22:02 UHR
Scully ist auf Mulders Wunsch hin angereist und erklärt ihm, daß sie für Lauras Koma keine Erklärung habe finden können. Rein körperlich sei Laura vollkommen gesund. Mulder erklärt Scully, er habe herausgefunden, daß Wayne Winsider aus der Tschechoslowakei stamme, die er angeblich bereits als Kind verlassen habe. Dennoch glaube er nicht daran, daß es ein Zufall sein könne, daß sich in den 50er Jahren in der damaligen CSSR ganz ähnliche Fälle wie der der Winsiders ereignet hätten. Ihr Weg führt sie nun zu Waynes Grundstück, auf dem die Polizei bei Ausgrabungen noch vier weitere tote Kinder gefunden hat. Alle haben am Schädel kleine Verformungen, die aussehen wie kleine Hörner. Für Mulder steht nun fest, daß Wayne zwar nicht der Teufel, aber doch ein Dämon ist – der seine Abkömmlinge tötet, sobald er feststellt, daß es sich um Dämonen handelt. Was er haben will, das ist ein menschliches Kind! Damit hat Mulder recht, denn während Betsy schläft, erscheint ihr im Traum der Teufel aus dem Feuer, um ihr das Kind wegzunehmen. Betsy aber lächelt nur. »Hast du ein Problem?« fragt sie Wayne, der plötzlich in seiner menschlichen Gestalt vor ihr steht.

Über die Versicherung, für die Wayne arbeitet, erfährt Mulder, daß der Dämon eine zweite Adresse hat. Zusammen mit Scully fährt er dorthin. Sie treffen auf der Zufahrtsstraße die über und über mit Blut beschmierte Betsy. »Er hat mir mein Kind weggenommen!« schreit sie. Die beiden helfen Betsy, dann rasen sie zum Haus, in dessen Garten Wayne ein kleines Loch buddelt.
»Dies ist nicht das, wonach es aussieht«, meint Wayne. Er wollte eine Familie, ein Kind, ein ganz normales Leben. Doch Betsy habe ihn be-

nutzt. Wenn Mulder einen Teufel suche, solle er sich einmal mit Betsy unterhalten. Bevor Wayne seine Ausführungen beenden kann, wird er vom Sheriff niedergeschossen.

Wayne wird ins Krankenhaus gebracht, wo er zufällig neben Laura ein Bett bekommt. Er öffnet die Augen und sieht Laura im Koma liegen. Indem er ihr nun ihr Leben zurückgibt, beendet er sein eigenes.

Mulder ist inzwischen klargeworden, daß Wayne nichts Bestimmtes ausgraben wollte. Er wollte sehen, was er finden würde. Hätte er weitersuchen können, ohne vom Sheriff niedergeschossen zu werden, hätte er die Überreste von vier Babys finden können, von vier normalen Babys.

Betsy, erklärt Mulder Scully, brauchte Wayne, weil nur er ihr hätte geben können, was sie verlangte. Und er habe es ihr gegeben: ein dämonisches Baby, denn Betsy sei ebenfalls ein Dämon, ein viel mächtigerer, als Wayne es jemals gewesen sei.

Betsy ist indes verschwunden. In einem Cabrio verläßt sie den Staat. Neben ihr, auf dem Beifahrersitz, steht eine Krippe. Darin liegt ein kleiner Dämon. Besty lächelt. Und für einen Moment sind ihre wahren dämonischen Augen zu sehen.

Bewertung

Mit einem Wort: Wouh! TERMS OF ENDEARMENT ist Horror vom Feinsten. Die Geschichte eines Dämons, der ein normales Leben führen will und von einem mächtigeren Dämon hereingelegt wird, ist ein Höhepunkt der gesamten Serie. Tat sich AKTE X mit Episoden, die sich auf einen christlich-mythologischen Hintergrund stützten, bislang schwer, ist TERMS OF ENDEARMENT in jeder einzelnen Einstellung vorzüglich. Dies ist unter anderem Regisseur Rob Bowman zu verdanken. Er verzichtet fast vollständig auf christliche Symbolik – bis auf das Fegefeuer, aus dem Wayne tritt – und stellt den Dämon als ein multireligiöses Wesen dar. Dennoch assoziiert der Zuschauer Wayne automatisch mit dem Teufel und ist überrascht, festzustellen, daß Wayne nur ein auf der Erde gestrandeter Dämon auf der Suche nach irdischem Glück ist. Die Tatsache, in der sympathischen Betsy am Ende einen weitaus fürchterlicheren Dämon präsentiert zu bekommen, wirkt verstörend und erfüllt die zu Beginn der Episode geweckten Erwartungen des Zuschauers nicht. Note 1.

X-Hintergründe

★ Die meisten Religionen kennen einen Sendboten zwischen dem Jenseits und dem Diesseits. Im Persischen nannte man diese Boten Angaros, aus dem sich der deutsche Begriff Engel ableitet. Im Christentum sind diese Engel Sendboten des Wortes Gottes. Sie waren es, die die Geburt Christi prophezeiten, es war ein Engel, der Jesus' Auferstehung verkündete. Wenig bekannt ist, daß Engel in einem Kastensystem »leben«. An oberster Stelle stehen die Seraphim, die Engel der Liebe, des Lichts und des Feuers, denen die Cherubim, Throne, Kyriotes, Dynamis, Exusai, Archai (auch bekannt als Herrschaften), Arch-Angeloi (Erzengel) und schließlich Angeloi (Engel) untergeordnet sind (zum Thema »Engel« siehe auch die X-HINTERGRÜNDE von 5X17 ALL SOULS im Buch zur fünften Staffel). Mit Dämonen aber tut sich die christliche Mythologie schwer. Ihr Status ist ungeklärt. Tatsächlich macht die christliche Glaubenslehre, derer sich Bowman aufgrund des Bildes vom Höllenfeuer bedient, zum Thema Dämonen keine eindeutige Aussage zu ihrer Herkunft und ihrer Bestimmung. So hat sich eine eigene Mythologie entwickelt, in der der oberste aller Dämonen Lucifer ist, der Teufel. Luzifer selbst war ein Engel, bevor er von Gott verstoßen wurde und fortan das Böse repräsentierte. Da Luzifer nicht über Gottes Macht verfügt, Leben zu erschaffen, sind nach dieser Definition alle Dämonen gefallene Engel aus dem Reich Gottes, deren Gesellschaft ebenfalls in einem Kastensystem organisiert ist.

★ Offiziell kennt die katholische Kirche keine Dämonenmythologie. Dennoch gibt es bis heute den Exorzismus, die Teufelsaustreibung. Von Zeit zu Zeit sucht sich der Teufel (oder ein anderer Dämon) einen Menschen aus, um diesen zu kontrollieren und für seine finsteren Taten zu mißbrauchen. Der Mensch ist dann nicht mehr Herr seiner eigenen Gedanken. Da der Exorzismus offiziell nie von der katholischen Kirche ad acta gelegt worden ist, bedeutet dies bis heute die Anerkennung des Bösen als Daseinsform – und damit die Anerkennung der Existenz von Teufel und Dämonen.

★ Daß der Satan ein Wesen ist, das ursprünglich aus dem Himmel stammt, dafür spricht das Buch Hiob 1, 6. Hier heißt es, daß die Gottes-söhne eines Tages vor Gottes Thron getreten wären. Auch Satan hätte sich unter ihnen befunden. Im Gegensatz zu den Gottessöhnen bei Moses (siehe die X-HINTERGRÜNDE zu 6ABX01 THE BEGINNING), wo der Be-griff nicht definiert wird und die Söhne als direkte Abkömmlinge Gottes dargestellt werden, geht man im Zusammenhang mit ihrer Erwähnung bei Hiob davon aus, daß es sich um Gottes Engel handelt. Zu diesen En-geln gehört auch Luzifer, auch wenn er sich in der Geschichte um Hiob offenbar bereits im offenen Streit mit Gott befindet. Ob er nun tatsäch-lich noch ein Engel ist oder bereits verstoßen wurde, das ist nun eine Fra-ge, der sich Religionswissenschaftler stellen müssen.

★ Mit der Darstellung des Ash in der Horror-Trilogie TANZ DER TEUFEL (EVIL DEAD, USA 1982; THE EVIL DEAD 2, USA 1987; ARMY OF DARKNESS, USA 1992) etablierte sich Bruce Campbell als Kultfigur der Horrorfilmszene. In Fantasy-Kreisen ist er außerdem als Darsteller des Königs der Diebe Autolycs in den Serien HERCULES (HERCULES: THE LEGENDARY JOURNEYS, USA seit 1994) und XENA (XENA: WARRIOR PRINCESS, USA seit 1996) ein äußerst beliebter Darsteller. Geboren wurde Bruce Campbell am 22. Juni 1958 in Royal Oak, Michi-gan, und zwar im selben Krankenhaus, in dem rund 16 Monate später Sam Raimi das Licht der Welt erblicken sollte, eben jener Regisseur, der Campbell mit TANZ DER TEUFEL zum Horrorstar machte und der auch für die Realisierung von HERCULES und XENA verantwortlich ist. Campbell wuchs mit seinen beiden älteren Brüdern Michael und Don in der Vorstadt auf und hatte, wie er selbst sagt, eine ganz normale Kind-heit. Den Weg zum Schauspiel fand er über seinen Vater, der neben-beruflich als Schauspieler am städtischen Theater arbeitete und seine Söhne sehr früh für die Bühne begeisterte. Mit 14 Jahren erhielt er am Stadttheater die Rolle eines jungen Prinzen in »Der König und ich«. Es folgten eine ganze Reihe von Produktionen, die dem Jugendlichen ein nicht zu verachtendes zusätzliches Taschengeld bescherten. 1975 besuchte er an seiner High-School eine Theater-AG, in der er den vollkommen filmverrückten Sam Raimi kennenlernte. Raimi zeigte er einige Kurzfilme, die er selbst gedrehte hatte. Die beiden verbindet bis heute eine enge Freundschaft. Bereits 1975 begannen sie, zusammen Super-8-Filme zu drehen.

1976 arbeitete Bruce Campbell in den Sommerferien erstmals für eine professionelle Theatertruppe als sogenannter Regie-Assistent. Zwei Jahre später schrieb er sich an der Western Michigan University für ein Theaterstudium ein, das er nach einem halben Jahr wieder abbrach. Statt dessen jobbte er in verschiedenen Werbeagenturen und hatte sogar kleine Statistenrollen in Werbespots. Eine große Karriere stand ihm nicht ins Haus, bis ihm Sam Raimi Robert Tappert vorstellte, den dieser im Rahmen seines Studiums an der Michigan State University kennengelernt hatte und der, wie auch Campbell und Raimi, keine Lust auf die von ihren Kommilitonen bevorzugten Kunstfilme hatte, sondern großes Kino machen wollte. Die drei gründeten eine Filmfirma namens Renaissance Pictures, die heute noch existiert und die – neben den Raimi-Filmen und Serien – auch Kinoproduktionen wie TIMECOP (TIMECOP, USA 1995) betreut hat. Von solchen Multimillionen-Dollarproduktionen waren Campbell und seine Freunde seinerzeit noch weit entfernt. Statt dessen reichte das Geld gerade aus, um WITHIN THE WOODS (USA 1980) zu produzieren, einen billigen, kleinen Horrorfilm, mit dem sie sich auf die Suche nach Geldgebern für einen echten Spielfilm machen wollten. Daß dieser Spielfilm ein Horrorfilm werden sollte, lag, wie Campbell heute offen zugibt, daran, daß Horrorfilme gerade Mode waren. Es war ihnen einfach sinnvoll erschienen, auf den fahrenden Erfolgszug aufzuspringen. Mit WITHIN THE WOODS bekamen sie schließlich 350 000 Dollar zusammen (andere Quellen sprechen von gerade einmal 60 000). Da jeder Cent für die Produktion draufging, war Bruce Campbell gezwungen, selbst die Hauptrolle zu spielen. Der fertige Film hieß TANZ DER TEUFEL – und war ein Flop. Kein Verleiher wollte den Film in den USA herausbringen. Das änderte sich erst, als der Film in Großbritannien sensationell zum erfolgreichsten Videofilm des Jahres 1983 wurde. Von diesem Erfolg überrascht, kaufte New Line Cinema die US-Rechte, der Weltverkauf startete durch – und der Rest ist inzwischen ein kleines Stück Filmgeschichte. Auch in Deutschland, wo die ungeschnittene Fassung des Filmes bis heute aufgrund angeblich vorhandener gewaltverherrlichender Tendenzen verboten ist, war er in jener Zeit, in der man ihn offiziell sehen konnte, ein Kino- und Videohit. (Die heute freigegebene Fassung ist geschnitten!)

Seither war Campbell hauptsächlich in B-Horrorfilmen zu sehen. Er avancierte endgültig zur Kultfigur durch die geniale Indiana-Jones-trifft-UFOs-Serial-TV-Serie DIE ABENTEUER DES BRISCO COUNTY JUNIOR (THE ADVENTURES OF BRISCO COUNTY JUNIOR, USA 1995), eine Serie, die zwar katastrophal floppte, die jedoch nach wie vor über eine große Fan-Gemeinde verfügt und die für das durchschnittliche Publikum vielleicht nur etwas zu abgedreht war.

6ABX07 The Rain King

US-Erstausstrahlung: 10. Januar 1999

Regie: Kim Manners. Drehbuch: Jeffrey Bell. Gaststars: Victoria Jackson (Sheyla Fontaine), Clayton Rohner (Daryl Mootz), Davis Manis (Holman Hartz), Dirk Blocker (Bürgermeister Gilmore), Francesca Ingrassia (Cindy Culpepper) Thom McFadden (Arzt), Dan Gifford (Nachrichtensprecher), Sharron Madden (Motel-Managerin), Sally Stevens (Radiosängerin), Brian D. Johnson.

Kurzinhalt

Der Rain King, ein Regenmacher, hält das kleine Städtchen Kroner in Kansas in Atem. Die Farmer lieben ihn, bringt er ihnen doch den lange erhofften Regen. Mulder aber ist skeptisch. Er glaubt nicht an den

Regenmacher – wenngleich er zugeben muß, daß das Wetter in Kroner eigenartige Kapriolen schlägt.

Langinhalt

KRONER, KANSAS, VALENTINSTAG

Für Sheyla ist der Valentinstag der schönste Tag des Jahres, denn er bietet ihr die Gelegenheit, Daryl, ihrem Lebensgefährten, ihre ganze Liebe zu beweisen. Sie schreibt ihm eine Karte, schmückt die Wohnung – und freut sich auf Daryls Reaktion, wenn dieser in der örtlichen Zeitung ihre Anzeige lesen wird: eine Anzeige, in der sie ihm dankt, für ihn da sein zu dürfen.

Doch der Tag entwickelt sich für Sheyla zu einem Alptraum. Statt sie in seine Arme zu schließen, macht sich Daryl über ihren Valentinstagsquatsch lustig. Geradezu verärgert reagiert er auf die Zeitungsanzeige. Statt sie in seine Arme zu schließen, wie Sheyla es sich erhofft hatte, schnappt er sich ein Bier und setzt sich in seinen Wagen, um bei Country-Musik aus dem Radio die dunkle Landstraße hinunterzufahren. Aus heiterem Himmel beginnt es zu regnen, plötzlich schlagen Hagelkörner auf sein Auto, tennisballgroße Hagelkörner, die die Windschutzscheibe durchschlagen. Vor Schreck verliert Daryl die Kontrolle über sein Fahrzeug und landet im Straßengraben. Erst jetzt erkennt er, daß die Hagelkörner die Form eines Herzens haben.

KRONER, SECHS MONATE SPÄTER

Mulder hat erfahren, daß in dem kleinen Städtchen ein Regenmacher das Wetter manipulieren soll. Der Mann, der Rain King, hat sogar ganz offiziell ein Gewerbe angemeldet und betreibt in der Stadt ein kleines Büro. Der Rain King, erklärt der Bürgermeister des Städtchens Mulder und Scully, sei für viele der Bewohner eine Art moderner Messias. Kroner sei die Stadt mit den, statistisch gesehen, am häufigsten auftretenden Wetterphänomenen in den Vereinigten Staaten, nur geregnet habe es in den letzten Jahren relativ wenig. Erst seitdem der Rain King hier arbei-

te, hätten die Felder wieder genügend Wasser bekommen. Deshalb sei
seine Arbeit von niemandem zu kritisieren.

Entsprechend unfreundlich werden Mulder und Scully von der Sekretärin
des Rain Kings, Cindy Culpepper, empfangen. Was interessiere das FBI
die Arbeit eines guten Mannes, fragt sie die beiden Agenten. Ohne diesen Mann, fährt sie fort, hätte ihr Vater seine Farm aufgeben müssen.
Und so wie er würden ihm viele Menschen ihre Existenz verdanken. Sei
das etwa ein Verbrechen?

KPJK TELEVISION STUDIO, 12.41 UHR

Da der Rain King noch unterwegs ist, beschließt Mulder, einen Experten
aufzusuchen: Holman Hartz, den Meteorologen des örtlichen Fernseh-
senders. Hier treffen die beiden Agenten auch Sheyla, jene nicht mehr
ganz junge Frau, deren Freund sie ausgerechnet am Valentinstag allein
im Haus zurückgelassen hatte. Sheyla macht die Öffentlichkeitsarbeit des
Senders. Es fällt Mulder sofort auf, daß Holmans Herz höher schlägt,
wenn Sheyla in der Nähe ist.

Der Meteorologe, ein konservativer Mitvierziger, erklärt den Agenten,
daß er natürlich nicht daran glaube, daß der Rain King tatsächlich das
Wetter manipulieren könne. Betrachte er aber all die Wetteranomalien,
die Kroner in den letzten Jahren erlebt habe – dazu gehören Wirbelstürme, plötzliche Hagelstürme, Regenmangel –, für die er als Wissenschaftler keine Erklärung habe, sei er inzwischen gewillt, jede Theorie
ernst zu nehmen, die ihm diese Phänomene erklären könne.

Das erste Zusammentreffen der Agenten mit dem Rain King verläuft
überraschend. Dieser ist keinesfalls ein charismatischer Prediger, wie
Mulder und Scully geglaubt haben, sondern ein heruntergekommener
Mitvierziger, der offenbar bei einem Unfall einen Unterschenkel verloren
hat. (Der Mann ist niemand anders als Daryl!) Er nimmt unter einem
Regenschirm Platz, um ihn herum versammeln sich mehrere Farmer,
denen die Hoffnung, die sie in diesen Mann setzen, ins Gesicht geschrieben steht. Sein Wortwechsel mit Mulder und Scully ist kurz. Er läßt
vielmehr Taten für sich sprechen. Und so geht ein heftiger Regenschau-
er nieder.

(Ab jetzt gibt es, mit Ausnahme des Epilogs, keine Einblendungen mit Orts- oder Zeitangaben mehr.)

Es ist Abend geworden, und Holman Hartz schließt sein Büro. Er trifft Sheyla, die ebenfalls nach Hause geht. Die beiden unterhalten sich über den Besuch der FBI-Beamten. Dabei erfährt Holman, daß sich Sheyla Sorgen um Daryl macht, was Holman mit Blick darauf, daß dieser sie vor einem halben Jahr ausgerechnet am Valentinstag allein gelassen hat, nicht nachvollziehen kann.

Während die Stadt in den Schlaf sinkt, sitzt Mulder in seinem Bett und liest Zeitungsberichte über die Wetterphänomene der letzten Jahre. Vor allem ein Bericht erregt seine Aufmerksamkeit: An einem Tag, steht in der Zeitung zu lesen, hätten sich nicht weniger als 26 Tornados gebildet. Ein Knacken vor seinem Fenster läßt ihn aufhorchen. Er steht auf und blickt aus dem Fenster auf die andere Straßenseite, wo einige Kühe auf einer Weide stehen. Wie aus dem Nichts entsteht plötzlich ein Mini-Tornado, der eine Kuh schnappt und in den Himmel reißt. Geistesgegenwärtig geht Mulder in Deckung, bevor die Kuh durch das Dach direkt auf sein Bett fällt.

Während die Aufräumarbeiten in seinem Zimmer andauern, bekommt Mulder Besuch von Holman Hartz. Mini-Twister, erklärt er ihm, seien nicht ungewöhnlich, die Geschichte mit der fliegenden Kuh dagegen schon. Eigentlich hätte der kleine Tornado gar nicht genug Kraft dafür haben dürfen. Während dieses Gesprächs stürmt Sheyla in das Zimmer. Sie weint – und gesteht. Alles sei ihre Schuld gewesen. Und sie habe Beweise: Am Tag ihres High-School-Abschlusses sei ein Tornado über die Schule hinweggefegt, weil sie sich über die Organisation geärgert habe. Am Tag ihrer Hochzeit habe es geschneit – mitten im Sommer. Und am Tag ihrer Scheidung habe sie die Wolken am Himmel dazu gebracht, lachende Gesichter zu kreieren.

Mulder tröstet sie. Sie habe an all diesen Dingen bestimmt keine Schuld. Es seien Zufälle gewesen. Und der Regenmacher sei schließlich Daryl. Was so nicht ganz stimme, sagt ein Arzt, der Mulder zuvor eine Tetanus-Spritze gegeben hatte. Daryl glaube seit dem Unfall, Regen machen zu können. Dies seien aber nur Wahnvorstellungen, die durch den Alkohol, den er vor dem Unfall getrunken habe, hervorgerufen worden seien.

»Daryl war betrunken, als er den Unfall hatte?« fragt Holman erstaunt.

Zur selben Zeit genießt es Daryl, unter seinem Sonnenschirm zu sitzen, sich von seiner Sekretärin massieren zu lassen und den Regen zu beobachten – der plötzlich versiegt. »Das kann nicht sein!« flucht Daryl. Er fängt an zu tanzen, was den Regen schon oft hat fallen lassen. Doch es geschieht nichts. Die Sonne scheint. Und keine Wolke ist am Himmel.

Scully will zurück nach Washington fliegen, als Mulder in der Zeitung einen Hinweis auf den wahren Regenmacher entdeckt: 1991 regnete es an dem Tag, an dem Holman Hartz Mutter starb, eine Stunde lang Rosen über Kroner. Das kann kein Zufall sein.

Dabei hat Holman zur Zeit ganz andere Probleme: Die von ihm angebetete Sheyla hat sich Hals über Kopf in Agent Mulder verliebt, wovon dieser, als er Hartz aufsucht, um ihn zur Rede zu stellen, nichts ahnen kann.

Hartz kommt relativ schnell zur Sache: Er sei tatsächlich der Regenmacher. Das Problem sei nur, daß er keine Ahnung habe, wie er das Wetter beeinflussen könne. Es passiere ganz einfach, vor allem dann, wenn es um Sheyla ginge. Offenbar, sagt Mulder, seien Sheyla und er doch Freunde. Warum er ihr nicht einfach seine Gefühle gestehe, fragt er den Meteorologen. Die Antwort ist einfach: Er habe Angst. Statt dessen geschähen Dinge wie der Tornado zu ihrem Abschlußball, als er nicht wollte, daß sie mit einem Jungen tanzte, der auch prompt vom Tornado aufgehalten wurde. Auch die Sache mit Daryl sei eine Reaktion auf sein böses Verhalten gegenüber Sheyla. Dabei, so Hartz, habe er nicht einmal gewußt, was geschehen war. Dennoch habe er ein Gefühl gehabt, das prompt ein Unwetter verursachte.

Mulder überredet Hartz, in Sheylas Büro zu gehen und ihr ganz einfach zu sagen: »Ich liebe dich.« Doch als Hartz sich endlich aufrafft, nimmt die Geschichte eine Wendung, mit der er beim besten Willen nicht hat rechnen können. Sie liebe ihn auch, antwortet ihm Sheyla vollkommen selbstverständlich. Nur versteht sie nicht, daß Holman dies ganz und gar nicht platonisch meint.

In den Korridoren des Senders wird Sheyla plötzlich von Daryl attackiert. Er macht sie dafür verantwortlich, daß er keinen Regen mehr machen kann. Mulder, der von Holmans Mißerfolg noch nichts weiß, kommt Sheyla zu Hilfe und überwältigt Daryl. Sheyla, übermütig vor Freude, umarmt Mulder und küßt ihn – gerade in dem Moment, als Holman mit Scully um die Ecke kommt. Nach außen gibt sich Holman kühl, doch Mulder weiß, daß sie ein Donnerwetter zu befürchten haben.

In der städtischen Sporthalle findet an diesem Abend eine Party statt. Und alle sind da: Sheyla, Holman, Mulder, Scully, Daryl und seine Sekretärin. Währenddessen braut sich draußen ein Sturm zusammen. Es ist nun an Scully, Sheyla klarzumachen, was Holman für sie empfindet. Diese aber hat nur noch Augen für ihren starken Agenten und glaubt, Scully sei nur eifersüchtig. Doch Scully findet einen Draht zu Sheyla. Möge sie Holman denn nicht? »Doch«, antwortet diese, »sehr sogar«. Und, fragt Scully, könne ein Mann großartiger seine Liebe unter Beweis stellen, als daß er für sie das Wetter manipuliere?

Währenddessen geht Daryl in der Halle diesmal auf Mulder los, glaubt er doch, dieser habe ihm nun das Mädchen weggenommen. Mulder überwältigt Daryl nun ein zweites Mal und macht ihm klar, daß er, Daryl, so wohl kaum bei seiner Sekretärin landen könne. Darly versteht nicht. Doch als er Cindy in die Augen schaut, wird ihm klar, daß sie ihn liebt – und er dies bislang nicht verstanden hat.

Kurz bevor sich vor der Tür der Sturm formiert, erklärt Sheyla Holman, daß sie sich nie habe vorstellen können, daß ein Mann jemals etwas so Romantisches für sie tun könnte, wie er dies getan habe. Sie gibt ihm einen Kuß – und der Sturm dreht ab.

EIN JAHR SPÄTER

Sheyla stillt ihr Baby, während sie auf der Terrasse ihres strahlend weißen Hauses sitzt. Die Kamera läßt Sheyla allein und zeigt die Farben des Regenbogens, der seinen Anfang in ihrem Vorgarten nimmt.

Scully und Mulder – auch im sechsten Jahr nur Kollegen!

Foto: pwe Kinoarchiv, Hamburg

oben: Den Schrecken im Visier, suchen Mulder und Scully einen Fluchtweg (Szenenfoto aus AKTE X - DER FILM).
unten: Selbst in der glühenden Hitze des Südens geben Scully und Mulder ein attraktives (Arbeits-) Paar ab. Fotos: pwe Kinoarchiv, Hamburg

*Welches Geheimnis wird der Tote den Agenten offenbaren? Erst eine Obduktion
wird das Geheimnis lüften.* Foto: pwe Kinoarchiv, Hamburg

oben: SPEED *mit Keanu Reeves und Sandra Bullock ist inzwischen ein Kultfilm.* AKTE X *zollt dem Klassiker seinen Tribut in 6ABX02* DRIVE!   Foto: action press, Hamburg

unten: In 6ABX06 TERMS OF ENDEARMENT *ist Bruce Campbell in der Rolle eines dämonischen Ehemanns zu sehen. So aber kennen ihn die Fernsehzuschauer aus der TV-Serie* HERCULES.   Foto: pwe Kinoarchiv, Hamburg

Bill Murray durchlebt in UND TÄGLICH GRÜSST DAS MURMELTIER
immer und immer wieder ein und denselben Tag. Der Kinoerfolg diente der
AKTE X-*Episode* 6ABX15 MONDAY *als Vorbild!*

Foto: pwe Kinoarchiv, Hamburg

oben: Ein typisches UFO-Bild: weit vom Objekt entfernt aufgenommen und unscharf. In seiner Form aber beispielhaft für Hunderte von Sichtungen.
unten: Wohin die Reise dieses unbekannten Flugobjektes wohl gehen mag?

Fotos: action press, Hamburg

Die Pyramiden von Gizeh: Meisterwerke ägyptischer Baukunst – oder Bauwerke außerirdischer Architekten? AKTE X erhebt die Idee, die Geschichte der gesamten Menschheit sei von außerirdischen Besuchern manipuliert worden, im Verlauf der sechsten Staffel zum Hauptthema einer eigenen Verschwörungsmythologie.

Foto: Nigel Francis, The Stock Market, Düsseldorf

*Ein Wirbelsturm tobt über dem Bermudadreieck. In der Episode 6ABX03 TRIANGLE
erlebt Mulder in diesem geheimnisvollsten aller Seegebiete sein bislang
unglaublichstes Abenteuer.*

Foto: dpa – Bilderfunk, Frankfurt

Bewertung

Mulder spielt Amor, Hagelkörner in Herzform, eine fliegende Kuh. Das alles sind Zutaten, die 6ABX07 THE RAIN KING zu einer wunderbaren Episode hätten machen können. Doch so ganz überzeugen will sie nicht. Losgelöst von Zeit und Raum, versucht Regisseur Kim Manners atmosphärisch an Chris Carters meisterhafte Geschichte um ein modernes Frankenstein-Monster aus der fünften Staffel, 5X05 THE POST-MODERN PROMETHEUS, anzuknüpfen. Er bemüht sich, eine Stadt zu kreieren, die es nur in der Phantasie geben kann. Hier leben all die Menschen, die die meisten von uns immer schon einmal kennenlernen wollten, wohlwissend, daß es sie nicht gibt – oder vielleicht doch? Das Problem sind die nur wenig ausgereiften Figuren. Wo in THE POST-MODERN PROMETHEUS vollkommen bizarre, aber sehr wohl ausgefeilte Charaktere im Mittelpunkt der Geschichte stehen, verharren die Figuren dieser Geschichte in Klischees. Sheyla ist eine etwas dusselige Blondine, Holman Hartz der liebenswerte, aber verklemmte Mitvierziger, Daryl das Ekel, seine Sekretärin das Dummchen vom Dienst. Auch wird nicht wirklich deutlich, warum Holman, ein offenbar hochgebildeter und – nebenbei bemerkt – recht gutaussehender Mann sein Herz an Sheyla verschenkt. Natürlich: Liebe geht oft eigenartige Wege. Warum aber fühlen sich in Filmen schüchterne Männer eigentlich immer zu dummen Blondchen hingezogen? Haben diese Herren der Schöpfung zu viele Marylin-Monroe-Filme gesehen? Suchen sie in der Partnerin den Mutterersatz, der sie hegt und pflegt, wenn sie von der Arbeit kommen? Natürlich versucht Regisseur Kim Manners, in THE RAIN KING mit diesem Klischee zu spielen. Dies wird spätestens in der Schlußszene deutlich, als Sheylas Mutterglück so rosarot gezeigt wird, daß man als Zuschauer fast geneigt ist, das Fernsehzimmer angesichts solcher Glückseligkeit pink anzumalen. Dennoch überzeugt die Geschichte nicht. Sie wirkt einfach zu gewollt, aber zu oft nicht gekonnt. Wie gesagt: Mit ausgefeilteren Charakteren hätte das Resultat ein anderes sein können. So aber gehört diese Folge in die Kategorie »nette Unterhaltung«. Note 3–.

Produktionsnotizen

★ Da ist dem Autor wohl beim Zusammenführen der einzelnen Storyelemente ein kleiner Fauxpas unterlaufen: Holman ist nicht in der Lage, das Wetter bewußt zu steuern. So wie es Menschen gibt, die emotional auf das Wetter reagieren, reagiert das Wetter auf Holman. Es schenkt Daryl Regen, damit dieser sich als Rain King aufführen darf – und somit Sheyla vom Leib bleibt. Auch der Tornado beim Abschlußball ist eine Reaktion des Wetters auf Holmans verletzte Gefühle. So weit, so gut. Die Frage ist, warum Mulder fast eine Kuh auf den Kopf fällt, obwohl Holman gar nicht weiß, daß Sheyla ein Auge auf ihn geworfen hat.

X-Hintergründe

★ Die fliegende Kuh ist eine Hommage an den amerikanischen Katastrophenthriller TWISTER (TWISTER, USA 1995), in dem einem Tornadoforscher neben einigen Landwirtschaftsmaschinen auf einem Feld auch eine Kuh um die Ohren fliegt.
★ Natürlich gibt es jede Menge Legenden und Berichte über Menschen, die das Wetter beschwörten und beschwören: die amerikanischen Indianer, deren Regentänze durch Film und Fernsehen zu globaler Berühmtheit gelangten, oder die Geschichten von Druiden, die nach großen Katastrophen die Götter um Milde und Sonne baten. Es gibt aus Südamerika außerdem Geschichten, die davon berichten, wie Frösche oder Fische vom Himmel regneten, doch all das hat nicht direkt etwas mit dieser Episode zu tun. Die Figur des Regenmachers ist vielmehr Teil einer vollkommen fiktiven Geschichte.

6ABX08 How The Ghosts Stole Christmas

US-Erstausstrahlung: 13. Dezember 1998

Regie und Drehbuch: Chris Carter. Gaststars: Lily Tomlin (Lyda), Edward Asner (Maurice).

Kurzinhalt

In einem verwunschenen Haus treffen Mulder und Scully am Abend vor Weihnachten auf zwei Geister, die die beiden Agenten gegeneinander ausspielen wollen: Sie sollen sich gegenseitig töten.

Langinhalt

WEIHNACHTSABEND – IRGENDWO IN MARYLAND

Scully ist von Mulders Plan, in ein fremdes Haus einzubrechen, wenig angetan. Das Haus, erklärt Mulder, sei verhext. Und wahrscheinlich, spottet Scully, spuke es auch darin. Mulder bestätigt ihre Vermutung. Für Scully sind Geistererscheinungen nichts weiter als Reflexionen des Unterbewußtseins, in denen sich der Mensch mit dem Tod auseinandersetzt. Dennoch fühlt sie sich beim Betreten des Hauses sichtlich unwohl – vor allem, nachdem ihre Autoschlüssel verschwunden sind und Mulder ihr versichert, sie nicht mitgenommen zu haben.

Kaum haben die beiden das Haus betreten, schließt sich die Eingangstür, und wie von Geisterhand wird das Schloß verriegelt. Draußen gewittert es, und für einen kurzen Moment glaubt Scully, in einem vom Blitz geworfenen Lichtschein den Schatten einer Frau zu sehen. Scully folgt Mulder in die Bibliothek des Hauses. Diese wirkt zwar sehr alt, doch aus dem Kamin steigender Rauch bestätigt, daß erst vor kurzem jemand in dieser Bibliothek gesessen haben muß. Für ein unbewohntes Haus, bemerkt Scully, sei die Bibliothek außerdem überraschend gut bestückt. Mulder ist sich sicher, daß es in diesem Haus nicht mit rechten Dingen zugeht. 1917, erzählt er ihr, habe sich in diesem Haus ein Drama abgespielt. Ein junger Mann, Maurice, tötete seine Geliebte Lyda und beging daraufhin Selbstmord, indem er sich in den Kopf schoß. Die Hintergrün-

de dieses Dramas wurden niemals geklärt. Seither habe sich diese Tragödie dreimal wiederholt, und jedesmal geschah es am Heiligabend.

Scully spricht von Legende und Einbildung, bis sich der Boden unter
ihren Füßen zu bewegen beginnt. Es ist wie das Schlagen eines Herzens.
Mit Hilfe einer Brechstange reißt Mulder einige Bohlen aus dem Holzbo-
den – und findet zwei verweste Leichen. Dabei entgeht Mulder ein kleines
Detail – im Gegensatz zu Scully, die sich in diesem Moment nichts sehn-
licher wünscht, als diesen Ort zu verlassen. Die Leichen tragen ihre Kleidung, die Frau hat rote Haare, der Mann eindeutig Mulders Größe. Die
Leichen sind sie selbst! Auch Mulder entschließt sich, diesen Ort wieder
zu verlassen. Doch die Bibliothek entpuppt sich als Falle. Verlassen sie
sie durch die rechte Tür, kommen sie automatisch zur linken wieder hin-
ein. Egal welchen Weg sie nach draußen auch nehmen wollen, der Weg
führt immer zurück in die Bibliothek, bis zu dem Moment, in dem Mulder ohne Scully den Raum verläßt. Zwar landet auch er wieder im selben Raum, doch Scully kann ihm nicht folgen. Sie sind getrennt.

In diesem Augenblick erscheint Mulder ein älterer Herr. Sein Name ist
Marcel, doch von einem Geist hat er wirklich überhaupt nichts an sich.
Er trägt ein Holzfällerhemd, darüber eine Weste und einen Hut. Die Fra-
ge, ob er ein Geist sei, läßt er offen.

Marcel erklärt Mulder, daß es nur einen Weg aus dieser Bibliothek hinaus gebe. Diesen Weg aber müsse er selbst finden. Es sei nicht einfach,
und wirklich helfen könne er ihm auch nicht. Aber Mulder solle sich einmal über sein Leben Gedanken machen. Es sei Weihnachtsabend, wundert sich Marcel, was tue ein gutaussehender Mann wie Mulder an einem
solchen Abend in einem Haus wie diesem? Es sei die Einsamkeit, die ihn
getrieben habe. Oder etwa nicht? Mulder gibt darauf keine Antwort. Marcel zeigt ihm schließlich den Weg nach draußen. Er öffnet eine Tür und
geht hinaus. Als Mulder ihm folgen will, rennt er jedoch gegen eine massive Ziegelsteinmauer.

Scully hat eine ganz ähnliche Erscheinung, doch in ihrem Fall ist es
Lyda, die ihr erscheint. Auch Lyda ist kein junges Mädchen mehr. Sie
trägt einen sehr langen, sehr altmodischen Nachtrock und wirkt keinesfalls unfreundlich. Auch Lyda fragt Scully, warum sie am Weihnachts-

abend nichts Besseres zu tun habe, als in einem alten Gemäuer wie diesem umherzuirren. Ist nicht auch sie in Wahrheit einsam? Ist nicht auch sie auf der Suche nach etwas Zuneigung? Scully bleibt ihr die Antwort auf diese Frage schuldig. Als Marcel den Raum betritt und Scully das Rufen Mulders hört, zieht sie schließlich ihre Waffe und fordert die beiden auf, die Hände hochzunehmen. Lyda und Marcel wirken gelangweilt, kommen aber Scullys Aufforderung nach. Dabei öffnet sich Lydas Nachtrock und ihr Körper offenbart einen glatten Durchschuß. Eigenartigerweise ist kein Tropfen Blut zu sehen. Erschrocken fordert Scully Marcel auf, seinen Hut abzunehmen. Marcel kommt ihrem Befehl nach – und auch in seinem Kopf befindet sich ein Loch, ebenfalls ein glatter Durchschuß ohne Blutspuren. Erschrocken verliert Scully das Bewußtsein.

Marcel ist indessen mit Lydas Entschluß, ihr Spiel weiterzuspielen, nicht einverstanden. Schon dreimal hat es Menschen das Leben gekostet. Aber nur jene, wirft Lyda ein, hätten sich getötet, für die es keine Hoffnung mehr gab. So kehrt Marcel zurück zu Mulder, und Lyda weckt Scully. Unabhängig voneinander erklären sie den beiden, der Weg hinaus führe über den Tod des anderen. Es passiert, was passieren muß: Mulder und Scully stehen sich mit gezogenen Waffen gegenüber. Scully fleht Mulder an, die Waffe fallen zu lassen, doch Mulder schießt. Die ersten Kugeln gehen an Scully vorbei, dann aber wird die Agentin getroffen. Erschrocken, ohne einen Schuß zu erwidern, sinkt sie zu Boden, während Mulder auf ihren Kopf zielt. In diesem Moment stürzt sich Marcel auf den vermeintlichen Agenten und enttarnt ihn als Lyda, die Mulders Aussehen angenommen hat. Dies sieht Scully jedoch nicht. In diesem Moment gelingt es dem echten Mulder, Scullys Bibliothek zu betreten; entsetzt beugt er sich über die blutende Agentin, die ihre Waffe aufnimmt und ihrerseits auf Mulder schießt. Mulder bricht zusammen. Und so bleibt ihm verborgen, daß auch diese Szene nicht real war und Lyda ihre Hände im Spiel hatte.

In gewisser Weise aber haben die Geister recht gehabt: Obwohl sie nicht tot sind, öffnet sich die Tür nach draußen. Scully schleppt sich hinaus in die Diele, doch ihre Kräfte schwinden. Mulder folgt ihr. Auch er ist mit seinen Kräften am Ende. Doch plötzlich hält er inne. Er springt auf und beginnt zu lachen. Es sei nur eine Illusion, erklärt er Scully. Ihre Schmerzen seien Einbildung. Scully glaubt ihm nicht, doch als ihr Mulder die Hand reicht, kommt auch sie wieder auf die Beine. Sie ist von oben bis unten blutverschmiert, doch Schmerzen hat sie keine mehr. Beide rennen hinaus – und kaum haben sie die Schwelle des Hauses übertreten, verschwinden sogar die Blutflecken von ihrer Kleidung. Beide rasen mit dem Auto (Marcel hatte Mulder zuvor die Schlüssel zurückgegeben) davon.

Wieder daheim sitzt Mulder vor dem Fernseher und schaut sich eine ältere Verfilmung von Charles Dickens *Weihnachtserzählung* an. Es klingelt. Es ist Scully. Mulder wundert sich, doch Scully erklärt ihrem Partner, sie wolle an diesem Weihnachtsabend nicht allein sein. Wenn das so sei, dann solle sie hereinkommen. Und ganz zufällig hat Mulder bereits ein Weihnachtsgeschenk für seine Kollegin, wie auch Scully ein kleines Päckchen für Mulder bereithält.

Während die beiden zusammen Weihnachten feiern, kommt für Lyda und Marcel der Moment des Abschiednehmens. Sie sitzen vor dem Kamin und genießen das Knistern. Manchmal, so Lyda, müsse man zu drastischen Mitteln greifen, um Menschen klarzumachen, daß sie einsam seien – selbst wenn sie dafür hin und wieder aufeinander schießen müßten.

Bewertung

6ABX08 HOW THE GHOSTS STOLE CHRISTMAS ist eine alles in allem gelungene Weihnachtsepisode, auch wenn es einige Ungereimtheiten in der Geschichte gibt. So wird nicht deutlich, warum die beiden Untoten dazu verdammt sind, als Geister auf der Erde zu wandeln. Die Geschichte ist außerdem etwas unglücklich konstruiert, da sie suggeriert, daß man sich besser umbringen sollte, wenn es kein Leben zu zweit geben kann. Atmosphärisch aber ist die Episode weit über dem Durchschnitt inszeniert, und mit Lily Tomlin und Edward Ashner findet sich ein Duo in der Welt von AKTE X ein, das David Duchovny und Gillian Anderson sogar die Show stiehlt. Note 2–.

Produktionsnotizen

★ Hat sich eigentlich etwas in der Machart der Serie verändert, seit AKTE X Vancouver verlassen hat und nach Hollywood umgesiedelt ist? Diese Episode, so Dean Haglund, Darsteller des Langley aus dem Kreis der Lone Gunmen, zeige, daß sich etwas verändert hat: Früher, in Kanada, sei das Budget kleiner gewesen. Daher fuhren Scully und Mulder stets mit einem Auto vor. In HOW THE GHOSTS STOLE CHRISTMAS aber kommen sie mit zwei Autos! »Das ist so typisch an L.A. Wenn man zu einer Party fährt, dann nimmt jeder seinen eigenen Wagen.« Wenn das die einzige sichtbare Veränderung ist, dann geht es ja noch...

X-Hintergründe

★ Was soll man zu den Hintergründen sagen? HOW THE GHOSTS STOLE CHRISTMAS ist eine Geschichte über Geister und Gespenster. Doch was soll man über Geister schreiben? Es gibt vieles und doch nur weniges. Vom wissenschaftlichen Standpunkt aus gibt es keinen Beweis für ihre Existenz. Punkt. Vom mythologischen, legendenbildenden Standpunkt aus öffnen sich ganze Bibliotheken. Es gibt wohl kein Dorf, keine Stadt, kein Land ohne eigene Geistergeschichten. »Fast jede Zivilisation besitzt seine Geschichten über die Besuche der Geister der Toten«, schreibt die Autorin Jenny Randless in ihrem sehr empfehlenswerten Nachschlagewerk *The Paranormal Source Book*. Ob Römer oder Griechen, afrikanische Buschstämme oder die chinesische Hochkultur, sie alle kennen Geschichten von Verstorbenen, die aus dem Jenseits in die Welt der Lebenden zurückkehren. Gerade bei den Römern und Griechen schwingt in den Darstellungen selten Angst oder Furcht mit. Der Besuch eines Verstorbenen wurde hier als ein gutes Omen gewertet, denn man erhoffte sich, daß der Verstorbene aus dem Jenseits Wissen und Weisheit in die Welt der Lebenden bringen würde.
Dieser Glaube herrscht noch heute bei vielen Naturvölkern vor. Dort versetzt man sich in Trance, um mit den Geistern der Verstorbenen Kontakt

aufzunehmen und von ihnen Antworten auf Fragen des hiesigen Lebens zu erhalten. Auch der Westen kennt solche Kontaktaufnahmen unter dem Begriff Séance.

Dennoch sind mitteleuropäische Geistergeschichten nur selten erheiternd oder aufbauend. Das Auftauchen eines Geistes wird in Mitteleuropa vielmehr als ein schlechtes Omen betrachtet, das Unheil und Verderben über die Menschen bringt. Ein Geist ist ein Untoter, ein Verfluchter, der mit dem Teufel im Bunde stehen kann. Diese Vorstellung wurde im Mittelalter durch die katholische Kirche geprägt. Sie lehrt, daß der einzige, der als Mensch aus dem Reich der Toten zurückkehrt, Jesus sein wird.

Die katholische Kirche verfolgte nicht nur Juden und Hexen, sondern auch Menschen, die den Ruf besaßen, mit Toten in Kontakt zu stehen. Sie landeten auf dem Scheiterhaufen der Inquisition. Noch heute wird in vielen Ländern mit Wissen und Einverständnis der Kirche Exorzismus betrieben. Irrtümlicherweise glauben die meisten Menschen, Exorzismus bedeute ausschließlich die Austreibung des Teufels aus einem menschlichen Körper. Doch dies ist nicht richtig. Es gibt zwar Geschichten, in denen von Menschen die Rede ist, die vom Teufel besessen gewesen sein sollen, in der Regel aber wird von Dämonen oder bösen Geistern gesprochen. Auch die Poltergeist-Geschichten über spukende und dabei Chaos und Vernichtung bringende Geister gehören in diese Kategorie.

Wenn es sich bei einem Geist um einen Verstorbenen handelt (es gibt auch Kulturen, in denen Geister als eigenständige Wesen betrachtet werden, die in unserem Zusammenhang aber ignoriert werden können), befindet sich dieser, vermutet man, in einem Zustand zwischen Leben und Tod, er ist quasi zwischen dem Diesseits und Jenseits gefangen. Da die Welt der Toten für ihn ebenso verschlossen bleibt wie die der Lebenden, ist er dazu verdammt, herumzuspuken. Dabei ist nicht gesagt, daß ein Geist etwa als Poltergeist sein Unwesen treibt. Es gibt beispielsweise eine ganze Reihe von Geschichten über sogenannte Geistheiler, Menschen, die behaupten, von toten Heilern (also meistens Ärzten) besessen zu sein (siehe auch die X-HINTERGRÜNDE zu 6ABX18 MILAGRO).

Europas Gespensterhochburg ist Großbritannien. Die Geschichten von Schloßgeistern, von Burgherren, deren Geister in den Gemäuern spuken, sind typisch für die moderne britische Mythologie. Die meisten dieser Geschichten stammen nicht aus dem Mittelalter, sehr viele sollen sich erst im 19. Jahrhundert gebildet haben. Dabei fanden fast alle zugrunde liegenden Ereignisse in England oder Schottland statt; Wales scheint den Geistern nicht so zu gefallen.

Während für die katholische Kirche Geister mit dem Teufel im Bunde stehen, gibt es in Großbritannien viele Legenden, die von traurigen Liebesgeschichten erzählen, von Burgherren, die in der Schlacht fielen, ohne ihre Liebste jemals wiedergesehen zu haben, oder von Liebespaaren, denen als Lebende die Liebe aufgrund ihrer unterschiedlichen Herkunft verwehrt blieb und die nun im Tod ihre Liebe endlich erleben dürfen. So stammt aus dem britischen Raum auch der Begriff des Hausgeistes. Dabei handelt es sich um einen verstorbenen Ahnen, der im Haus spukt und der ganz einfach zum Inventar gehört. Diese Hausgeister haben selten etwas Böses im Sinn, im Gegenteil, sie symbolisieren die guten Eigenschaften der Familie.

Gerade im 18. und später auch im 19. Jahrhundert hatten solche Gespenstergeschichten in England und Schottland Hochkonjunktur. Vor allem in den reichen Häusern waren Séancen sehr beliebt, und jede englische Lady mußte, um gesellschaftlich in zu sein, mindestens einmal in ihrem Leben an einer solchen Sitzung teilnehmen. Natürlich waren solche Sitzungen verpönt. Offen wurde darüber geredet, daß es sich bei den Medien, die mit dem Jenseits und den Geistern Kontakt aufnehmen konnten, um Scharlatane und Betrüger handelte. Dennoch boomte ihr Geschäft, und wer mittags über sie als Scharlatane sprach, saß abends möglicherweise neben ihnen in der Hoffnung, mit einem Ahnen Kontakt aufnehmen zu können.

Diese Geistergeschichten waren ganz einfach eine Modeerscheinung, wie heute der Gang ins Fitneßcenter. Jeder, der es sich erlauben konnte, machte mit. Und die, die sich Medien nannten, befriedigten ganz einfach die Nachfrage.

In den Legenden und Sagen der britischen Inseln besaßen Geistergeschichten schon immer einen hohen Stellenwert. Es ist deshalb nicht verwunderlich, daß in England die ersten Gespensterromane erschienen. Diese Romane waren schließlich dafür verantwortlich, daß es den Begriff der »klassischen Gespenstergeschichte« gibt, denn in ihren Geschichten erschufen sie einen Rahmen, der für alle Horrorgeschichten dieser Zeit zum Leitfaden wurde. Gespenstergeschichten spielten grundsätzlich in Burgen oder Herrenhäusern in der Gesellschaft des Adels. In den Geschichten geht es sehr oft um die Liebe, meist enden die Geschichten tragisch. (In der vorliegenden AKTE-X-Story spielt die Geschichte in einem großen, alten Herrenhaus, anstatt dem britischen Adel gehört Lyda der Gesellschaft der Gründerväter an, die sich in der Tradition der Pilgrims, der ersten europäischen Siedler in den USA, sehen und die heute als eine Art Adel der USA betrachtet werden; wenn eine Frau wie Lyda einen Mann wie Marcel, der offenbar einer anderen Gesellschaftsschicht angehörte, geliebt hat, war ihre Liebe 1917 zum Scheitern verurteilt, da zumindest Lydas Familie einer Heirat niemals zugestimmt hätte – so verbindet die beiden eine tragische Liebesgeschichte, und erst im Tod können sie zusammensein. Dies ist der Stoff einer klassischen englischen Geistergeschichte.) Gerade der Spielort und die handelnden Personen sind typisch und finden sich nicht nur in Geistergeschichten wieder: Auch ein Vampir-Roman wie *Dracula* spielt in dieser Gesellschaft, und die Gespenstergeschichten ihrerseits beziehen sich auf John Polidoris ersten Vampir-Roman *Vampyr* und Mary Shelleys *Frankenstein*, die die Regeln vorgegeben haben.

Denken wir also heute an klassische Gespenstergeschichten oder an Horrorromane, dann denken wir an die Geschichten, die britische Autoren der Nachwelt hinterlassen haben.

★ In diesem Zusammenhang ist das Zitat, mit dem Chris Carter seine Protagonisten über die Toten unter der Diele stolpern läßt, nicht zufällig gewählt. Zur Erinnerung: Mulder und Scully blicken sich in der Bibliothek um, plötzlich beginnt der Boden unter ihren Füßen zu vibrieren. Es ist die Vibration eines Herzschlages. Carter zitiert an dieser Stelle Edgar Allan Poe und dessen *The Tell-Tale Heart* (*Das verräterische Herz*). *The Tell-Tale Heart* erzählt die Geschichte eines namenlosen jungen Mannes (es ist eine Ich-Erzählung), der davon berichtet, daß er seinen Vermieter ermordet hat. »Er hatte mir nie etwas Übles getan«, erklärt der junge

Mann, »er hatte mich nie beleidigt. Ich trachtete auch nicht nach seinem Golde. Nur – sein eines Auge reizte mich. Ja, sein Auge muß es gewesen sein! Es glich dem eines Geiers – war blaßblau und von einem dünnen Häutchen bedeckt. Wenn sein Blick auf mich fiel, war es mir stets, als gerinne das Blut in meinen Adern, und so entschloß ich mich denn allmählich, dem alten Mann das Leben zu nehmen, um mich auf diese Weise für immer von seinem Auge zu befreien.« Vom Wahnsinn befallen, ermordet der junge Mann den Alten und versteckt seine Leiche unter den Bohlen des Holzfußbodens. Um keinen Verdacht zu erregen, wohnt er weiter in dem Haus, doch mit jedem Tag wird er paranoider. Zuerst glaubt er, den Alten atmen zu hören, er befürchtet, ihn lebendig begraben zu haben. Er schärft sein Gehör, bis er jedes Knacken im Haus bewußt wahrnimmt. Immer und immer wieder redet er sich ein, daß der Mann tot sei und er überreagierte – bis er das Herz des Alten schlagen hört. Mehr noch: Er sieht, wie sich die Bretter bei jedem Schlag ein Stück erheben.

Eines Tages besuchen ihn drei Polizisten, die den Vermieter suchen. Es gelingt dem jungen Mann, den Polizisten weiszumachen, daß er selbst nichts über den Verbleib des Alten wisse. Doch dann hört er wieder das Herz schlagen. Und es wird immer lauter. Poe schreibt: »Weshalb gingen sie denn immer noch nicht? Ich eilte mit schweren Schritten auf und ab, als ob mich die Beamten durch ihr Beobachten bis zur Wut gereizt hätten. Vergeblich! Das Geräusch schwoll an. Mein Gott! Was konnte ich noch tun? Ich schäumte vor Wut – ich raste, ich fluchte! Ich ergriff den Stuhl, auf dem ich gesessen, und scharrte mit ihm auf der Diele umher – das Geräusch übertönte alles und wuchs und wuchs! Es wurde lauter – lauter – lauter! Und noch immer plauderten die Männer vergnügt und lächelten dazu. War es möglich, daß sie es nicht hörten? Allmächtiger Gott! Nein! Nein! Sie hörten es! – Sie schöpften schon Verdacht! – Sie wußten alles! – Sie trieben nur Spott mit meinem Entsetzen! Dies dachte ich (und denke es noch). Aber alles andere war erträglicher als meine Todesangst, war besser als ihr Hohn! Ich konnte ihr heuchlerisches Lächeln nicht länger ertragen. Ich fühlte, daß ich schreien müsse – oder sterben! – Und nun – horch – wieder – lauter! lauter!! lauter!!! lauter!!!! –

»Schurken!« schrie ich heraus. »Verstellt euch nicht länger! Ich gestehe die Tat! Reißt die Dielen auf! Hier! Hier! Es ist das grauenhafte Klopfen seines Herzens!«

Das verräterische Herz ist deshalb nicht zufällig als Zitat gewählt, da es sich um die erste Horrorgeschichte handelt, die der Moderne zugerechnet wird. Die Geschichte spielt nicht in vornehmen Kreisen, die Akteure sind keine herausragenden Persönlichkeiten der Gesellschaft. Es geht vielmehr um einen älteren Herrn und seinen Untermieter, einen jungen Mann. Es wird weder gesagt, welche Berufe die beiden ausüben, noch werden ihre Familiengeschichten, sonst ein wichtiger Bestandteil der Horrorgeschichten jener Zeit, zum Thema. Der Horror geschieht nebenan, im Nachbarhaus. Dies hatte es bis zu Poes Geschichte noch nicht gegeben. Wenn Carter nun in seiner klassischen Geistergeschichte ausgerechnet Poe zitiert, zeigt dies, daß beide Formen der Horrorliteratur ihren Frieden miteinander geschlossen haben und in einer Geschichte zusammen bestehen können.

★ Die Hauptdarstellerin dieser Episode, Lily Tomlin, gilt als eine der erfolgreichsten Komödiantinnen der USA. Sie spielte Hauptrollen in Spielfilmen wie Carl Reiners SOLO FÜR ZWEI (ALL OF ME, USA 1984) oder Joel Schumachers DIE UNGLAUBLICHE GESCHICHTE DER MRS. K (THE INCREDIBLE SHRINKING WOMAN, USA 1981). In den letzten Jahren kehrte sie ins Charakterfach zurück, wo sie 1976 ihre Laufbahn mit Robert Bentons Thriller DIE KATZE KENNT DEN MÖRDER (THE LATE SHOW, USA 1976) begann, für den sie auf den Berliner Filmfestspielen mit dem Silbernen Bären ausgezeichnet wurde. Sie spielte auch eine Hauptrolle in Robert Altmans SHORT CUTS (SHORT CUTS, USA 1993).

★ Edward Asner ist in den USA ein sehr bekannter Fernsehschauspieler, der vor allem als Lou Grant bekannt wurde, die Rolle, die er in der Serie MARY TYLER MOORE a.k.a. MEIN GOTT, MARY (MARY TYLOR MOORE, USA 1971-77) und einer eigenen Spin-Off-Serie namens LOU GRANT (LOU GRANT, USA 1978-84) spielte. Asner, der in den letzten Jahren vor allem in Movies-of-the-Week als netter Opa zu sehen war, hatte seine erste Hauptrolle in dem Film STIMME AM TELEFON (THE SLENDER THREAD, USA 1965) von Sidney Pollack. Auch war er in ROOTS (ROOTS,

USA 1977) in einer Hauptrolle als Sklavenhändler zu sehen. In THE BRONX (DDR: FORT APACHE; Ot.: FORT APACHE – THE BRONX, USA 1981) spielte er einen brutalen Polizisten.

6ABX09 Tithonus

US-Erstausstrahlung: 24. Januar 1999

Regie: Michael Watkins. Drehbuch: Vince Gilligan. Gaststars: Richard Ruccolo (Agent Peyton Ritter), Geoffrey Lewis (Alfred Fellig), Ange Billman (Sekretärin), Nicky Fane (Mann im blauen Mantel), Naomi Matsuda (Prostituierte), Matt Gallini (Zuhälter), Bobby Ryan McLaughlin (junger Agent), Jolyon Reese (junger Agent #2), Javier Grajeda (Polizist an Auskunft).

Kurzinhalt

Ein Polizeifotograf erscheint an den Orten von Verbrechen oder Unglücken – kurz bevor sie geschehen. Scully wird von Kersh offiziell nach New York beordert, um in diesem Fall zu ermitteln. Ohne Mulder. Der aber kann sich aus diesem Fall nicht heraushalten.

Langinhalt

NEW YORK CITY
Von einem geheimnisvollen, älteren Mann durch den oberen Flur eines Hochhauses verfolgt, flüchtet eine Briefbotin in einen mit mehreren Menschen besetzten Fahrstuhl. Doch der Mann holt sie ein. Er starrt sie und die anderen Mitfahrer an. In seinen Augen sehen sie alle nur schwarzweiß aus, lediglich sein Abbild bleibt in der Spiegelung der Fahrstuhltür farbig. Die junge Frau ist nervös. Ein paar Stockwerke später aber steigt der Mann aus. Die junge Frau atmet auf. Sie ahnt nicht, daß

der Mann in einem für sein Alter überraschenden Tempo die Treppen hinunterläuft, um im Keller auf den Fahrstuhl zu warten – dessen Halteseile plötzlich reißen und der daraufhin in den Abgrund stürzt. Er kramt einen Fotoapparat aus seiner Aktentasche und fotografiert die beim Aufprall getöteten Fahrstuhlfahrer – auch die junge Frau, die den Absturz als einzige für einen kurzen Moment überlebt.

FBI-HAUPTQUARTIER, WASHINGTON D.C.
Auf ausdrücklichen Wunsch von Direktor Kersh soll Scully dem jungen New Yorker Agenten Peyton Ritter während der Ermittlung in einem sehr eigenartigen Fall zur Seite stehen. Ritter erklärt Scully, es gehe um den freiberuflich für die New Yorker Polizei tätigen Fotografen Alfred Fellig. Ritter legt Scully das Foto einer an einer Tablettenvergiftung gestorbenen Frau vor. Im Hintergrund ist ein Elektrowecker zu sehen, der die Uhrzeit 10:34 Uhr anzeigt. Die Polizei wurde jedoch erst um 11:15 Uhr benachrichtigt. Daß Uhren falsch gehen, ist nichts Ungewöhnliches. Dennoch nahm das FBI diese Beobachtung zum Anlaß, weitere Fotos von Fellig zu untersuchen. Unter 2 000 Bildern entdeckten die Experten schließlich drei, die garantiert vor der Benachrichtigung der Polizei gemacht worden waren. Scully möchte den Fall mit Mulder bearbeiten, doch Kersh hält Mulder aus der Ermittlung heraus. Er traut Mulder nicht zu, diesen Fall rational betrachten zu können.

PACIFIC STREET, BROOKLYN
Fellig beobachtet einen Mann, der aus einem Überlandbus aussteigt. In seinen Augen ist der Mann eine schwarz-weiße Figur in einer bunten Welt. Er folgt ihm bis in dessen Haus, wo der Mann plötzlich mit einem Herzinfarkt zusammenbricht. Fellig fotografiert seinen Todeskampf, ohne ihm zu Hilfe zu kommen.
Zur selben Zeit sitzt Mulder an seinem Computer und telefoniert mit Scully. Er fragt sie, warum sie an einer X-Akte arbeite, ohne ihm Bescheid zu geben. Es sei keine X-Akte, erklärt ihm Scully, und wundert sich, daß Mulder offenbar genau über ihren Auftrag Bescheid weiß. Tatsächlich hat Mulder Kershs Computer angezapft und erhält so stets

auch die Berichte und Fotos, die der Direktor übermittelt bekommt. Mulder erklärt Scully, daß früher viele Muslime geglaubt hätten, Fotoapparate würden ihre Seele einfangen. Und wer weiß: Vielleicht ist Fellig ja ein Seelenfänger.

16TES POLIZEIREVIER, MANHATTAN
Scully und Ritter schauen sich im Archiv der Polizeiwache um. Sie suchen Felligs Personalakten und werden fündig. Seit 1964 ist Fellig freiberuflicher Polizeifotograf. Beide sind überrascht, daß das Foto in der 1964er Personalakte einen Mann von über 50 Jahren zeigt. Dennoch besteht kein Zweifel daran, daß dieser Mann Fellig ist. Er wäre nach diesem Foto heute ein Mann in den späten 80ern. Das ist er aber nach einem aktuellen Personalfoto garantiert nicht.

JEROME AVENUE, THE BRONX, 2:10 UHR
Ein brutaler Gewaltverbrecher stürzt sich auf einen durch die Nacht laufenden Jogger. Mehrfach sticht er ihm ein Messer in den Rücken. Als der Mann blutüberströmt auf dem Boden liegt und sich nicht mehr wehren kann, sticht der Verbrecher immer noch zu. Er ermordet den Jogger, um seine Schuhe zu stehlen. Erschrocken fährt er herum, als er plötzlich von Fellig fotografiert wird. Wütend stürzt er sich auf den Fotografen und sticht auch ihm das Messer mehrfach in den Rücken. Dann nimmt er dessen Fotoapparat an sich und rennt davon. So kann er nicht sehen, wie sich Fellig das steckengebliebene Messer aus dem Rücken zieht, sich aufrichtet und den Tatort verläßt.

Auf dem Messer werden Felligs Fingerabdrücke gefunden. Die Polizei kann den Mann endlich verhaften. Fellig erzählt Agent Ritter mehr oder minder die Wahrheit über die Geschehnisse in jener Nacht. Er habe gewußt, daß ein Mord geschehen würde. Er habe die Gabe, den Tod vorauszusehen. Scully fällt auf, daß Fellig Schmerzen hat, und bittet ihn, seinen Oberkörper frei zu machen. Der Blick auf seinen Rücken offenbart nicht weniger als ein Dutzend Einstiche. Der Mann habe nicht richtig getroffen, sagt Fellig lapidar. Dann darf er wieder gehen.

DEAN STREET, BROOKLYN, 1:53 UHR

Ritter überwacht Felligs Wohnung. Gegen 2:00 Uhr wird er von Scully abgelöst. Das Aufflackern eines Blitzlichts verrät Scully, daß Fellig offenbar auf eine Fotopirsch gehen will. Kurz entschlossen läßt sie ihren Auftrag, ihn nur zu beschatten, Auftrag sein. Sie stellt ihn zur Rede und fragt ihn, ob er ein Mörder ist. Fellig schüttelt den Kopf und bittet Scully, mit ihm zu kommen.

Fast eine Stunde sind die beiden mit Felligs Wagen unterwegs, bis dieser in der Nähe eines Brückenpfeilers stehenbleibt. Unter der Brücke geht eine Prostituierte anschaffen. Sie werde sterben, erklärt Fellig Scully lapidar. Vielleicht in einer Minute, vielleicht in einer Stunde. Vielleicht wird sie ermordet, vielleicht bekommt sie einen Infarkt. All das kann er Scully nicht sagen. Er weiß nur: Sie wird sterben, und er wird nichts dagegen tun können. Scully ist über Felligs Fatalismus entsetzt. Da erscheint der Zuhälter der Prostituierten. Zwischen den beiden kommt es zum Streit. Scully sieht, daß der Mann ein Messer in seinen Händen hält. Sie steigt aus, zieht ihre Waffe und verhaftet den Zuhälter. Statt ihr dankbar zu sein, wird sie von der Prostituierten dafür beschimpft, sich in ihre Angelegenheiten zu mischen. Wütend tritt die Prostituierte auf die Straße und wird von einem Truck erfaßt. Sie hat keine Chance. Fellig macht seine Fotos, dann verschwindet er.

Ritter erklärt Scully, man habe den Mann, der vermutlich den Jogger ermordet hat, gefunden. Es handele sich um einen wegen Mordes vorbestraften Gewaltverbrecher. Er hat ausgesagt, er habe dem Jogger helfen wollen, sei aber von Fellig angegriffen worden. Fellig wird nun wegen Mordes gesucht. »Klar«, sagt Scully. Ein Mann von 65 Jahren steche erst einen jungen, dynamischen Sportler ab und schlage dann auch noch einen vorbestraften Mörder in die Flucht. Es gebe Geschichten, die sie schon mehr zum Lachen gebracht hätten. Ritter macht Scully klar, daß er sie nicht möge. Man habe ihn gewarnt, daß sie nicht kooperativ und an Fakten nicht interessiert sei. Verärgert verläßt er sein Büro. In diesem Moment klingelt Scullys Handy.

»Und«, fragt Mulder, »ist es nun eine X-Akte?« Scully bejaht. Mulder ist froh, das zu hören, weil Scully so vielleicht für die Fakten, die er über

Fellig gesammelt habe, empfänglich sei. Aus der Zeit vor 1964 gebe es keine Aufzeichnungen. Mulder habe jedoch Felligs Fingerabdrücke durch den Personalcomputer gejagt und herausgefunden, daß Fellig unter einem anderen Namen von 1939 bis 1959 in Jersey gearbeitet habe. Und als sei dies nicht bizarr genug, habe er mit Hilfe der Fingerabdrücke den Namen eines Fotografen gefunden, der 1849 geboren wurde. Demnach wäre Fellig 150 Jahre alt! Mulder glaubt, daß Fellig in den nächsten Tagen untertauchen werde, da er mit Hilfe der Fingerabdrücke auch von anderen Polizisten enttarnt werden könnte.

Scully findet Fellig und fragt ihn schließlich, ob das, was sie über ihn erfahren habe, der Wahrheit entspreche. »Ja«, antwortet Fellig. In den 10er Jahren grassierte in New York das Gelbfieber. Auch ihn hatte es erwischt, und so lag er eines Tages im Sterbesaal eines Krankenhauses. Hoffnung hatte er keine mehr. Aber es gab eine Krankenschwester, die niemanden aufgab. Auch ihn nicht. In seinen letzten Minuten saß sie bei ihm und hielt seine Hand. Er befand sich bereits im Todesschlaf, als er den Tod sah. Der Tod schwebte durch den Saal und nahm die Seelen der Sterbenden mit in sein Reich. Als er, Fellig, schließlich an der Reihe war, wendete er seinen Kopf ab und bat den Tod, ihn zu verschonen. Statt seiner könne er schließlich die Krankenschwester mitnehmen.

Am nächsten Tag erwachte er und war auf mysteriöse Weise geheilt worden. Die Krankenschwester aber war in derselben Nacht gestorben. Seit jenem Tag sei er nicht mehr gealtert und besitze die Fähigkeit vorauszusehen, wann Menschen sterben. Er zeigt Scully ein Foto aus dem abgestürzten Fahrstuhl. Es zeigt die junge Frau im Todeskampf – und es zeigt einen Schatten, der auf ihr sitzt. Dies, erklärt Fellig, sei der Tod. Wenn er die Menschen fotografiere, dann hoffe er, den Tod zu Gesicht zu bekommen. Er wolle dem Tod ins Gesicht sehen, um endlich sterben zu können. Dies sei seine letzte Hoffnung. Er sei von Brücken gesprungen, habe sich die Pulsadern aufgeschlitzt, habe sich vergiftet. Und er habe all das ohne bleibende Schäden überlebt.

Auf einem Foto aus dem Jahr 1926 entdeckt Scully ein Pseudonym des Fotografen, das sie bislang nicht kannte. Sie bittet Mulder, dies zu überprüfen. Fellig hört ihr Gespräch zufällig mit. Geschickt stiehlt er Scully das Handy. Es ist offensichtlich, daß es in seinem Leben noch ein Geheimnis gibt, das er nicht preisgeben will.

FBI-ARCHIV, 9:32 UHR

Mulder findet ein zur Kartei passendes Pseudonym, aber nicht in einer Personalakte, sondern in den Fahndungsakten des FBI. Danach handelt es sich bei Fellig um einen aus dem Gefängnis entflohenen Doppelmörder. Fellig hat in einem Krankenhaus zwei Menschen, die im Sterben lagen, ermordet, angeblich, um – wie er während eines Verhörs erklärte – dem Tod ins Gesicht sehen zu können.

Die Chance, dem Tod ins Gesicht zu sehen, bekommt Fellig jedoch schneller, als er dachte. Er sieht Scully nur noch schwarz-weiß. Sie wird bald sterben. »Wie?« will Scully wissen. Doch Fellig zuckt nur mit den Schultern. In diesem Moment dringt Agent Ritter in Felligs Apartment ein. Er will Fellig verhaften. Als er in dessen Händen eine »Waffe« sieht, feuert er ohne Warnung. Die Waffe ist Felligs Fotoapparat. Die Kugel durchschlägt Felligs Körper und trifft Scully in den Bauch. Blutüberströmt bricht sie zusammen.

Ritter ist entsetzt. Er sucht Hilfe in den anderen Apartments. Fellig sieht seine Chance. Er ergreift Scullys Hand und wartet auf den Tod. Als er kommt, um Scully zu holen, fordert Fellig sie auf, die Augen zu schließen. Statt dessen starrt er dem Tod direkt ins Gesicht. Scully überlebt, und Fellig findet endlich seinen Frieden.

Bewertung

Die positiven Aspekte zuerst: 6ABX09 TITHONUS ist eine sehr spannende, unglaublich düstere Geschichte. Obwohl der Tod als dämonisches Wesen nicht ein einziges Mal tatsächlich gezeigt wird, ist er in der Episode allgegenwärtig. Regisseur Michael Watkins erschafft eine derart düstere und bedrückende Atmosphäre, daß man beim Anschauen der Episode ein unglaublich beklemmendes Gefühl bekommt.

Daß dies so gut gelingt, ist auch ein Verdienst des Gaststars Geoffrey Lewis in der Rolle des Alfred Fellig. Sein Blick ist bar jeder Emotion, sein Gesicht gleicht einer Totenmaske, deren Anblick Furcht einflößt. Erst im Moment seines Todes huscht ein Lächeln über sein Gesicht.

Diese Aspekte machen TITHONUS zu einer äußerst ansehnlichen Episode. Doch es gibt leider auch die andere Seite der Medaille. Da ist die vollkommen unnötige Spannungssteigerung gegen Ende der Episode, als Mulder entdeckt, daß Fellig tatsächlich ein Mörder ist. Diese Entdeckung macht die Geschichte nicht spannender, und sie zerstört viel von den Sympathien, die man als Zuschauer inzwischen für Fellig entwickelt hat. Und dann fragt man sich natürlich, warum Fellig 90 Jahre lang die Fähigkeit besessen hat, den Tod von wildfremden Menschen vorauszusehen, in diesen 90 Jahren aber nicht einmal auf die Idee gekommen ist, einen jener Menschen, die er beim Sterben beobachtet hat, zu berühren, um dem Tod anstelle des Sterbenden in die Augen zu schauen und somit selbst erlöst zu werden. Offenbar hatte er es in den 20er Jahren geahnt – doch warum hat er dann zwei Menschen ermordet, statt einfach auf jemanden zu warten, der in Kürze ohnehin gestorben wäre? Note 3.

Produktionsnotizen

★ In der Episode 3X04 DER HELLSEHER (CLYDE BRUCKMAN'S FINAL RESPONSE) treffen Mulder und Scully auf einen älteren Herrn, der die Fähigkeit besitzt, in die Zukunft zu sehen. Dieser Mann, Clyde Bruckman, baut zu Scully eine sehr enge Beziehung auf. Eines Tages sieht er seinen eigenen Tod voraus. Er prophezeit Scully aber auch, sie würde ewig leben. Was das mit dieser Geschichte zu tun hat: Fellig erzählt Scully, der Tod habe ihn seinerzeit verschont, da er ihm nicht ins Gesicht geschaut habe, als seine Stunde kam. Als Scully nun im Sterben liegt, erklärt er ihr, sie solle den Tod nicht anschauen! Und so wird sie verschont!

X-Hintergründe

★ Die Geschichte eines Mannes, der den Tod anderer Menschen, die er
nicht kennt, vorausahnt, ist auch Inhalt des Romans *Die Kälte des Feuers*
(*Cold Fire*) von Dean R. Koontz aus dem Jahre 1991. Im Unterschied zur
AKTE-X-Story besitzt sein Protagonist die Fähigkeit, die Menschen ihrem
Schicksal zu entreißen.

★ In der griechischen Mythologie ist Tithonus der menschliche Gatte der
Göttin Aurora. Eines Tages bittet er Göttervater Zeus um das ewige Leben. Zeus erfüllt seinen Wunsch, verweigert ihm aber die ewige Jugend.
So altert Tithonus und wird schließlich senil, bis Zeus ihn von seinem
ewigen Leben erlöst. In der Realität war Tithonus vermutlich der Bruder
des trojanisches Königs Priamos und Vater des späteren äthiopischen
Königs Memnon.

6ABX10 S. R. 819

US-Erstausstrahlung: 17. Januar 1999

Regie: Daniel Sackheim. Drehbuch: John Shiban. Gaststars: Mitch Pileggi
(assistierender Direktor Skinner), Kenneth Tigar (Dr. Plant), Jenny Gago
(Dr. Katrina Cabrera), John Towey (Dr. Kenneth Orgel), Raymond J. Barry
(Senator Matheson), Arlene Pileggi (Skinners Sekretärin).

Kurzinhalt

Direktor Skinner liegt im Sterben. Mulder und Scully haben 24 Stunden
Zeit, seinen Tod zu verhindern. Vermuten sie zunächst einen Physiker
hinter dem Anschlag auf Skinner, werden sie eines Besseren belehrt, als
dieser entführt wird. Mulder schnappt zwar einen der Entführer, dieser
aber besitzt diplomatische Immunität und ist damit unantastbar.

Langinhalt

ST. KATHERINE'S HOSPITAL, 21:29 UHR

Ein Mann liegt im Sterben. Seine Haut hat sich verfärbt, die Adern treten hervor, und das Blut pulsiert sichtbar. Niemand weiß, welche Krankheit diesen Mann tötet. »Rufen Sie Agentin Scully vom FBI«, bittet die behandelnde Ärztin Katrina Cabrera ihren Assistenten. Der Mann, der vor ihr im Sterben liegt, ist Direktor Skinner. Er verliert das Bewußtsein, kurze Zeit später bleibt sein Herz stehen. Die Ärztin verzichtet auf einen Wiederbelebungsversuch. Skinner ist tot. Jeden Tag, so ist Skinners letzter Gedanke, wählen wir eine Seite. Er aber hat stets versucht, einen Mittelweg zwischen dem, was er richtig fand, und dem, was von ihm verlangt wurde, zu gehen. Der Tod nimmt ihm die Entscheidung nun ab.

SOUTH STREET, SPORTHALLE, 24 STUNDEN ZUVOR

Direktor Skinner steigt in einen Boxring. Er trainiert. Doch er scheint nicht richtig bei der Sache zu sein. Er wirkt desorientiert. Seinen Gegner nimmt er nur verschwommen wahr, obwohl dieser bislang ausschließlich in der Defensive gekämpft hat und nicht einen einzigen Schlag landen konnte. Schließlich erwischt er Skinner zweimal: einmal an den Rippen, einmal am Kopf. Skinner verliert das Gleichgewicht und geht zu Boden. Erst im städtischen Krankenhaus erlangt Skinner das Bewußtsein wieder. Gedanken brauche er sich keine zu machen, beruhigt ihn der behandelnde Arzt, Dr. Plant, offenbar habe sein Gegner zwei Glückstreffer gelandet. Andererseits solle Skinner sportlich etwas kürzer treten. Falls der Bluterguß an den Rippen größer werde, solle er wiederkommen, bittet ihn der Arzt. Skinner schaut sich die Folgen des Schlages an. Er wundert sich über die Größe des blauen Flecks. Das Klingeln seines Handys lenkt ihn jedoch von seiner Prellung ab. Er meldet sich. 24 Stunden, erklärt ihm eine Computerstimme, habe er noch zu leben. Dann werde er tot sein. Ohne eine weitere Erklärung wird die Leitung unterbrochen.

Skinner fährt zum FBI. Er fühlt sich schlecht, wirkt lethargisch. Mulder sitzt an seinem Schreibtisch und wirft Bleistifte an die Decke. Zufällig sieht er seinen früheren Vorgesetzten den Gang entlangschleichen. Er wird mißtrauisch und folgt Skinner in sein Büro, wo dieser sich bereits auf der Couch niedergelassen hat.

23:09 UHR
Scully wirkt besorgt. Mulder hat sie angerufen und darum gebeten, sich Skinner einmal anzuschauen. Skinner winkt ab, Mulder aber läßt nicht locker und zwingt ihn, Scully den Bluterguß zu zeigen. Dieser bedeckt inzwischen den halben Oberkörper. Wenn er vergiftet wurde, überlegt Mulder, wird der Arzt im Krankenhaus keine entsprechenden Symptome festgestellt haben, da er offenbar nicht nach ihnen gesucht hat. Skinner wurde schließlich wegen eines Boxhiebes eingeliefert. Was, wenn es mit den X-Akten zu tun hat. Skinner ist immerhin noch der Supervisor dieser Akten! Skinner hält Mulder für paranoid, dennoch versucht er, den Tag zu rekonstruieren. Dieser Tag sei so verlaufen wie jeder andere auch. Er sei aufgestanden, mit dem Wagen ins Büro gefahren, er habe den Fahrstuhl benutzt und sei dann an seinen Arbeitsplatz gegangen. Mulder bittet ihn, noch einmal genau nachzudenken. Da erinnert sich Skinner daran, daß er von einem Mann nach der Uhrzeit gefragt wurde, einem älteren Herrn, der ihn kurz am Handgelenk berührte.
Mit Hilfe der Videobänder der Überwachungskameras gelingt es Skinner, den Mann ausfindig zu machen. Scully aber schüttelt den Kopf. Sie kennt ihn: Dr. Kenneth Orgel. Orgel ist ein bekannter Physiker, der im Auftrag der Regierung bereits eine Reihe von Untersuchungen vorgenommen und Gutachten zu einer Reihe von Förderprogrammen erstellt hat. Er gilt als integer. Wieso sollte er einem FBI-Direktor Gift verabreichen? Diese Frage wäre berechtigt, wenn in der Besucherliste als Grund seines Besuches nur nicht stehen würde: Treffen mit Direktor Skinner.

CHEVY CHASE, MARYLAND, 23:32 UHR
Skinner und Mulder stehen vor der Tür von Orgels Haus. Sie klingeln, Orgel öffnet. Mulder fragt ihn, warum er das FBI besucht habe und was er von Skinner wollte. Orgel zuckt mit den Schultern. Offenbar, erklärt er den beiden, liege hier ein Mißverständnis vor. Er schließt die Tür. Mulder ist verärgert, klopft ein zweites Mal und zieht seine Waffe. Orgel öffnet

– gleichfalls verärgert – die Tür. Er habe jetzt keine Zeit für diese FBI-Spielchen, zischt er und wirft die Tür ein zweites Mal zu. Bevor sie ins Schloß fällt, hat Mulder sie jedoch aufgefangen. Da durchschlägt eine Kugel die Tür. Mulder geht in Deckung und verliert für einen Moment die Orientierung. Skinner stürmt in das Haus, wo ein arabisch aussehender Mann Orgel eine Waffe gegen den Kopf hält. Ein zweiter Mann schlägt Skinner nieder.

Mulder hat seine Orientierung unterdessen wiedergefunden und rennt den flüchtenden Männern hinterher. Während Orgel in einen Wagen verfrachtet wird, gelingt es Mulder, den zweiten Mann auf den Boden zu schleudern und zu verhaften. Skinner hingegen beginnt zu verfallen. Er lehnt erschöpft an der Hauswand, und seine Haut beginnt sich zu verfärben. Als Mulder ihm den Gefangenen präsentiert, zischt dieser den beiden arabische Schimpfwörter entgegen. Skinner nimmt die Brieftasche des Mannes und findet einen Diplomatenpaß. Der Mann ist Kulturattaché der tunesischen Botschaft. So schwer es ihm auch fallen mag, Mulder muß den Mann laufen lassen.

1:06 UHR, NOCH 20 STUNDEN UND 29 MINUTEN
Scully sucht den Arzt auf, der Skinner untersucht hat. Dr. Plant ist fassungslos, hören zu müssen, daß Skinner mit dem Tod ringt. Gemeinsam beginnen die beiden Ärzte mit der Untersuchung einer Blutprobe des Direktors.

2:33 UHR
Mulder nimmt Orgels Wohnung auseinander. »Ist das überhaupt legal?« fragt ihn ein Polizist. »Eigentlich nicht«, erklärt Mulder. Aber es gebe Situationen, in denen man den Dienstweg nur schwerlich einhalten könne. In einem Mülleimer findet er schließlich ein Foto, das Orgel zusammen mit Senator Matheson zeigt, der als ein heimlicher Förderer von Skinner gilt.

4:01 UHR
Der Senator ist von Mulders frühem Besuch überrascht. Er hoffe, daß er

eine gute Begründung für sein Erscheinen habe. Hören zu müssen, daß
Skinner mit dem Tod kämpft, macht den Senator sichtlich betroffen. Auf
dem Foto mit Orgel, sagt Mulder, sehe man die beiden bei einer Feier-
stunde für S. R. 819. Was das sei, fragt Mulder. Bei S. R. 819, erklärt der
Senator, handele es sich um ein Förderprojekt für die medizinische »Auf-
rüstung« von Staaten der dritten Welt. Orgel habe für dieses Programm
die Leitlinien aufgestellt. Ansonsten tue es ihm leid, er könne Mulder in
diesem Fall nicht helfen. Sein Job sei es, Menschenleben zu retten. Das
von Skinner gehöre zu seinem größten Bedauern nicht dazu.

BOTSCHAFTSTIEFGARAGE, 5:10 UHR
Skinner fährt auf der Suche nach dem Wagen des tunesischen Attachés
durch diese Garage. Plötzlich fällt ein Schuß, die Frontscheibe seines
Wagens zerspringt, Skinner geht in Deckung, zieht seine Waffe und
schießt zurück. Der Tunesier verschwindet. Skinner steigt aus seinem
Wagen und sucht den Attentäter. Als dieser plötzlich hinter ihm steht
und schießen will, rast ein Auto heran. Der Tunesier kann nicht mehr
ausweichen und wird durch die Luft geschleudert. Sein Mörder gibt Gas.
Beim Versuch, die Garage zu verlassen, prallt er jedoch mit dem Wagen
einer unbeteiligten Lateinamerikanerin zusammen. Der Mann flüchtet zu
Fuß.

6:14 UHR, NOCH 15 STUNDEN UND 21 MINUTEN
Unter dem Elektronenmikroskop entdecken Scully und Dr. Plant in Skinners Blut ein vollkommen unbekanntes Virus. Es ist winzig klein und ver-
mehrt sich unaufhörlich. Die Viren bauen dabei Dämme auf, die die Blut-
zirkulation stoppen und somit einen Herzinfarkt verursachen werden, den
Skinner nicht überleben kann. Eine Schwester betritt das Labor. Ein Walter
Skinner sei in das St.-Katherines-Krankenhaus eingeliefert worden, sagt sie.

8:58 UHR
Skinners Sekretärin ist erstaunt, Mulder im Büro ihres Chefs zu sehen.
Mulder hat sämtliche Schubfächer ausgeräumt. In kurzen Worten erklärt
er Skinners Sekretärin, was geschehen ist. Erschrocken legt sie einige

Briefe auf den Schreibtisch. Auf einen davon fällt Mulders Blick. Er stammt aus dem Büro von Senator Matheson.

Mulder fährt ins Hospital, wo Scully dem Sterben ihres ehemaligen Vorgesetzten mehr oder minder tatenlos zusehen muß. Mit Laserstrahlen versucht sie, die Blockaden aufzulösen, doch für jede aufgelöste Blockade kommen zwei neue hinzu. Mulder zeigt Scully den Brief von Matheson. Skinner hat die Stiftung des Senators daraufhin überprüft, ob die Technologie, die diese in andere Länder exportieren will, für den Export freigegeben ist. Scully schüttelt den Kopf. Dies, erklärt sie Mulder, seien Routineuntersuchungen, die jede Stiftung, die im Ausland tätig wird, über sich ergehen lassen müsse. Das beweise gar nichts. Mulder sieht das anders. Er hat eine Theorie. Demnach hat Orgel Skinner aufsuchen wollen, um ihn über Ungereimtheiten in der Stiftung zu informieren. Daß er ihn nach der Uhrzeit fragte, war ein Zufall. Bevor er sich dann offiziell mit Skinner treffen konnte, mußte er offenbar verschwinden, weil der echte Killer, den er anscheinend kannte, auftauchte. Diese Geschichte klingt zwar weit hergeholt, es wird sich jedoch noch zeigen, daß Mulder in den meisten Punkten recht hat.
Eine Krankenschwester reicht Mulder Skinners Handy. Es klingelt. Mulder nimmt das Gespräch an. Es ist die Computerstimme, die ihm mitteilt, die Zeit sei abgelaufen. Mulder glaubt, daß sich der Mörder im Haus befindet. Woher sollte er sonst wissen, daß Skinner fast tot ist? Mulder schaut sich um und sieht einen schäbig gekleideten Mann, der in seinen Händen einen Minicomputer hält, der so recht nicht zu seiner Aufmachung passen will. Als dieser Mann Mulder erblickt, rennt er davon. Der FBI-Agent nimmt zwar augenblicklich die Verfolgung auf, doch der Mann entkommt ihm.
Nur wenige Minuten später ruft derselbe Mann Senator Matheson an, um ihm mitzuteilen, daß S. R. 819 Geschichte sei, wenn er nicht tun würde, was er von ihm verlange.

FBI-WERKSGARAGE, 12:11 UHR
Im Wagen des Mörders wurden Haare und verunreinigte Erde gefunden.

Die Haare stammen von einer Perücke, die Erde ist mit einem chemischen Reinigungsmittel verseucht, das ausschließlich in alten Elektrizitätswerken benutzt wurde.

14:04 UHR
Senator Matheson parkt seinen Mercedes vor einem alten, verlassenen E-Werk. Hier, so hat ihm der Anrufer mitgeteilt, werde er Doktor Orgel finden. Inmitten der alten Betriebshalle ist Orgel tatsächlich auf einem Tisch festgeschnallt. Senator Matheson eilt Orgel zu Hilfe, doch es ist zu spät. Der geheimnisvolle Anrufer beobachtet Matheson. In dem Moment, in dem dieser Orgel losgebunden hat, drückt der Anrufer einen Knopf auf seinem Minicomputer. Augenblicklich beginnt Orgel zu schreien, seine Haut verfärbt sich, die Adern treten hervor. Wahnsinnig vor Schmerz, stirbt der Physiker in Mathesons Armen.

17:32 UHR, 3 STUNDEN UND 56 MINUTEN
Die letzte Chance, Skinner zu retten, sieht Scully darin, sein Blut zu waschen. Normalerweise würde sie so etwas sorgfältig planen. Doch die Zeit hat sie nicht mehr. Skinner stimmt ihrem Vorhaben zu. Er bittet sie jedoch auch um Verzeihung. Mulders Kreuzzug hätte sein Kreuzzug sein sollen. Er habe die Chancen, er habe die Möglichkeiten gehabt. Doch er habe sich stets dafür entschieden, auf der sicheren Seite zu stehen. Sollte er sterben, dann solle Scully Mulder mitteilen, daß er dessen Kampf stets bewundert habe.

17:56 UHR
Mulder hat das E-Werk ausfindig gemacht. Er betritt die Halle und findet Matheson vor, der sich verzweifelt darum bemüht, die Fassung nicht zu verlieren. Mulder kombiniert: Man will Technologie in Staaten der dritten Welt liefern. Orgels Aufgabe bestand darin, in Erfahrung zu bringen, ob Exportverbote verletzt würden. Dabei stieß er offenbar nicht nur auf Ungereimtheiten, sondern auch auf eine Technologie, von der er eigentlich nichts wissen durfte. Nun bringt er diese Vorkommnisse mit Skinners Zustand und den eigenartigen Viren in Verbindung. Technolo-

gieexport, Viren, beides zusammen bringt ihn zur Nanotechnologie, einer Technologie, die es eigentlich gar nicht geben kann.

Der Senator bestätigt nichts. Er sieht sich vielmehr selbst als Opfer, ein Opfer wie Dr. Orgel und Direktor Skinner.

Die Ärztin läßt Skinner gehen. Sie weiß, daß es keinen Zweck mehr hat, ihn ins Leben zurückzuholen. Sie ermöglicht ihm einen ruhigen Tod.

Die Ereignisse im Zimmer des Direktors werden von einem langhaarigen, ärmlich gekleideten Mann beobachtet. Er greift in seine Tasche, holt seinen Minicomputer hervor und gibt den Befehl »Ende« ein.

In diesem Moment atmet Direktor Skinner auf. Die Ärzte beginnen augenblicklich mit der Notversorgung. Skinner atmet schwer. Doch er lebt.

DREI WOCHEN SPÄTER

Skinner hat Scully und Mulder in sein Büro gebeten. Er möchte ihnen für ihre Hilfe danken. Seine Heilung, erklärt ihm Scully, sei ein Wunder. Dessen ist sich der Direktor bewußt. Das Projekt S. R. 819, das Mulder mit dieser Angelegenheit in Verbindung gebracht hat, ist nach dem Tod von Dr. Orgel eingestellt worden. Damit ist der Fall abgeschlossen. Mulder versteht nicht, was Skinner damit meint. Doch Skinner bleibt hart. Es gebe keinen Fall mehr. Wenn sich Mulder damit nicht abfinden wolle, müsse er sich bei seinem Vorgesetzten Direktor Kersh beschweren. Enttäuscht verläßt Mulder Skinners Büro.

Der Arbeitstag ist vorbei. Skinner betritt die Tiefgarage des FBI und setzt sich in seinen Wagen. Erst jetzt bemerkt er, daß er nicht allein ist. »Was wollen Sie?« fragt er den Mann auf dem Rücksitz. »Nichts«, erklärt dieser, »zur Zeit zumindest.« Alles, was er ihm mitzuteilen habe, sei, daß er den Knopf jederzeit wieder drücken könne. Und dann würde er das Programm, das ihn fast getötet hätte, nicht unbedingt kurz vor dem Exitus beenden. Der Mann auf dem Rücksitz ist Krycek.

Bewertung

Trotz einiger Schwächen – Mulders Rückschlüsse sind, auch wenn sie stets ins Schwarze treffen, nicht immer ganz nachvollziehbar – handelt es sich bei S. R. 819 um eine ungemein spannend, sehr dynamisch, sehr schnell inszenierte Episode, die hervorragend den 24stündigen Handlungsrahmen zu nutzen weiß. Lediglich der Epilog fällt ein wenig aus dem Rahmen, da er zeitlich nicht in das straffe Konzept, eine Geschichte vom Wettlauf gegen die Zeit zu erzählen, hineinpassen will.

Regisseur Daniel Sackheim gelingt es aber hervorragend, den Zuschauer mit Skinners vermeintlichem Tod in die Irre zu führen. Indem er während des Prologs die Kamera nie von Skinners Körper abwendet und den letzten Gedanken des Direktors für das Publikum hörbar macht, suggeriert der Regisseur dem Zuschauer, daß Skinner in dieser Episode tatsächlich sterben wird. Daran läßt auch der weitere Verlauf der Handlung keinen Zweifel aufkommen. Jeder Handlungsstrang endet bei Skinner. Dies ist Skinners finaler Auftritt, sein Abschied aus dem Ensemble. Immer wieder steht Skinner-Darsteller Mitch Pileggi im Mittelpunkt, jedes darstellerische Highlight dieser Episode geht von ihm aus. Gillian Anderson wird zur Stichwort-Geberin degradiert, und selbst David Duchovny wirkt neben Pileggi wie ein Gaststar. Natürlich rechnet man als Zuschauer damit, daß diese Episode nicht mit dem Tod von Skinner enden wird, die Inszenierung aber läßt an diesem Faktum eigentlich keinen Zweifel aufkommen. Respekt.

Die Einbindung der vorliegenden Episode in den episodenübergreifenden Handlungsrahmen der Verschwörungsgeschichte und damit in die Mythologie der Serie ist ebenfalls sehr gut gelungen. Statt der üblichen Hinterzimmer und dem geheimnisvollen Gerede über Ziele und Pläne des Konsortiums, ahnt man zwar nach einiger Zeit, daß diese Geschichte zum Mythologiebogen gehört, dennoch gelingt es, den Zuschauer am Ende zu überraschen. Tatsächlich stehen nicht die Verschwörer selbst hinter diesem Anschlag auf Skinner, es ist vielmehr der verhaßte Ratboy Krycek. Nun ist die Figur des Krycek im Rahmen der Mythologie nicht unumstritten. Erst gehörte er dem Konsortium an, dann war er plötzlich ein

KGB-Agent im Konsortium, dann war er wieder ein Freund des Krebs-kandidaten und so weiter. In S. R. 819 ist er nicht im Auftrag eines Kon-sortiums oder anderer Organisationen unterwegs, es geht um ihn, seine ganz persönliche Macht, sein ganz eigenes Spielchen. Und dies funktio-niert im Gegensatz zur Geschichte um Krycek, den KGB-Agenten, ganz vorzüglich, da Krycek die Verschwörer offenbar nur für seine eigenen Zwecke mißbraucht.

Bitter ist in diesem Zusammenhang natürlich die Tatsache, daß ein Böse-wicht wie Krycek offenbar genau weiß, um was es in dieser ganzen Ver-schwörung geht, im Gegensatz zum Helden Mulder, der noch immer nicht die Wahrheit in Erfahrung bringen konnte.

Bitter aber ist auch das Ende der Geschichte. Skinner offenbart sich im Sterben Scully und bittet sie, Mulder seine Bewunderung auszurichten. Er ist am Ende wieder der vorsichtige Balancierer zwischen den Gruppen. Aus Angst vor dem eigenen Tod fällt er in alte Verhaltensweisen zurück: Soll er weiterhin sein eigenes Leben einfach nur schützen, oder soll er nicht doch einen Kreuzzug gegen die Verschwörer führen?

Auch die vorletzte Szene der Episode, in der er Mulder und Scully ge-genübersitzt, gehört ganz dem Schauspieler Mitch Pileggi. Er ist eine tra-gische Persönlichkeit, ein Mensch, der nicht weiß, wo sein Platz in die-ser Gesellschaft sein wird, der aber vom Wunsch nach Gerechtigkeit getrieben wird, der im Widerspruch zu seinen Pflichten steht. Ein Mann voll innerer Ängste, ein Spielball verschiedener Parteien, die über sein Leben und sein Sterben bestimmen. Note 1–.

Produktionsnotizen

★ Um die Spannung, die sich um den geheimnisvollen Bösewicht aufbaut, nicht zu zerstören, wird Nicolas Lea erst im Nachspann der Episode ge-nannt.

★ Darstellerin der Sekretärin von Direktor Skinner ist Arlene Pileggi, die Ehefrau des Schauspielers Mitch Pileggi. Die beiden hatten sich während der Dreharbeiten zu AKTE X kennengelernt. Arlene Pileggi arbeitete als

Lichtdouble von Gillian Anderson, mit anderen Worten: Ihr Job bestand darin, bei der Ausleuchtung der Szenen statt des Originals vor der Kamera zu stehen. Gillian Andersons Bemerkung anläßlich der Hochzeit, Mitch Pileggi habe Arlene nur geheiratet, da sie selbst bereits vergeben sei, führte eine Weile zu extremen Spannungen am Set. Im Gegensatz zu Gillian Andersons Ehe mit dem AKTE-X-Bühnenbildner Clyde Klotz, die seit zwei Jahren geschieden ist, wird die Ehe von Mitch und Arlene Pileggi als äußerst harmonisch beschrieben.

★ Eine Szene der vorliegenden Episode spielt in Chevy Chase, Maryland. Hier wird Dr. Orgel entführt. Damit kehrt die Serie an einen Spielort der Episode 5X15 TRAVELERS zurück. TRAVELERS ist jene Episode, die in den frühen 50er Jahren spielt und erzählt, wie der FBI-Agent Arthur Dales während der Recherche an einem ungewöhnlichen Fall zufällig über die X-Akten stolpert, denen er fortan sein Leben widmet. Dales sucht in Chevy Chase einen Arzt, der angeblich antiamerikanischen Aktivitäten nachgeht. Dieser Arzt ist jedoch ermordet worden. Zu Dales Überraschung entpuppt er sich als deutscher Nazi-Arzt, der in den USA aufgrund seiner bahnbrechenden Forschungen nach dem Krieg Unterschlupf fand und über Kontakte verfügte, die bis zum Präsidenten persönlich reichten. Auch der Name Dr. Orgel klingt deutsch. Ob hier ein Handlungsbogen gespannt werden soll, der von den 50er Jahren bis in die Gegenwart reicht? Man darf sich überraschen lassen.

X-Hintergründe

★ Die Geschichte, daß ein Mann seinen eigenen Mörder sucht, basiert auf dem Krimiklassiker OPFER DER UNTERWELT (D.O.A., USA 1949) von Rudolph Maté. In diesem Thriller erfährt der Anwalt Frank Bigelow (Edmond O'Brien) bei einer Untersuchung, daß er mit Leuchtstoff vergiftet wurde und nur noch wenige Stunden zu leben hat. Von seiner Vergiftung gezeichnet, beginnt er mit der Jagd auf jene Personen, die seinen Tod verursacht haben. Ein Remake dieses Spielfilms entstand Ende der 80er Jahre mit Dennis Quaid in der Hauptrolle. D.O.A. – BEI ANKUNFT MORD (D.O.A.

– DEAD ON ARRIVAL, USA 1988) heißt dieser von Rocky Morton und An-
nabel Jankel inszenierte Thriller, in der Quaid als Literaturprofessor Dexter Cornell zu sehen ist, der nach einem Blackout von einem Arzt erfährt,
mit einer Substanz vergiftet worden zu sein, die ihn in den nächsten 48
Stunden umbringen wird. Auch er begibt sich auf die Suche nach seinem
Mörder und weiß wohl, daß ihm kaum mehr als zwei Tage Zeit bleiben.

★ Der Name von Senator Richard Matheson ist eine Hommage an den
gleichnamigen Roman- und Drehbuchautor. Für Film und Fernsehen hat
Matheson eine Reihe von unterschiedlichen Stücken geschrieben. Von
Krimikomödien bis hin zu Trinkerdramen findet sich in seiner Filmo-
graphie so ziemlich jedes Genre. Seine größten Erfolge erzielte er jedoch
mit phantastischen Filmen und Thrillern. Aus seiner Feder stammen
Klassiker wie DIE UNGLAUBLICHE GESCHICHTE DES MISTER C. (THE
INCREDIBLE SHRINKING MAN, USA 1957) von Jack Arnold, Roger
Cormans Poe-Verfilmung DER RABE – DUELL DER ZAUBERER (THE
RAVEN, USA 1963) und DUELL (DUEL, USA 1971) von Steven Spielberg.
Auch lieferte er mit *I Am Legend* die Romanvorlage zu Boris Sagals
Zombie-Klassiker DER OMEGA-MANN (THE OMEGA-MAN, USA 1971)
mit Charlton Heston in der Hauptrolle. Daß ausgerechnet er im Rahmen
der Serie AKTE X eine Hommage erfährt, ist kein Zufall. Matheson ist
auch der Drehbuchautor des leider nie in Deutschland ausgestrahlten
Mystery-Krimis THE NIGHT STALKER (USA 1971), auf dem die TV-Serie
KOLCHAK: THE NIGHT STALKER (USA 1974) basieren sollte, die von
dem Journalisten Carl Kolchak erzählt, der sich Woche für Woche mit
unliebsamen Zeitgenossen wie Vampiren, Werwölfen und durchgedreh-
ten Robotern herumschlagen muß. KOLCHAK: THE NIGHT STALKER ist
Chris Carters direktes Vorbild für AKTE X (mehr über KOLCHAK: THE
NIGHT STALKER finden Sie im Econ & List-Buch zur fünften AKTE-X-
Staffel in den X-HINTERGRÜNDEN zu 5X15 TRAVELERS).

★ Im Körper von Direktor Skinner befinden sich keine natürlichen Viren.
Kein Virus kann von außen via Funksignal gesteuert werden. Was also
befindet sich im Körper des Direktors? Eine exakte Antwort bleibt S. R.
819 dem Zuschauer schuldig. Mulder vermutet jedoch, daß es sich um
eine geheime Nanotechnologie handelt.

Man stelle sich vor, es wäre möglich, einen Biochip herzustellen, der kaum mehr als ein Nanometer groß wäre. Ein Nanometer entspricht einer Größe von 10^{-9} m! Mit Hilfe solcher Biochips wäre es Medizinern möglich, ganz neue Einblicke ins Innenleben des Menschen zu erhalten, denn erstmals könnte die menschliche DNA dort untersucht werden, wo sie hingehört: in jeder Zelle seines Körpers.

Klingt das nach Science-fiction? Nun, es gibt vielleicht keine ferngesteuerten Nano-Minibomben, die durch die Adern eines Menschen fließen und auf Befehl von außen beginnen, den Blutfluß zu unterbrechen. Doch Nanotechnologie ist eines der größten Forschungsgebiete des ausgehenden 20. Jahrhunderts. Wie wichtig dieser Markt inzwischen geworden ist, zeigt eine Presseerklärung vom 3. März 1998 des Bundesministeriums für Bildung, Wissenschaft, Forschung und Technologie, in der der damalige deutsche Bildungsminister Jürgen Rüttgers wie folgt zitiert wird: »Das Bundesministerium für Bildung, Wissenschaft, Forschung und Technologie startet heute einen Wettbewerb zur Förderung von bis zu fünf weltweit anerkannten Nanotechnologie-Kompetenzzentren. Rund 100 Millionen Mark stehen dafür in den nächsten fünf Jahren bereit. Der Wettlauf um den Nanokosmos ist in vollem Gange. Die USA, Japan und China investieren heute schon erheblich. Erste Marktanalysen weisen für das Jahr 2000 ein Weltmarktvolumen in zweistelliger Milliardenhöhe für Nano-Produkte aus. Mit Hilfe der Nanotechnologie scheint es möglich, bislang als naturgegeben betrachtete physikalische Grenzen zur Erreichung möglichst hoher Informationsdichten auf immer kleineren Chips für immer schnellere Computernetzwerke zu überwinden. Ein weiteres Ergebnis der Nanotechnologie wird die Schonung von Ressourcen und Energie sein: Hier zeichnet sich eine Effizienzrevolution ab. Leichte Batterien- und Brennstoffzellen mit großer innerer Oberfläche haben einen deutlich besseren Wirkungsgrad als bisherige. Leichtere Teile helfen, Energie und Material sparen. Die Fortschritte in der Nanotechnologie helfen schließlich, die Umwelt zu schonen oder sie sogar wiederherzustellen, etwa durch Schadstofftrennung mit geeigneten Membranen oder Ersatz bisher verwendeter toxisch bedenklicher Materialien.«

Die Nutzung von Nanotechnologien ist vielseitig: Ob in der Optik, der Sensorik, der Robotik, der Prozeßtechnik, der Biotechnologie, der Umwelttechnik, der Solartechnik, der Medizin oder der Biochemie – die Einführung von für das Auge unsichtbaren Maschinen wird die Produktionswelt verändern. Die Arbeit an einem Biochip, der im menschlichen Körper aktiv wird, mit dem Krankheiten erkannt und eines Tages sogar geheilt werden können, ist keine Zukunftsmusik, sondern ein Arbeitsgebiet, auf dem Forscher seit Jahren tätig sind. Der Clou der Nanotechnologie besteht darin, daß sich durch Selbstreproduktion ständig neue Maschinen erzeugen, die den Platz zerstörter Technologien einnehmen oder sich den geforderten Gegebenheiten anpassen, indem sie ihre Technologie von allein verändern. Die Natur steht bei dieser Idee Pate: Der Mensch lebt, weil sich seine Zellen ständig teilen und selbst reparieren. Wenn dieser Prozeß endet, stirbt der Mensch. Nanotechnologie bedeutet – und, wie gesagt, das ist keine Science-fiction, sondern eine Idee, an der gearbeitet wird – folgendes: Ein Mensch ist krank. Um diesen Vorgang zu stoppen, werden künstliche Zellenreparaturmaschinen in der Größe von Viren und Bakterien in seinen Körper eingeführt. Sie erkennen die Krankheit und beginnen, sie im Körper zu bekämpfen und zu vernichten. Selbst zerstörte Zellen könnten diese Minimaschinen durch Reproduktion und Anpassung mit Hilfe der dem Körper eigenen Energie theoretisch ersetzen.

Nanotechnologie ist somit nichts anderes als der Versuch, mit Hilfe von unvorstellbar kleinen Biomaschinen die Moleküle in ihrem Kern zu beherrschen. Während die Forscher rund um den Globus an Nanotechnologien forschen, egal ob in der Medizin (um den Bezug zur AKTE-X-Episode nicht zu verlieren, denn die hier angewandte Technologie stammt aus der Medizin) oder in den vom ehemaligen bundesdeutschen Forschungsminister angesprochenen Tätigkeitsfeldern, gibt es Menschen, die auf ein Risiko hinweisen: Die Fähigkeit zur Reproduktion macht die Nanotechnologie so einzigartig. Aber wie läßt sich dieser Prozeß eigentlich stoppen? Durch ein Funksignal von außen, wie es S. R. 819 anbietet?

Wenn man Nanotechnologie mit einem Bakterium vergleicht, das man züchtet und dem man den Befehl gibt, sich stetig fortzupflanzen und sich

stets den neuesten Lebensbedingungen anzupassen, entstehen immer
mehr Bakterien – die sich schließlich so verändert haben, daß sie vollkommen neu erforscht werden müssen. Dasselbe könnte bei der Nanotechnologie geschehen: Aufgrund der Reproduktion entwickeln sich immer neue Maschinen, die sich neuen Lebensbedingungen anpassen, aus
denen wieder neue Maschinen hervorgehen – und so weiter und so fort.
Eines Tages werden sie nicht mehr zu kontrollieren sein, da eine Technologie entstanden ist, die außerhalb ihres Verbreitungsradius (zum Beispiel im menschlichen Körper oder in einem Nahrungsmittel) niemand
mehr versteht. Für eine herkömmliche Maschine, die aus Eisen und Stahl
zusammengesetzt ist, gibt es Konstruktionspläne. Und selbst wenn im
Laufe der Zeit Veränderungen vorgenommen werden, bleibt der Kern der
Maschine der, der auf den Plänen zu sehen ist. Muß die Maschine
repariert werden, kommt der Techniker – oder sie landet auf dem Schrott-
platz. Doch schon die Computertechnologie zeigt auf, daß es Technologien gibt, die eine Art Eigenleben entwickeln, das Internet zum Beispiel.
Irgendwann wurde es von US-Militärs geschaffen. Seither wurde es ständig verbessert, auf der ganzen Welt sitzen Computer-Freaks, die stets
neue Programme schreiben, um der Datenübertragung neue Möglichkeiten zu eröffnen. Jeder Programmierer ist zum Experten auf seinem
Fachgebiet geworden. Dabei weiß schon lange niemand mehr, wie die
einzelnen Komponenten eigentlich funktionieren. Dennoch ist das
Internet nichts anderes als eine vom Menschen geschaffene Technologie.
Im Fall der Nanotechnologie sieht es etwas anders aus. Hier gibt der
Mensch den Startschuß, indem er die Nanomaschine entwickelt. Doch
mit Hilfe der Energie des Körpers, in den sie gesteckt wird, beginnt sie,
sich nun zu reproduzieren und der Umgebung anzupassen. Sie braucht
kein Eisen, keinen Stahl. Sie funktioniert auf molekularer Ebene. Moleküle, die sich reproduzieren können, gibt es reichlich. Bei diesem Vorgang gibt es keinen Programmierer, der das Programm schreibt und im
Falle eines Mißlingens die Löschtaste drückt. Dies ist ein lebendiger
Prozeß! Ob ein solcher Prozeß kontrollierbar ist? Wie heißt es noch so
schön in Michael Crichtons Roman *DinoPark*: »Leben findet immer einen
Weg«.

6ABX11 Two Fathers

Deutscher Videotitel: ONE SON 1
US-Erstausstrahlung: 7. Februar 1999
BRD-Videostart: 17. Juni 1999

Regie: Kim Manners. Drehbuch: Chris Carter, Jeffrey Bell, Frank Spotnitz.
Gaststars: Veronica Cartwright (Cassandra Spender), Chris Owens (Agent
Jeffrey Spender), William B. Davis (Krebskandidat), Nicolas Lea (Agent
Krycek), Don S. Williams (Elder), George Murdock (Elder #2), Nick Tate
(Dr. Openshaw), Peter Donat (Bill Mulder), Rebecca Toolan (Tena Mulder).

Kurzinhalt

Der Mord an mehreren Wissenschaftlern und das Wiederauftauchen von
Cassandra Spender, der von UFOs entführten Mutter von Agent Spender,
rufen das Konsortium auf den Plan. Dessen gesamte Verschwörung
droht, publik zu werden. Mulder sieht seine Chance gekommen, die Verschwörung aufzudecken. Noch nie ist er der Wahrheit so nahe gekommen. Und endlich erhält er Antworten auf die Fragen, die seit Jahren sein
Leben bestimmen.

Langinhalt

Prolog: Ein Foto zeigt zwei Männer in den frühen 40ern, den jungen
Krebskandidaten und Bill Mulder, Fox Mulders Vater. Ein Text aus dem
Off durchbricht die Stille. »Zwei Männer, jung, idealistisch, die besten
einer Generation, die durch einen Weltkrieg hart gemacht worden waren,
zwei Väter, deren Wege sich in einem neuen Kampf kreuzen, einem unsichtbaren Krieg zwischen einem stillen Feind und einem schlafenden
Riesen, in einem Maßstab, der alle historischen Konflikte in den Schatten stellen sollte, einem fünfzigjährigen Krieg, dessen Schlachtfelder auf

den unausweichlichen weltweiten Holocaust warten. Sie warten auf den Beginn des Armageddon. Und während die Welt ahnungslos war und unwissentlich das Wirrwarr eines jahrzehntelangen Kampfes zwischen Himmel und Erde beobachtete, waren sie diejenigen, die sich auf das Ende vorbereiteten, die Größe und die Macht des Gegners abwägten und vor der Wahl standen, entweder zu kämpfen, sich dem Willen eines furchterregenden Feindes zu beugen oder sich zu ergeben, zurückzuweichen, zu kollaborieren, um sich selbst zu retten und um ihre Feinde aufzuhalten. Männer, die glaubten, daß das Ausbleiben einer Niederlage den Sieg bedeutete und das Überleben die einzig richtige Ideologie sei, unabhängig von den Opfern.«

13. OKTOBER 1973, 22:56 UHR

In einem zunächst noch unbenannten Flugzeughangar (es handelt sich um den El-Rico-Luftwaffenstützpunkt) wartet eine Delegation von amerikanischen Beamten auf die Ankunft eines Besuchers. Die Beamten sind allesamt bekannt. Es handelt sich um die Mitglieder des Konsortiums der Verschwörer. Auch der Krebskandidat befindet sich unter ihnen. Er trägt eine US-Flagge, die er den Besuchern zum Geschenk machen will.

Ein Lichtstrahl von immenser Helligkeit durchflutet den Hangar, die Tore werden geöffnet, und die Besucher treten ein. Es handelt sich um Außerirdische.

Die Mitglieder des Konsortiums treten einen Schritt zurück.

POTOMAC-RANGIERBAHNHOF, ARLINGTON, VIRGINIA

In einem Güterwaggon befindet sich ein technologisch hochausgerüstetes Operationslabor. Eine Frau liegt auf einem OP-Tisch, ein Arzt schneidet ihr mit einem Skalpell den Bauch auf. Grüne Flüssigkeit läuft aus dem Bauch, kurze Zeit später verschließt sich die Wunde von allein. Unter den Ärzten befindet sich Doktor Openshaw. Er ist glücklich und möchte mit der Patientin einen Moment allein sein. Ein Angebot seiner Kollegen, diesen Erfolg zu feiern, lehnt er dankend ab. Allein mit der Frau merkt er nicht, wie seine Kollegen vor dem Waggon bei lebendigem Leib verbrannt werden. Erst als ein Wesen ohne Gesicht hinter ihm steht, wird ihm bewußt, daß sein Leben in Gefahr ist. Erbarmungslos zündet der Mann ohne Gesicht Doktor Openshaw an. Openshaw stürzt zu Boden, der Formwandler – nichts anderes ist der Mann – starrt die Frau an. Es handelt sich um Cassandra Spender, die Mutter von Agent Spender, eine Frau, die seit 25 Jahren behauptet, ständig von Außerirdischen entführt zu werden (siehe die Inhaltsangabe zu 5X13 PATIENT X im Econ & List-Buch zur fünften Staffel). Der Außerirdische schont Cassandras Leben.

Der Krebskandidat wirkt niedergeschlagen. Er sitzt in der Mitte eines abgedunkelten Raumes und erzählt einer nicht sichtbaren Person, was auf dem Rangierbahnhof geschehen ist und welche Ereignisse aus diesem Geschehen resultieren sollten. Dies sei das Ende der Geschichte, und er hätte nie gedacht, daß er dies eines Tages so sagen würde. Dieser Geschichte habe er sein Leben gewidmet, doch ihr Ende ist so unvorstellbar wie der eigene Tod – oder der der eigenen Kinder. »Wir hatten die perfekte Verschwörung«, erklärt er der Person, »die perfekte Verschwörung mit einer außerirdischen Rasse, die diesen Planeten zurückfordern wollte und plante, die gesamte Menschheit auszurotten.« Die Pläne des Konsortiums seien gut gewesen, 50 Jahre lang, seit dem UFO-Absturz von Roswell, hätten sie ihre Verschwörung vor Männern wie Fox Mulder geheimgehalten. Alles wäre bestens verlaufen, wären die Rebellen nicht eines Tages aufgetaucht und hätte sein eigener Sohn keinen Verrat begangen.

Direktor Skinner besucht Agent Spender in dessen Büro und beschwert sich darüber, daß Spender in all den Monaten, in denen er nun die X-Akten führt, erst ein einziges Memo über seine Tätigkeiten verfaßt habe. Mulder sei zuverlässiger gewesen. Oder könne es sein, daß Spender kein Interesse an diesen Akten habe – oder, besser gesagt, nur einem einzigen Fall ernsthaft nachgehe, dem Verschwinden seiner Mutter? Spender versucht, sich zu entschuldigen, Skinner aber gibt ihm zu verstehen, daß ihm egal sei, was er zu seiner Verteidigung vorzubringen habe. Wenn er schon nur diesem einen Fall nachgehe, dann solle er ihm nun folgen. Man habe seine Mutter gefunden.

Cassandra wird von Ärzten versorgt, sie wirkt mitgenommen, aber glücklich. Rund um den Eisenbahnwaggon herrscht ein dichtes Gedränge von Polizei und FBI. Spender rennt durch die Absperrung und schließt seine Mutter in die Arme. Zum ersten Mal zeigt Spender echte Gefühle. »Wo warst du?« fragt er seine Mutter. Er würde ihr nicht glauben, sagt sie, daher müsse sie mit jemandem sprechen, der ihr glauben werde. Und das sei Agent Mulder. Skinner will ihrem Wunsch nachkommen, Spender aber verhindert dies. Er will, daß man seine Mutter in Ruhe läßt. »Warum?« fragt Skinner. »Haben Sie Angst vor der Wahrheit?«

Der Krebskandidat wirkt traurig. Mein Sohn, erklärt er der nach wie vor nicht sichtbaren Person, habe sich geweigert, an das, was offensichtlich war, zu glauben, und das, obwohl er der Herr über die X-Akten gewesen sei. Er habe es nicht einmal in Betracht gezogen, daran zu glauben, daß außerirdisches Leben existieren könnte. Und als er schließlich den Beweis präsentiert bekommen hätte, sei er nicht zu seinem Vater gekommen, sondern zu dem Mann gegangen, den er am meisten haßte.

FBI-ZENTRALE, WASHINGTON D.C.
Mulder wundert sich, daß ausgerechnet Spender ihn auffordert, an einer X-Akte zu arbeiten. Er lehnt Spenders Angebot ab, da dieser sich weigert, »bitte« zu sagen. Mulder genießt es, Spender wütend zu sehen. Spender seinerseits ist zu stolz, um über seinen Schatten zu springen.

ST.-MARKT-KRANKENHAUS, ARLINGTON, VIRGINIA
In einer speziellen Sauerstoffkapsel, in die keinerlei Keime von außen eindringen können, liegt Doktor Openshaw, der einzige Überlebende des Anschlages. Der größte Teil seines Körpers ist verbrannt. Der Krebskandidat schleicht sich in das Krankenzimmer, Doktor Openshaw lächelt. »Cassandra ist ein durchschlagender Erfolg«, erklärt er dem Krebskandidaten mit letzter Kraft. Der Krebskandidat schüttelt den Kopf. »Aber das ist nicht möglich«, antwortet er dem Arzt, doch dieser lächelt nur. Cassandra sei der Schlüssel, daher hätten die Rebellen ihr Leben verschont.

Der Krebskandidat dreht die Sauerstoffzufuhr zur Kapsel ab. Ein Mann, warnt ihn Openshaw, sollte niemals seine eigenen Kinder sterben sehen oder erleben müssen, wie seine Arbeit zerstört wird. Dann verdreht er die Augen und stirbt.

SILVER SPRINGS, MARYLAND
Ein altes Herrenhaus vor den Toren der Stadt: Hier lebt der zweite Elder, einer der Verschwörer. Die Nachricht, daß die Rebellen zugeschlagen haben und alle Ärzte gestorben sind, bringt ihn so sehr aus der Fassung, daß er sämtliche Vorsichtsmaßnahmen vergißt, als es an seiner Tür klingelt. Er öffnet – und steht vor Doktor Openshaw. Bevor er versteht, was geschehen ist, stürzt sich der Mann auf ihn. Der zweite Elder greift Openshaw an den Kopf – und reißt ihm die Maske vom Gesicht. Der Angreifer ist ein Rebell. Der Rebell verbrennt den Verschwörer.

21:42 UHR
Mulder betrachtet auf seinem Computerbildschirm die Bilder vom Waggonfeuer. Scully bittet ihn, seine Animositäten gegenüber Spender zu vergessen und mit ihr zu kommen. Auch sie kennt die Fotos und glaubt, daß sie, als sie seinerzeit entführt wurde, ebenfalls in einem solchen Waggon untersucht wurde. Mulder folgt Scully ins Krankenhaus, wo sie auf eine glückliche Cassandra treffen. Diese saß bei ihrem letzten Treffen in einem Rollstuhl, doch nun kann sie ohne fremde Hilfe laufen. Bislang, erzählt sie den beiden, habe sie niemandem etwas von dem, was ihr geschehen sei, erzählt, nicht einmal ihrem eigenen Sohn. Niemand würde ihr glauben. Bei Scully und Mulder sieht dies jedoch anders aus, obwohl ihre Neuigkeiten alles andere als beruhigend sind. Die Frau, von der Mulder glaubte, sie sei seine Schwester gewesen, sei eine Schauspielerin. Seine Schwester lebe, das wisse sie, aber sie befinde sich in den Händen der Außerirdischen. Sie selbst sei von ihnen als Orakel mißbraucht worden. Über Jahre hinweg hätten sie sie glauben lassen, daß sie mit guten Absichten kämen. Auf jedem UFO-Kongreß, in jeder Talk-Show habe sie jedem erzählt, der es hören wollte, daß die Außerirdischen in Frieden kommen würden. Doch all das seien Lügen. Mit Purity, dem

schwarzen Krebs (auch schwarzes Öl genannt), sollten alle Menschen auf der Erde infiziert werden.

Was sie über die Verschwörung wisse, fragt Mulder schließlich. Und Cassandra ist gut informiert. Ihr Sohn arbeite für sie, unwissentlich zwar, in ihren Planungen aber spiele er eine wichtige Rolle, eine wichtige Rolle in einem Plan, den sein Vater entwickelt habe, der Krebskandidat.

Langsam hätte Cassandra begriffen, welche Rolle sie in diesem größten wissenschaftlichen Experiment der Menschheit spielte, erklärt der Krebskandidat seinem Gesprächspartner. Sie sei die Quintessenz aus 50 Jahren Arbeit. Eigentlich hätte er Cassandra in dieser Situation umbringen müssen, doch er habe es nicht gekonnt. Schließlich sei sie die Mutter seines Sohnes. Die ganze Konzentration ihres Konsortiums habe außerdem den Rebellen gegolten. Doch das Konsortium bestehe nur noch aus alten Männern, die nicht einsehen wollten, daß die Rebellen längst die Oberhand gewonnen hätten.

Die Verschwörer treffen sich in ihrem Büro in einem New Yorker Hochhaus. Krycek erklärt den Männern, daß die Rebellen nicht nur in Arlington zugeschlagen hätten. In New Mexico hätten sie ein Labor niedergebrannt, in Arizona alle Mitarbeiter einer Forschungsanlage getötet. »Sie wollen uns bloßstellen«, warnt der Krebskandidat die anderen Männer. Das FBI habe er unter Kontrolle, wenn jedoch ein gewitzter Journalist der Geschichte auf die Spur kommen sollte, könne er für nichts garantieren. »Warum«, fragt der zweite Elder, »begeben wir uns nicht einfach auf die Seite der Rebellen und schließen uns ihrem Widerstand an?« Der Krebskandidat ist irritiert. Warum, fragt Krycek, hätten sie sich dann gegen einen Mann wie Bill Mulder gestellt, der von Anfang an den Kolonisatoren Widerstand leisten wollte? Mit Cassandra hätten sie den ersten Mensch/Alien-Hybriden, erklärt der Krebskandidat seinen Mitstreitern. Dies sichere ihr Überleben. »Und was ist aus dem Impfstoff geworden?« fragt einer der Männer. Die Kollaboration mit den Außerirdischen, den Kolonisatoren, habe ihnen die Chance gegeben, einen Impfstoff herzustellen. Was sei aus ihm geworden?

Der Krebskandidat beendet die Diskussion. Man könne schließlich nicht bei jeder Gefahr gleich die Seiten wechseln.

Scully und Mulder brechen in Spenders Büro ein, da sie von seinem Computer aus direkt auf die Personaldateien des FBI Zugriff haben. Zu Spender finden sie nur Angaben zu seiner Mutter, die Angaben zum Vater sind als geheim eingestuft. Mulder gelingt es dennoch, an diese Daten zu gelangen – und er erfährt, daß der Krebskandidat einen Namen hat: CGB Spender. In diesem Moment stürmt Skinner in das Büro. Wenn sie ihren Job behalten wollten, sollten sie nun mit ihm kommen. Sie folgen ihm, doch auf der Treppe erwartet sie schon Spender, der hofft, daß dieser Einbruch in ihren Akten vermerkt wird, wenn sie entlassen werden. Spender trifft sich daraufhin mit seinem Vater. Er habe ihm einen Gefallen getan und Mulder aus dem FBI hinauskatapultiert, erklärt er. Nun wolle er eine Gegenleistung. Er wolle wissen, was mit seiner Mutter wirklich geschehen sei. Der Krebskandidat lehnt diese Bitte ab. Er würde es ihm ja sagen, aber er werde ihm kein Wort glauben. Zwischen beiden kommt es zu einem Streit, den der Krebskandidat mit einer Ohrfeige beendet. »Du«, faucht er seinen Sohn an, »bist ein Nichts im Vergleich zu Mulder!«

Mulder trainiert Basketball. Doch Scullys Auftreten beendet sein Vergnügen. Es ist ein Foto, das Scully aufgetrieben hat und das seinen Vater mit dem Krebskandidaten zeigt. In einem Karton trägt sie Dutzende von Akten bei sich, die alle Auskunft über CGB Spender geben. Die meisten seien wahrscheinlich gefälscht, erklärt Mulder. Das sei richtig, aber sie gäben auch Auskunft über Tatsachen, zum Beispiel, daß Spender wie Mulders Vater Mitarbeiter des US-Außenministeriums gewesen sei. Auch gehe aus ihnen hervor, daß er wirklich Jeffrey Spenders Vater sei, und daß seine Frau, Jeffreys Mutter Cassandra, erstmals am 27. November 1973 entführt worden sei, am selben Tag wie Mulders Schwester.

INNENSTADT VON WASHINGTON, 19:10 UHR
Jeffrey Spender steht an einer vielbefahrenen Hauptstraße und wartet auf

eine Limousine. Ein schwarzer Wagen hält, und sein Vater steigt aus. Seine Unbeherrschtheit im Büro, entschuldigt er sich, tue ihm leid. Jeffrey werde alles verstehen, wenn er einen Auftrag ausführe. Im Konsortium gebe es einen Verräter. Jeffrey soll ihn töten. Hierfür gibt ihm der Krebskandidat ein spezielles Messer. Er solle es dem Mann in den Nacken stechen, denn nur ein Stich in den Nacken werde ihn töten. Sein Tod werde alle Fragen beantworten.

Widerwillig läßt sich Spender darauf ein und steigt in die Limousine, die von Krycek gefahren wird. Sein Vater bleibt am Straßenrand zurück.

Der Mann, den er töten soll, ist der zweite Elder. Der Anschlag aber entwickelt sich zu einem Desaster. Der Mann weicht Spenders Angriff aus und umklammert seinen Hals mit beiden Händen. Während sich Spender zu wehren versucht, reißt er dem Mann die Haut vom Gesicht. Es offenbart sich ein Gesicht ohne Augen und Mund. In diesem Moment bricht der Rebell, von Krycek überrascht, tot zusammen. Während er am Boden liegt, zerfrißt eine grüne, aus seinem Körperinneren kommende Flüssigkeit sein Gesicht. Jeffrey Spender ist entsetzt. Beim ersten Mal, sagt Krycek lapidar, sei es ein Schock. Den Gedanken zu akzeptieren, nicht allein im Universum zu sein, stelle alles, an was man jemals geglaubt habe, in Frage. Man verstehe aber auch die Verantwortung, die jene Männer trügen, die wüßten, daß wir nicht alleine sind. Und man bewundere die Opfer, die sie gebracht hätten. »Welche Opfer?« fragt Spender. Zum Beispiel die Experimente an seiner Mutter. Spender ist fassungslos. »Weiß mein Vater davon?« fragt er in der Hoffnung, ein Nein zu hören. Doch Krycek lacht nur. Sein Vater sei der Kopf dieser Gruppe. Glaube er, sein Vater habe ihm die X-Akten nur gegeben, um ihn zu beschäftigen? Indem Spender die Akten verwaltet, verhindere er, daß man seinem Vater zu nahe komme. Spender sei der Schutzschild seines Vaters.

Mulder hat indessen einige Informationen aus den Akten, die Scully aus dem Archiv ausgegraben hat, recherchiert. Die Ergebnisse muß er Skinner mitteilen, obwohl die beiden offiziell zur Zeit gar nicht miteinander sprechen dürfen. Das Konsortium, erklärt Mulder seinem früheren Vorgesetzten, sei bis ins Jahr 1973 ein Regierungsprojekt gewesen. Inzwischen sei es ein Privatunternehmen. Mulder ist sich aufgrund der von Cassandra erhaltenen Informationen sicher, daß es sein Ziel ist, die Kolonisierung der Erde vorzubereiten und einen Mensch/Alien-Hybriden zu züchten, der die bevorstehende Virus-Apokalypse, mit der die Menschheit ausgerottet werden soll, überleben wird. Mulder befürchtet, daß es nun Personen gebe, die Cassandra umbringen wollen, um ihr Geheimnis – sie ist der erste Hybrid – vor den Außerirdischen zu bewahren. Da beruhige es ihn, daß Spender seine Mutter unter Personenschutz gestellt habe. Was auch immer Mulder von Spender halten mag: Die Liebe zu seiner Mutter ist echt.

Der Krebskandidat wirkt tatsächlich niedergeschlagen. In seinem Leben, erzählt er seiner Gesprächspartnerin, habe er niemals jemandem vertraut, denn jeder Mensch glaube, für einen Verrat gute Gründe zu haben. Zumindest von seinem Sohn aber habe er nicht geglaubt, daß sich dieser ihm gegenüber illoyal verhalten würde. Er habe sich geirrt. Warum er ihr von dieser Geschichte erzählt habe, fragt seine Gesprächspartnerin. Weil sie ihn noch nie verraten habe. Und in dieser Situation bleibe ihm nichts anderes übrig, als ihr zu vertrauen. Sie sei die einzige, bei der er sich ihrer Loyalität sicher sein könne. Seine Gesprächspartnerin ist Agentin Diana Fowley.

Skinner will Cassandra aus dem Krankenhaus holen, doch sie ist verschwunden. Aufgeregt stürzt Spender ins Zimmer seiner Mutter. Als er sieht, daß sie verschwunden ist, greift er verzweifelt zum Telefon.

Während Mulder und Scully auf Skinners Rückkehr warten, hämmert es an der Tür von Mulders Apartment. »Öffnen Sie!« schreit jemand. Es ist Cassandra Spender. Mulder ist perplex. Wie habe sie ihn gefunden, wie habe sie aus dem Krankenhaus verschwinden können, fragt er sie. Für solche Erklärungen fehle ihr die Zeit. Mulder solle sofort seine Waffe nehmen und sie erschießen, fleht sie ihn an. Wenn er sie nicht umbringe, werde niemand die Invasion aufhalten können. Sie sei der Schlüssel. Mulder versteht Cassandras Flehen. Da hämmert es erneut an seiner Tür.

»Sie sind hier«, meint Cassandra. Mulder zieht seine Waffe und hält ihren Lauf direkt auf Cassandras Kopf.

Fortsetzung folgt . . .

Bewertung, Produktionsnotizen, X-Hintergründe

Siehe 6ABX12 ONE SON.

6ABX12 One Son

Deutscher Videotitel: One Son 2
US-Erstausstrahlung: 14. Februar 1999
BRD-Videostart: 17. Juni 1999

Regie: Rob Bowman. Drehbuch: Chris Carter, Frank Spotnitz. Gaststars: Mimi Rogers (Agentin Diana Fowley), Veronica Cartwright (Cassandra Spender), Chris Owens (Agent Spender), Dean Haglund (Langly), Tom Braidwood (Frohike), Bruce Harwood (Byers), Laurie Holden (Marita Covarrubias), William B. Davis (Krebskandidat), Nicholas Lea (Agent Krycek), Don S. Williams (Elder), Al Ruscio (Elder #3), Frank Ertl (Elder #4), Peter Donat (Bill Mulder), Scott Williamson (CDC-Leiter), James Pickens Jr. (assistierender Direktor Kersh), Brian Thompson (Formwandler ohne Gesicht).

Kurzinhalt

Ein Kommando des Seuchenschutzes stürmt Mulders Wohnung, bevor dieser Cassandra Spender niederstrecken kann. Mulder und Scully finden sich daraufhin in einem Seuchenbekämpfungszentrum wieder. Da sie keine Gefangenen sind, dürfen sie sich frei bewegen. Da sieht Mulder eine Frau, von der er glaubte, sie sei tot: Marita Covarrubias, seine ehemalige Informantin von der UNO. Marita ist halb tot. Noch besitzt sie aber genügend Kraft, um Mulder davon zu überzeugen, daß nur er die Menschheit vor ihrer Vernichtung retten kann.

Langinhalt

Ein Kommando des Seuchenschutzes stürmt Mulders Wohnung, bevor er abdrücken und Cassandra töten kann. Angeführt wird das Kommando, dessen Mitglieder allesamt in Schutzanzügen stecken, von Diana Fowley. Zu ihrem eigenen Schutz, behauptet sie, würden Scully und Mulder nun in Quarantäne untergebracht.

Die Untersuchungen sind erniedrigend. Die Agenten werden gezwungen, ihre Kleidung abzugeben, und müssen gemeinsam nackt duschen. Niemand spricht mit den beiden. Schließlich entschuldigt sich Diana Fowley für die Unannehmlichkeiten. Cassandra Spender sei offenbar mit einem Virus infiziert, daher hätten sie handeln müssen. Natürlich, bemerkt Scully, habe die Frau deshalb tagelang in einem ganz normalen Krankenzimmer eines Krankenhauses gelegen.

Wieder mit Mulder allein, macht Scully ihrem Ärger erst richtig Luft. Mulder ist froh, wenigstens kein Gefangener mehr zu sein und gehen zu dürfen. Er erfährt durch ein Telefonat mit Skinner, daß Spender ihnen die Seuchenkontrolle auf den Hals gehetzt hat. Auch wenn Mulder wütend ist, versteht er doch, daß Spender seine Mutter nur schützen wollte und daher zu diesem Trick gegriffen hat. Das Zentrum aber ist ein Ort der Verschwörer. Das steht fest, sonst hätte Spender als einfacher Agent wahrscheinlich gar nicht so schnell ein solches Überfallkommando bekommen können.

Doch wie auch immer: Mulder und Scully sind frei. Da ihre Kleider verbrannt wurden, erhalten beide aus dem Kleiderfundus etwas zum Anziehen. Mulder sucht verzweifelt nach einem passenden Paar Schuhe. Er sucht jemanden, der ihm weiterhelfen kann – und sieht auf dem menschenleeren Gang eine junge, schlanke, offenbar kranke Frau, die bei seinem Anblick panikartig die Flucht ergreift. Mulder folgt ihr und findet sie in einem Kühlraum. Es ist Marita Covarrubias, seine ehemalige Informantin von der UNO. Marita ist ein wandelnder Geist. Ihre Haut ist blaß, ihre Augen sind rot unterlaufen. Man habe, stammelt sie, fürchterliche Tests an ihr durchgeführt, sie sei mit dem schwarzen Öl infiziert gewesen, da hätten sie die verschiedensten Impfstoffe an ihr ausprobiert. Mulder beginnt zu verstehen. Das Konsortium mag mit den Kolonisatoren zusammenarbeiten, es hatte jedoch nie vor, tatsächlich erfolgreich zu sein. Wenn die Kolonisatoren nun von Cassandra erfahren, werden sie mit der Kolonisierung beginnen. Und dann kann sie niemand mehr aufhalten.

46. STRASSE, NEW YORK CITY
Das Konferenzzimmer des Konsortiums: Dies ist der Tag, vor dem sich alle gefürchtet hatten. Der Krebskandidat macht den Männern klar, daß es nun weitergehen müsse. Sie könnten Cassandra nicht töten, die Kolonisierung müsse beginnen. »Welche Chance haben wir, wenn unsere Familien überleben sollen?« fragt der Krebskandidat seine Mitstreiter.

Wieder in Washington wird Mulder von den Lone Gunmen gebeten, zu ihnen zu kommen. Scully habe eine Reihe von Informationen über Diana Fowley, die er sich anhören solle. Mulder winkt ab. Er kenne Diana und vertraue ihr. Vielleicht habe er sie einmal gekannt, schränkt Scully ein. Aber diese Diana Fowley sei eine andere Frau als die, die er einst gekannt habe. Mit Hilfe der Hacker-Fähigkeiten der Lone Gunmen sei es ihr gelungen, an Informationen über Diana zu gelangen. Vor sieben Jahren, so Scully, sei Diana Fowley zur Abteilung Auslandsterrorismus versetzt und nach Europa geschickt worden. Aus dieser Zeit gebe es nicht ein einziges Memo oder Dossier von ihr. Die Lone Gunmen hätten jedoch eine Reisekostenabrechnung entdeckt. Danach sei sie einmal pro Woche nach Tunesien geflogen. Aus Tunesien stamme der Mann, der versucht habe, Skinner zu ermorden (siehe Episode 6ABX10 S. R. 819). Auch gebe ihre Reisekostenaufstellung darüber Auskunft, daß sie jeden UFO-Kongreß in Europa besucht und vor allem Daten über Frauen gesammelt hat, die behaupteten, von UFOs entführt worden zu sein. Mulder glaubt Scully nicht. Er kann sich nicht eingestehen, daß Diana möglicherweise mit dem Konsortium zusammenarbeitet. Warum, fragt Scully, sei Diana ausgerechnet in dem Moment aufgetaucht, in dem Mulder näher an der Wahrheit gewesen sei als jemals zuvor? Und warum sei ausgerechnet sie mit Spender für diese Akten verantwortlich.

Mulder wirft Scully vor, persönlichen Widerwillen gegen Diana zu empfinden. Damit habe er vollkommen recht, zischt ihn Scully an. Man habe ihr die Akten weggenommen, man habe sie mißbraucht, jahrelang sei sie ein Spielball fremder Mächte gewesen. Sie habe das gottverdammte Recht, diese Angelegenheit persönlich zu nehmen!

WATERGATE-APARTMENTHAUS, 19:04 UHR

Mulder, durch Scullys Worte nachdenklich geworden, bricht in Dianas Wohnung ein und hofft, Beweise für Scullys Vermutungen zu finden. Wie er feststellen muß, ist er nicht der einzige Besucher. Kurz nach ihm betritt der Krebskandidat die Wohnung. Mulder hält ihm die Waffe an den Kopf. Diesmal, gibt er ihm zu verstehen, werde er keine Probleme damit haben, abzudrücken. Der Krebskandidat verliert seine gewohnt stoische Ruhe als Mulder ihn Mister Spender nennt.

Mulder will Antworten. Warum wurden die Hybriden erschaffen? Um den eigenen Hintern zu retten?

Der Krebskandidat lacht. Mulder erinnert ihn an seinen Vater: Auch der war 1973 gegen die Zusammenarbeit mit den Außerirdischen. Dann aber mußte er diesen Pakt eingehen. Seit dem Absturz des UFOs über Roswell im Jahre 1947 gehörten die beiden einer Gruppe von Beamten an, die mit den Außerirdischen in Kontakt standen. Die Außerirdischen planten eine Invasion, und ganz gleich, welche Strategie sie gegen Aliens ins Feld führten, es gab keinen Weg, die Kolonisatoren von ihrem Plan abzubringen oder aufzuhalten. 1973 verrieten sie ihr Land, ihre Regierung und alle Menschen, die ihnen nahestanden, um mit den Außerirdischen einen Pakt zu schließen. Um ihr Vertrauen zu erlangen, waren sie alle bereit, ein Opfer zu bringen, das größte Opfer, das sie bringen konnten: Sie gaben den Außerirdischen ihre Kinder als Pfand, er selbst gab ihnen seine Frau. So verhinderten sie ihre Invasion und retteten Milliarden von Menschen das Leben, denn sie bekamen im Gegenzug einen außerirdischen Fötus, aus dem sie einen Hybriden herstellen konnten, der die Fähigkeit besitzt, auch nach der Invasion weiterzuleben. Bill Mulder willigte in den Pakt ein und entwickelte den Plan, einen Impfstoff herzustellen, um alle Menschen zu retten. Da der Zeitpunkt für die Übergabe der Kinder bereits verstrichen war, wurde Samantha direkt aus dem Haus entführt.

Die Invasion wird wie folgt ablaufen: Überall werden Bienenschwärme ausgesetzt, die mit dem schwarzen Öl infiziert sind. Sie werden das Virus verbreiten, und irgendwann wird der Notstand ausgerufen werden. Wenn die öffentliche Ordnung erst einmal zusammengebrochen ist, wird die Invasion ein Kinderspiel werden. Eigentlich wollten sie niemals Erfolg haben, Cassandras Verwandlung war gar nicht geplant.

Jemand müsse sie aufhalten, sagt Mulder, selbst wenn er Samantha niemals wiedersehe. Doch der Krebskandidat schüttelt den Kopf. Niemand könne sie aufhalten, sagt er. Er gibt ihm einen Zettel und fordert ihn auf, zu dem niedergeschriebenen Ort zu kommen. Dort werde er überleben. Dann geht er und läßt einen tief deprimierten Fox Mulder zurück.

46. STRASSE, NEW YORK CITY

Der Konferenzraum der Verschwörer ist verwüstet. Er ist leer, nur Krycek wartet auf Spender. Er solle mit ihm kommen, fordert er den Agenten auf, damit er die hybriden Gene empfangen kann, die Gene, die von seiner Mutter stammen. Daraus werde wohl nichts, erklärt ihm Spender, denn er habe seine Mutter versteckt. Krycek lächelt: »Wetten, daß nicht?«

Cassandra wird von einem Ärzteteam untersucht und schließlich mit einer Spritze ruhiggestellt. Ihr Exmann, der Krebskandidat, setzt sich an ihr Bett und bittet sie, über die Zukunft nachzudenken. »Die Zukunft?« fragt Cassandra. Niemand habe je seine Macht in Frage gestellt, erklärt sie ihm überraschend ruhig, dabei sei er in Wahrheit ein kleiner Feigling. Er wolle mit ihr über die Zukunft reden, wo er ihr doch ihre Vergangenheit gestohlen habe? Der Krebskandidat versucht, sich zu verteidigen,

indem er erklärt, er habe das nur getan, um sie und ihren Sohn zu ret-
ten. Cassandra aber glaubt ihm kein Wort. Es gebe nur einen Weg, ihren
Sohn und die gesamte Menschheit zu retten: Sie müsse sterben. Der
Krebskandidat schüttelt den Kopf.

Als Diana Fowley heimkehrt, ist sie überrascht, Mulder zu treffen. Dieser erklärt ihr, was er gesucht habe. Auch erzählt er ihr vom Treffen mit
dem Krebskandidaten. Vorwürfe macht Mulder Diana nicht. Jahrelang
habe er für die falsche Seite gearbeitet, er habe versucht, das Unaufhalt-
same aufzuhalten. Er reicht ihr den Zettel, den der Krebskandidat ihm gegeben hat. Dort, auf diesem Luftwaffenstützpunkt müßten sie sein, wenn
sie überleben wollen. Beide umarmen sich. Doch Mulder schließt seine
Augen nicht.

FORT MARLENE, 22:13 UHR
Im Seuchenschutzzentrum sucht Spender seine Mutter. Doch sie ist verschwunden. Seine Suche führt ihn zu Marita Covarrubias, die ihn erkennt
und ihm einen Deal vorschlägt: Er solle ihr hier heraushelfen, dafür sage
sie ihm, wo er seine Mutter finden könne.
Während Spender und Marita einen Weg aus dem Zentrum suchen, holt
ein Arzt den außerirdischen Embryo aus dem kryogenischen Laboratori-
um. Doch er kommt nicht weit. Noch im Labor wird er von einem For-
menwandler angegriffen und getötet. Mit dem Aussehen des Arztes verläßt der Formwandler unbehelligt das Zentrum.

Scully informiert Mulder darüber, daß sie wisse, wo Cassandra versteckt
gehalten werde. Spender habe sie angerufen und ihr den Ort genannt. Es
liege nun an Mulder, ihr zu helfen oder nicht. Dies sei vielleicht die letzte Chance, sie aufzuhalten, sagt Mulder zu Diana. Diana fährt ohne ihn
zum Treffpunkt.

Scully und Mulder kommen dennoch zu spät. Cassandra befindet sich in
einem Zug und wird in einem fahrenden Labor zum Luftwaffenstützpunkt El Rico gebracht, wo sie auf die Kolonisatoren treffen soll. Es ist

sinnlos, daß Scully und Mulder auf den Zug schießen und ihr Auto quer auf die Schienen stellen. Der Zug schubst den Wagen von den Gleisen.

EL RICO-LUFTWAFFENSTÜTZPUNKT, 23:21 UHR
Die Mitglieder des Konsortiums und ihre Familienangehörigen warten auf die Ankunft von Cassandra. Dann wollen sie die Kolonisatoren informieren und auf deren Ankunft warten. Als Cassandra schließlich vorgefahren wird, stellt der Krebskandidat fest, daß noch einige fehlen, zum Beispiel Krycek.
Der befindet sich noch im Seuchenbekämpfungszentrum, um den Embryo abzuholen. Doch dieser ist verschwunden. Krycek beginnt, nervös zu lachen. Auf dem Weg hinaus trifft er Spender, der ihn bittet, Marita aus dem Stützpunkt herauszubringen. Seine Autorität reiche nicht aus, um Patienten mitzunehmen. Krycek lacht nur. Die Rebellen, sinniert er, ohne daß Spender den Sinn seiner Worte versteht, würden jetzt gewinnen. Es sei alles aus.

In der Zwischenzeit hat Diana Fowley den Hangar erreicht. Sie stellt ihren Wagen ab und begibt sich zu den Wartenden. In diesem Moment erstrahlt von draußen ein gleißendes, weißes Licht. Die Kolonisatoren? Dies kann nicht sein, denn niemand hat sie informiert.
Rebellen, Formwandler stürmen den Stützpunkt. Die Blicke Fowleys und des Krebskandidaten treffen sich. Ohne miteinander sprechen zu müssen, wissen sie, daß sie jetzt nur eines tun sollten: rennen. Sie laufen zu Dianas Auto, Diana startet durch, mit quietschenden Reifen rasen die beiden davon. Für die anderen Mitglieder des Konsortiums kommt jede Hilfe zu spät. Die Rebellen umstellen sie. Es herrscht Panik. Nur Cassandra lächelt. Die Rebellen verbrennen die Menschen.

Direktor Kersh bekommt die Bilder vom Hangar vorgelegt. In seinem Büro sitzen Direktor Skinner, Agent Spender, Mulder und Scully. Kersh spricht Spender sein Beileid aus: Er verstehe, daß er eine schwere Zeit durchmache. Spender bedankt sich bei Kersh; er teilt ihm jedoch auch mit, daß auch er an den Geschehnissen Schuld trage, denn ohne seine

Ignoranz und seine Loyalität gegenüber den falschen Personen hätte das Massaker möglicherweise verhindert werden können. Spender übernimmt die Verantwortung für sein Handeln und bittet den Direktor, Mulder die X-Akten zurückzugeben. Ohne die Entscheidung seines Vorgesetzten abzuwarten, verläßt Spender den Raum, nachdem er Mulder entschuldigend auf die Schulter geklopft hat. Mulder ist für einen kurzen Moment sichtlich gerührt.

Kersh will nun sofort eine Erklärung für die Ereignisse haben. Dies macht Mulder wütend. Seit Jahren, poltert er los, habe er davor gewarnt, daß so etwas eines Tages passieren würde. Nur leider habe ihm in all diesen Jahren niemand zugehört. Was geschehen sei? Das sei eigentlich ganz einfach: Einige Leute hätten eine falsche Entscheidung getroffen. Sie hätten mit einem Feind zusammenarbeiten wollen und damit einen anderen Feind geweckt.

Ein letztes Mal führt Spender der Weg in sein Büro. Er platzt vor Wut, als ausgerechnet sein Vater dort auf ihn wartet. Er wisse nicht viel über ihn, raunzt er ihn an, doch er wisse genug, um ihn zu hassen. Der Krebskandidat zeigt seinem Sohn regungslos das Foto, das ihn in jungen Jahren zusammen mit Bill Mulder zeigt. Würde Bill noch leben, wäre dieser auf seinen Sohn sehr stolz. Der Krebskandidat aber könne dies von seinem Sohn nicht behaupten. Er zieht eine Waffe. Es fällt ein Schuß. Der Krebskandidat verläßt die FBI-Zentrale.

Bewertung

Na also, es geht doch: Auch AKTE X kann die Geschichte einer Verschwörung erzählen und trotzdem Antworten liefern. Nicht, daß alle Fragen beantwortet worden wären. Man kann auch nicht behaupten, daß 6ABX11 TWO FATHERS und 6ABX12 ONE SON frei von Widersprüchen wären oder es mit der Logik immer stimmen würde. Dennoch ist die Doppelepisode im Vergleich zu den Mythologie-Folgen der fünften Staffel Gold wert. Der AKTE-X-Mythologie fehlte während der fünften

Staffel jede Richtung, auf jede Antwort kamen fünf neue Fragen, die gesamte Geschichte wurde immer mysteriöser – wobei die drängendste Frage die blieb, wie es überhaupt möglich war, solche Drehbücher zu verfilmen. Höhepunkte der fünften Staffel waren jene Einzelepisoden, die Vince Gilligan geschrieben hatte. Sie waren humorvoll, spannend, phantasievoll. Mythologie-Episoden hingegen verlockten eher dazu, zur TV-Fernbedienung zu greifen und den Kanal zu wechseln. Verschwörungsthriller leben davon, daß sie dem Zuschauer in regelmäßigen Abständen Antworten geben. Genau das taten die AKTE-X-Autoren nicht.

Um so erfreulicher ist diese Doppelepisode. Man sollte nun nicht den Fehler begehen, die Informationen aus dieser Episode mit denen zu vergleichen, die in den vergangenen sechs Jahren zur Verschwörung gegeben wurden. Es gibt sicher einige Widersprüche. 6ABX11 TWO FATHERS und 6ABX12 ONE SON nehmen ihre Geschichte jedoch vollkommen ernst. Hier wird keine Notlösung präsentiert, mit der die Autoren davon ablenken wollen, daß ihnen die Zügel zeitweise aus den Händen geglitten sind. Diese Doppelepisode nähert sich so nah wie nur möglich einer Auflösung (ohne sie zu diesem Zeitpunkt zu liefern), so daß über mögliche Ungereimtheiten vergangener Ereignisse hinweggesehen werden kann. Wer behauptet außerdem, daß Verschwörungen, an denen Dutzende von Personen beteiligt sind, immer logisch verlaufen müssen? Viele Köche verderben bekanntlich den Brei, warum also sollen viele Verschwörer nicht auch die Verschwörung verderben?

Welche Informationen bietet diese Episode nun?
– Die Kolonisatoren sind außerirdische Invasoren, die die Erde zurückverlangen! Dies entspricht den Informationen aus der ersten Episode dieser sechsten Staffel, in der Scully entdeckt, daß in jedem Menschen außerirdische DNA vorhanden ist. Demnach haben die Kolonisatoren bewußt in die Evolution des Menschen eingegriffen. Warum sie das getan haben, ist eine Frage, die noch beantwortet werden muß.
– Das Konsortium war eine Regierungsbehörde, die nach dem Absturz eines UFOs über Roswell 1947 gegründet wurde. Seine Aufgabe war

es, einen Weg der Zusammenarbeit mit den Außerirdischen zu finden und in Erfahrung zu bringen, welche Ziele diese verfolgten.

- 1973: Um die bevorstehende Invasion der Außerirdischen zu verhindern, schließen die Mitglieder des Konsortiums mit den Kolonisatoren einen Pakt. Sie übergeben ihnen ihre Kinder und teilweise auch Frauen als Versuchsobjekte. Dafür bekommen sie einen außerirdischen Embryo. So erhalten sie die Chance, einen Hybriden zu erzeugen, ein Mischwesen aus Alien und Mensch. Die Frage ist: Wird dieses Mischwesen ein unabhängiges Individuum sein – oder ein Sklave der Außerirdischen? Bill Mulder unterschreibt den Pakt schließlich, um mit Hilfe der DNA des Embryos ein Gegenmittel gegen jenes Virus zu entwickeln, das die Menschheit dahinraffen soll. Offenbar verfügen die Kolonisatoren nicht über die besseren militärischen Mittel; sonst könnten sie auch eine Invasionstruppe auf die Erde schicken.

- Das Hauptmotiv des Konsortiums für die Kollaboration lautet: überleben. Dieses Motiv aber verschwimmt im Laufe der Jahre. Während einige der Herren offenbar vor allem das eigene Überleben sichern wollen, geht es Bill Mulder darum, die Menschheit zu retten.

- Die Mitglieder des Konsortiums beginnen, untereinander mißtrauisch zu werden. Dafür sprechen Anschläge auf den Krebskandidaten während der fünften Staffel und der Anschlag auf den gutmanikürten Mann im Spielfilm, der ja ein Gegenmittel gegen das Virus besitzt, das er, kurz bevor sein Wagen in die Luft fliegt, Mulder überreicht, der damit die infizierte Scully rettet. Hier stellt sich lediglich die Frage, ob die anderen Mitglieder des Konsortiums von der Existenz des Gegenmittels wissen.

Dies ist nicht die einzige Frage, die unbeantwortet bleibt. Mag die Doppelfolge auch eine Reihe von Fragen beantworten, andere werden wieder aufgeworfen und einige sogar neu gestellt.

- Die Kolonisatoren warten darauf, daß ein Hybride erschaffen wird. Dann wollen sie mit der Invasion beginnen. Die Mitglieder des Konsortiums aber wollen die Invasion eigentlich verhindern. Warum aber behalten sie ihr Wissen nicht für sich, als sie zufällig einen Erfolg bei der Erschaffung des Hybriden erzielen? Außer ihnen und den Rebellen weiß niemand etwas von der Existenz des Hybriden. Warum also will der Krebskandidat unbedingt, daß die Kolonisatoren benachrichtigt werden?

- Die Rebellen. Der Name deutet es an: Sie sind keine Freunde der Kolonisatoren, sondern führen einen Krieg. »Der Feind meines Feindes ist mein Freund«, lautet eine Redensart. Warum also schließt sich das Konsortium nicht den Rebellen an?

- Wozu brauchen die Rebellen den Embryo?

- Welche Rolle spielt Krycek?

- Was passiert eigentlich mit Marita Covarrubias? Spender bittet Krycek, Marita aus dem Seuchenbekämpfungszentrum zu geleiten, da seine Autorität bei den Wachen dafür nicht ausreicht. Hat er sie nun hinausbegleitet? Spender taucht am Ende auf jeden Fall wieder beim FBI auf. Er ist herausgekommen. Aber Marita?

- Auf welcher Seite steht Diana Fowlcy? Ist sie nun eine Verbündete des Krebskandidaten (die Fakten sprechen dafür), oder ist sie ein weiblicher Skinner? Eine Figur, die mehr weiß, als sie zugibt, sich aber nicht traut, für eine Seite Partei zu ergreifen?

- Was geschieht mit Spender? (Da sein »Tod« außerhalb des Bildes stattfindet, kann man davon ausgehen, daß der in dieser Episode vom Saulus zum Paulus gewandelte Agent irgendwann wieder auftauchen wird.)

- Wurde Cassandra Spender wirklich getötet? Auch ihr Tod findet außerhalb des Bildes statt.

- Welche Rolle spielt das Land Tunesien für das Konsortium? (Es wird erwähnt, Diana sei fast wöchentlich in Tunesien gewesen, der Mann, der Skinner in 6ABX10 S. R. 819 fast umbringt, ist ein tunesischer Diplomat, und eine der Endszenen des Spielfilms spielt in Tunesien.)

All diese Fragen machen die Verschwörung wieder interessant, da sie nun konkret faßbar geworden ist. Der Zuschauer ist gespannt auf die weitere Entwicklung. Leider aber gibt es einen Aspekt, der in der Doppelepisode nicht überzeugen kann: die Rolle Mulders.

Mulder wirkt lustlos. Sechs Jahre kämpft er für die Wahrheit, und hier wird sie ihm zu großen Teilen auf einem silbernen Tablett serviert – und er wirkt, als würde ihn das alles nichts mehr angehen. Im Mittelpunkt dieser Episode stehen ganz klar der Krebskandidat, Agent Spender und Scully. Mulder wirkt mehr wie eine Dreingabe, eine Figur, die man nicht einfach unter den Tisch fallen lassen darf, für die im eigentlichen Konzept des Zweiteilers aber gar keine Rolle vorgesehen ist.

Sein Verhalten nach dem Zusammentreffen mit dem Krebskandidaten kann sich der Zuschauer überhaupt nicht mehr erklären. Daß er ihn davongehen läßt, ist in Ordnung. Mulder glaubte bislang, die gesamte Verschwörung sei ein Konsortium des Bösen. Nun muß er feststellen, daß es in der Gruppe auch Männer gab – wie sein Vater –, die keinesfalls üble Absichten hatten, als sie den Pakt mit den Außerirdischen schlossen. Auch wenn der Krebskandidat ohne Zweifel ein Bösewicht ist, ist er für das Gleichgewicht der Mächte wichtig. Ohne ihn gäbe es auf seiten der Verschwörer keinen Mittelpunkt.

Soweit, so schlecht. Mulders Motto lautete bisher: Traue niemandem. Nun hat er den Krebskandidaten in der Wohnung von Diana Fowley getroffen. Dennoch vertraut er ihr blindlings. Hallo?

Als reichte dies nicht aus, will er mit ihr zusammen sogar zum Luftwaffenstützpunkt fahren. Erst der Anruf von Scully bringt ihn von diesem Vorhaben ab. Das führt dazu, daß der Showdown des Films ohne die Hauptfiguren Mulder und Scully stattfindet! Sie bekommen statt dessen eine für AKTE X vollkommen untypische Ballerszene am Rangierbahnhof zugestanden, wo sie ein wenig auf einen Zug schießen dürfen, ohne dabei nennenswerte Schäden anzurichten.

Viele positive Aspekte dieser Episode werden durch die vollkommen mißlungene Charakterisierung der Figur Mulders geschwächt. Das überrascht, denn normalerweise gelingt David Duchovny selbst bei den schlechtesten Drehbüchern eine Darstellung, die eine Episode trägt. Hier aber geschieht genau das Gegenteil.

Note 2–.

Produktionsnotizen

★ Der Luftwaffenstützpunkt El Rico Air Base ist in Wahrheit ein von der US-Army aufgegebener Luftschiffhangar in der Nähe von Los Angeles, in dem bis in die 50er Jahre tatsächlich Zeppeline stationiert waren.

★ Wenn vor dem Hangar ein Raumschiff landet, bekommt der Zuschauer nur dessen Lichter zu sehen. Kein Wunder: Es gibt keine Raumschiffkulissen. Das Raumschiff ist nichts anderes als ein großes Stahlgerüst, an dem Dutzende von Scheinwerfern befestigt sind, die via Fernsteuerung bewegt werden können!

★ Die Darsteller der Rebellen mußten für die Nahaufnahmen bis zu sieben Stunden in der Maske sitzen. Aufgrund dieses Aufwandes mußten alle Szenen, in denen ihnen die Masken vom Gesicht gerissen werden, perfekt vorbereitet werden, da sie nur einmal gedreht werden konnten. Eine Panne – und der Darsteller hätte wieder für sieben Stunden in der Maske verschwinden dürfen.

★ Bei den Darstellern der kleinwüchsigen Kolonisatoren, die in ihrem Äußeren Retikulanern entsprechen sollen, handelt es sich ausnahmslos um kleine Mädchen im Alter zwischen acht und elf Jahren.

X-Hintergründe

★ Menschen, die behaupten, mit Außerirdischen zusammengetroffen zu sein, beschreiben diese oft als relativ kleinwüchsig, grau (nicht grün!), mit übergroßen Köpfen, schwarzen Augen, vier langen Fingern, aber einem durchaus menschenähnlichen Äußeren. Diese Wesen werden in der Ufologie entweder schlicht »Graue« oder Retikulaner genannt. Diesen Namen verdanken sie der Annahme, daß sie von einem Planeten des Sterns Zeta Reticuli stammen. Es gibt aber auch Ufologen, die behaupten, sie kämen von einem Planeten des Orion. Andere sehen in ihnen Besucher einer anderen Dimension, und wieder andere behaupten, sie würden sogar auf der Erde leben. Die Kolonisatoren entsprechen exakt diesen Beschreibungen.

★ Ausführliche Informationen über den Roswell-Zwischenfall liefert das Kapitel X-HINTERGRÜNDE zur Episode 4X24 GETHSEMANE im Econ & List-Band zur fünften Staffel der Serie AKTE X.

★ Zum Thema UFOs siehe auch die X-HINTERGRÜNDE zu 6ABX05 DREAMLAND II.

★ Chris Bradley Owens ist einer der verhaßtesten Schauspieler von AKTE X. »Leider«, so der Kanadier, »vergessen manche Leute, daß ich ja nur eine Rolle spiele.« Und diese Rolle hat es in sich: Agent Jeffrey Spender war nicht nur der Nachfolger Mulders bei den X-Akten, er ist auch der Sohn des Krebskandidaten und damit der geborene Verräter. Dieser Mann sucht die Wahrheit nicht, um sie, wie Mulder, der Menschheit zum Geschenk zu machen, er sucht die Wahrheit, um sie wegzuschließen. Er ist kein bösartiger Mensch, er ist einfach nur ein Ignorant. Und das macht seine Taten noch schwerwiegender.

Chris Owens hat eine typisch amerikanische Schauspielerkarriere hinter sich. Das bedeutet, daß er zu den Tausenden von Kellnern und Tellerwäschern in Hollywood gehörte, die in ihren Lebensläufen den Beruf Schauspieler angeben, deren größte Erfolge jedoch Statistenrollen in zweitklassigen TV-Serien sind, in denen sie, meist als Kellner oder Liftboys, einmal durchs Bild gehen dürfen.

Owens Fehler war es, seine Heimat zu verlassen. 1962 in Toronto geboren, studierte er Schauspiel in New York, in einer Zeit, in der Kanada vor allem von amerikanischen TV-Studios als Produktionsort entdeckt wurde. Um von der Filmförderung und den Steuervorteilen zu profitieren, wurden kanadische Mitarbeiter benötigt, sowohl vor als auch hinter der Kamera. So kamen viele kanadische Schauspieler zu einträglichen Jobs – während Chris Owens in New York Theater spielte und mehr schlecht als recht über die Runden kam. Auch sein Umzug nach Los Angeles änderte an dieser Situation nicht viel. Obwohl er in über 40 TV-Produktionen mitwirkte, kam er über den Status des ewigen Nebendarstellers nicht hinaus.

Dies änderte sich im Spätsommer des Jahres 1996, als er für AKTE X gecastet wurde. Ursprünglich war er für nur einen Auftritt vorgesehen: die Rolle des jungen Krebskandidaten. In 4X07 GEDANKEN DES GEHEIM-

NISVOLLEN RAUCHERS (MUSINGS OF A CIGARETTE SMOKING MAN)
verkörperte er in Rückblenden den jungen Verschwörer, der unter anderem Präsident Kennedy erschießt. Da GEDANKEN DES GEHEIMNISVOLLEN RAUCHERS eine für sich allein stehende Episode darstellt, die aus dem Kontext der Serie herausgerissen ist, glaubte Owens nicht daran, ein weiteres Mal mit dem AKTE-X-Universum in Kontakt zu kommen. Er wurde erneut zu einem AKTE-X-Casting eingeladen, und ihm wurde eine Option angeboten, die ihn aus den Schuhen pustete: Er sollte die Hauptrolle der Serie übernehmen. Doch die Geschichte hatte einen Haken: Er würde die Rolle nur bekommen, falls David Duchovny nach der fünften Staffel aus der Serie aussteigen sollte. Dies ist, wie inzwischen bekannt ist, nicht geschehen, und für Owens blieb der Trostpreis, die Rolle des Agenten Spender.

Bevor er jedoch in 5X13 PATIENT X seinen ersten Auftritt in dieser Rolle hatte, spielte er in 5X05 DER GROSSE MUTATO (THE POST-MODERN PROMETHEUS) die Titelrolle, das Monster. Bis zu sechs Stunden Make-up mußte er für die Rolle über sich ergehen lassen, aber es war die Zeit wert. Im Gegensatz zur Rolle des Agenten Spender, die die meisten Fans der Serie hassen, ist der Mutato eine beliebte, traurige Figur. Und es ist eine Rolle, von der Owens heute noch profitiert, zeigt sie doch, daß Owens und Spender zwei vollkommen unterschiedliche Persönlichkeiten sind. So gibt es inzwischen eine ganze Reihe von Websides im Internet, die sich Chris Owens widmen, was er vor allem der Rolle des Mutato zu verdanken hat. Dabei weiß er mit dem Klischee, das er in Agent Spender verkörpert, durchaus locker umzugehen. Unlängst war er in einer Episode der zur Zeit teuersten kanadischen Serie, STARGATE a.k.a STARGATE KOMMANDO SG-1 (STARGATE SG-1, USA/CDN seit 1997) in der Rolle eines Journalisten auf der Suche nach der Wahrheit zu sehen, der Wahrheit über die Existenz außerirdischen Lebens!

Während der Dreharbeiten zur sechsten Staffel von AKTE X lebte Owens wieder in Los Angeles. Zuerst wollte er sich ein Apartment mit Nicolas Lea teilen, mit dem er eng befreundet ist, doch viele Kollegen, die Lea schon etwas länger kannten, rieten ihm ab. Im Gegensatz zum eher ruhigen, introvertierten Owens haftet Lea, einem ehemaligen Punk-Musiker, der Ruf eines standfesten Partygängers an, der keine Fete ausläßt und mit seinen Freunden bis tief in die Nacht Zechtouren veranstaltet, die sehr oft in den eigenen vier Wänden enden.

Bevor die Doppelfolge in Produktion ging, bekam Owens einen persönlichen Anruf von Chris Carter. Carter klang etwas verlegen, daher fragte ihn Owens ganz offen, ob er ihn aus der Serie hinauswerfen wolle. Nicht direkt, antwortete Carter – er werde nur ermordet. Da Owens inzwischen ein Angebot für eine Rolle im zweiten Kinofilm vorliegt, kann man wohl davon ausgehen, daß sein Ausscheiden ein typischer AKTE-X-Tod gewesen ist: Am Ende kehren sie alle zurück.

★ Er ist die Verkörperung des Bösen, Mulders Nemesis, der lebendige Antichrist: der zigarettenrauchende Mann oder auch der Krebskandidat (Cancer Man), wie Mulder ihn zu nennen pflegt. Dies aber sei nur eine Figur, die gar nichts mit ihm zu tun habe, grummelt William Davis gerne in Interviews, wenn er auf die Parallelen zwischen dem geheimnisvollen Verschwörer und seiner eigenen Persönlichkeit angesprochen wird. So gibt es für den Privatmann William B. Davis kaum etwas Schlimmeres als den Gedanken an eine Zigarette. Um 1980 herum hat er das Rauchen aufgegeben. Bis dahin war er Kettenraucher. Wenn er nun seine Rolle spielt, ist er fast nie ohne einen Glimmstengel in der Hand zu sehen. Dies erinnert ihn an all das Gift, das er im Laufe der Jahrzehnte in seinen Körper gepumpt hat, ein Gedanke, der ihn erschreckt.

William Bruce Davis wurde am 13. Januar 1938 in Toronto geboren. Damit ist er, wie eine ganze Reihe von AKTE-X-Nebendarstellern, Kanadier. Einige kanadische Schauspieler haben in Hollywood eine große Karriere gemacht, Michael J. Fox zum Beispiel, Dan Aykroyd oder »Captain Kirk« William Shatner. Viele von ihnen aber haben im Umgang mit den Amerikanern und ihren Produktionsmethoden Probleme. In Kanada geht es eben etwas ruhiger zu als in den USA. Die Filmschauspieler jedoch, die sich dem amerikanischen System anpassen können, haben in der Regel ein recht angenehmes Leben. Viele amerikanische TV-Serien werden in Vancouver und in Toronto gedreht. Für amerikanische B-Spielfilmproduzenten lohnt es sich außerdem immer öfter, ihre Filme im französischen Teil Kanadas, Quebec, zu inszenieren, wo sie vor allem kanadische Schauspieler brauchen, die keinen französischen Akzent haben.

Vor diesem Hintergrund wird es verständlich, warum William B. Davis seit fast 20 Jahren in nahezu jeder US-Serie zu sehen ist, die in Kanada produziert wurde. Ob MACGYVER (USA 1985 bis 91), OUTER LIMITS (USA/CDN seit 1996) und zwei Dutzend anderer Serien, William B. Davis war dabei.

Angefangen hat er Mitte der 50er Jahre als Bühnenschauspieler. Auch in TV-Filmen war er zu sehen. Da das kanadische Kino der 60er Jahre aber, vorsichtig formuliert, keine allzu große Bedeutung hatte, konnte er davon kaum leben. Auch die Arbeit als Bühnenschauspieler ernährte ihn mehr schlecht als recht. Statt aber, wie viele seiner Kollegen, sein Glück südlich der Grenze zu versuchen, blieb William B. Davis in Kanada und begann eine äußerst erfolgreiche zweite Karriere als Schauspiellehrer. Der Mann mit der Abneigung gegen das Zigarettenrauchen, über dessen Privatleben (wie über dem der Serienfigur auch) ein Mantel des Schweigens liegt, wurde Artistic Director of the National Theatre School, wo er klassisches Schauspiel unterrichtete. Diese Arbeit füllte sein Leben aus, sie war gut bezahlt, und es lag William Davis ganz einfach, jungen Menschen auf ihrem Weg ins Schauspiel zur Seite zu stehen. Nebenher begann er schließlich auch, selbst Theaterstücke zu inszenieren. In den 70er Jahren war Davis in der kanadischen Theaterszene eine bekannte Persönlichkeit: Viele junge Schauspieler haben ihr Handwerk bei ihm gelernt oder unter seiner Regie gearbeitet.

Dennoch reichte es ihm eines Tages. Er hatte keine Lust mehr, in der nationalen Theaterschule im Staatsdienst zu arbeiten. Er wollte etwas Neues ausprobieren und gründete seine eigene Theaterschule, das William Davis Centre For Actor's Study. Auf dem freien Markt aber blies ihm der Wind ganz schön heftig ins Gesicht. Bereits Ende der 70er Jahre zeichnete sich ab, daß Kanada auf lange Sicht ein wichtiger Produktionsstandort für amerikanische Fernsehserien werden würde. Die Kosten in den USA waren in den 70er Jahren stetig gestiegen, so daß nach alternativen Produktionsstätten gesucht wurde. Die amerikanischen Zuschauer weigerten sich jedoch, Serien zu schauen, die beispielsweise in Vancouver spielten. Irgendwann aber entdeckten einige schlaue Produzenten, daß Vancouver oder Toronto eigentlich aussahen wie amerikanische Groß-städte. Es gab Wolkenkratzer und amerikanische Autos. Was also sollte die Produzenten daran hindern, irgendwo ein paar amerikanische Flaggen zu hissen, ein paar amerikanische Polizeiautos über die Grenze zu schicken und zu behaupten, Vancouver sei in Wirklichkeit New York?

Wenn Davis nun in TV-Serien auftritt, gibt es dafür zwei Gründe: Auf der einen Seite wird er gut bezahlt, andererseits hält er den Kontakt zur Realität und läuft als Schauspiellehrer nicht Gefahr, zum reinen Theore-tiker zu werden. Es ist kein Zufall, daß er mit seiner Schauspielschule vor allem junge Leute anspricht, die zum Fernsehen und nicht unbedingt zum Theater wollen. Große Stars hat seine kleine Schule nicht hervorge-bracht; die meisten seiner Absolventen haben jedoch keine Probleme, nach ihrer Ausbildung einen Fernseh- und Filmjob zu bekommen. Seine bekannteste Schauspielschülerin ist übrigens die Neuseeländerin Lucy Lawless, die seit einigen Jahren mit der Serie XENA in Fantasy-Fankrei-sen hohes Ansehen genießt.

Auch in einigen Spielfilmen war Davis zu sehen: Für seinen Landsmann David Cronenberg übernahm er eine Rolle in dessen Hollywood-Debüt DEAD ZONE (DEAD ZONE, USA 1983), er spielte eine kleine Rolle in Joe Dantes liebevoller Monsterfilm-Hommage MATINEE (MATINEE, USA 1993), er war ein Schurke in dem unterschätzen Chuck-Norris-Ballerfilm CHUCK NORRIS HITMAN (THE HITMAN, USA 1991), und er spielte den Meister der Puppen in David Schmoellers B-Fantasyfilm PUPPET MASTER (PUPPET MASTER, USA 1989), über den *Das Lexikon des inter-nationalen Films* schreibt, es handele sich um einen sorgfältig kompo-nierten Horrorfilm, der eher auf suggestive Wirkung als auf brutale Schocks setzt. In seiner Heimat spielte er außerdem in OMEN IV (OMEN IV – THE AWAKENING, CDN 1990).

Als er 1993 engagiert wurde, die Rolle des Krebskandidaten zu überneh-men, ahnte er nicht, daß er diese Rolle sechs Jahre lang spielen würde. Sein Vertrag lief über eine Episode, nämlich den Pilotfilm. Er enthielt eine Klausel, die ihn verpflichtete, möglicherweise in weiteren Episoden aufzutreten. Seine Rolle war zunächst stumm. Er sollte nur im Hintergrund stehen, Zigarettenqualm um seine Nase blasen und am Ende der ersten Episode einen Beweis für außerirdisches Leben verschwinden lassen. Doch aus diesem ursprünglich einmaligen Auftritt ist im Laufe der Zeit eine der faszinierendsten Figuren des AKTE-X-Universums entstanden. Der Krebskandidat ist stets ein Mann im Hintergrund geblieben, ein Strippenzieher mit ungeheurerer Macht. Er ist ein Mann, der Dinge weiß, über die andere nur spekulieren können. Seine Aura bleibt dabei stets geheimnisvoll und unheimlich. Im Gegensatz zu den anderen Verschwörern bleibt der Krebskandidat ein Dämon. Der gutmanikürte Mann beispielsweise hatte stets etwas Erhabenes, Elder, der offenbar ein Vorgesetzter des Krebskandidaten ist, würde mit einem Lächeln wie der nette Großvater von nebenan wirken. Nicht so der Krebskandidat: Er wirkt stets überlegen und unnahbar, und das verleiht ihm etwas Kaltes, etwas Fürchterliches. Ein Lächeln würde sein Gesicht nicht freundlicher machen, im Gegenteil: Es würde den sicheren Tod bedeuten.

Dabei hat sich die Figur durchaus verändert. Zu Beginn glaubte Davis, der Krebskandidat sei der heimliche Herrscher der Verschwörung. Erst im Laufe der Zeit gesellten sich Figuren wie Elder oder der gutmanikürte Mann zu seinem Kreis. »Ich wurde damit konfrontiert, daß ich diesen Leuten meinen Bericht vorlegen mußte und offenbar ihrer Weisung unterstand«, erzählte William B. Davis dem amerikanischen Journalisten Nick Joy von der Zeitschrift *Starburst*. Das habe ihn erst einmal enttäuscht, denn er habe seine persönliche Einschätzung der Figur, die er als unnahbar betrachtete, überdenken müssen.

Im Gegensatz zu anderen Serien gibt es bei AKTE X keine offizielle Produktionsbibel, die episodenübergreifende Handlungsstränge oder Personencharakterisierungen exakt festlegt. Deshalb weiß Bill Davis nie genau, in welche Richtung seine Figur sich entwickeln wird.

Der Krebskandidat – oder CGB Spender – ist zwar für die Zuschauer das personifizierte Böse, nicht aber für Davis selbst. Für ihn ist der Krebskandidat vielmehr eine Persönlichkeit, die fest davon überzeugt ist, bei den Verhandlungen mit den Außerirdischen über die Zukunft der Menschheit vollkommen richtig gehandelt zu haben.

William B. Davis war im AKTE-X-Spielfilm dabei, und auch in der siebten Staffel wird er Mulder das Leben schwermachen – sofern der Zigarettenrauch sein Antlitz eines Tages nicht vollkommen vernebelt.

★ Veronica Cartwright, die Darstellerin der Cassandra Spender, ist eine Veteranin des Science-fiction-Horrors. 1979 war sie an Bord der Nostromo in ALIEN – DAS UNHEIMLICHE WESEN AUS EINER FREMDEN WELT (ALIEN, GB 1979). Kultstatus genießt die Schauspielerin in den USA, seit sie Marge Simpson ihre Stimme in DIE SIMPSONS leiht.

6ABX13 Arcadia

US-Erstausstrahlung: 7. März 1999

Regie: Michael Watkins. Drehbuch: Daniel Arkin. Gaststars: Peter White (Gene Gogolak), Tom Gallop (Win Shroeder), Marnie McPhail (Cami Shroeder), Abraham Benrubi (Big Mike), Tom Virtue (Dave Kline), Juli Donald (Nancy Kline), Tim Bagley (Gordy), Roger Morrissey (Übermensch), Debra Christofferson (Pat Verlander), Mark Matthias (Mover).

Kurzinhalt

In einem idyllischen, kalifornischen Städtchen verschwinden immer wieder Menschen, ohne daß deren Verschwinden von den Nachbarn angezeigt würde. Wovor haben diese Menschen Angst? Als Ehepaar getarnt, mieten sich Mulder und Scully in eines der Häuser ein.

Langinhalt

THE FALLS OF ARCADIA, SAN DIEGO COUNTY, KALIFORNIEN
Die Gemeinde Falls of Arcadia ist von der Außenwelt hermetisch abgeriegelt. Hier leben Menschen, die genügend Geld haben, um sich Sicherheit kaufen zu können. In Falls of Arcadia gibt es keine Verbrechen. Ein

hoher Zaun schützt die Bürger vor den Schrecken der Außenwelt. In die
Stadt gelangt nur, wer den Code zum Stadttor kennt. Die Straßen sind
sauber, die Gärten grün – und die Sonne scheint gratis dazu.

Dennoch ist Dave Kline in dieser Stadt nicht glücklich. »Alle hier sind
Nazis«, sagt er zu seiner Frau. Sein Nachbar Win Shroeder habe ohne
seine Erlaubnis seinen Briefkasten gestrichen – weil alle Briefkästen dieselbe Farbe haben sollen. »Alles«, schimpft Dave, »soll gleich aussehen.«
Die Häuser, die Vorgärten. Wann sie alle dasselbe denken müßten, fragt
er. Falls of Arcadia habe eben seine Regeln, besänftigt ihn seine Frau.
Doch diesmal läßt sich Dave nicht beruhigen. Aus der Stadt hat er sich
ein Windrädchen schicken lassen. Der Wind treibt einen kleinen hölzer-
nen Holzfäller an, der seine hölzerne Axt unentwegt auf einen Mini-
stamm schlägt. Was außerhalb von Falls of Arcadia als witziges Garten-
requisit betrachtet würde, kann in dieser Gemeinde zu einem Eklat
führen – das Aufstellen solcher Dinge ist verboten. Dennoch findet der
kleine Holzfäller einen Platz in Daves Garten.

In der folgenden Nacht verschwindet das Windrad, und ein riesiges,
zweibeiniges Monster bricht in die Wohnung der Klines ein.

SIEBEN MONATE SPÄTER

Rob und Laura Petries sind die idealen Nachbarn in einer Siedlung wie
Falls of Arcadia. Sie sind jung, dynamisch, erfolgreich, gutaussehend.
Außerhalb des Stadtzauns sind sie allerdings unter den Namen Fox Mulder und Dana Scully bekannt. Die Nachbarn sind neugierig. Sie sind aber
auch sehr hilfsbereit und tragen die Sachen der beiden ins Haus. Unter
ihnen ist auch Big Mike, ein bulliger, wenig intelligent wirkender Riese,
der prompt einen der Kartons fallen läßt.

Die Hilfsbereitschaft hat einen Grund. Be- und Entladevorgänge dürfen
nur bis 18 Uhr erledigt werden, lautet eine der vielen Regeln der Gemeinde. Mulder darf auch seinen fahrbahren Basketballkorb nicht vor der
Garage aufstellen. Und wenn er seinen Garten verändern will, muß er erst
einmal ins Regelbuch schauen.

Kaum sind die beiden allein, beginnt Scully, das Haus zu filmen. Es ist
das Haus der Klines, des dritten Ehepaars, das in Falls of Arcadia ver-

schwunden ist. Alle drei Fälle haben eines gemeinsam: Das Verschwinden der Menschen wurde erst Tage später nicht von Nachbarn, sondern von Arbeitskollegen gemeldet.

Als es klingelt, ist Scully überrascht, Big Mike vor der Tür zu sehen. Er hält als Entschuldigung für seine Ungeschicklichkeit beim Entladen des LKWs einen großen Karton mit Geschirr in seinen Händen. Scully ist auch überrascht zu erfahren, daß Big Mike Tierarzt ist. Das will so gar nicht zu seinem bulligen Auftreten passen. In einem Nebensatz fragt Scully den großen Mann, was eigentlich mit den Klines geschehen sei? Diese Frage versetzt Big Mike in Panik. Er gibt Scully den Karton, entschuldigt sich und geht.

Während dieser Unterhaltung war Mulder nicht untätig und hat das Haus weiter untersucht – und am Ventilator Spuren von Blut gefunden. Das glaubt er zumindest.

HAUS DER GOGOLAKS, 19:40 UHR

Gene Gogolak ist der Herrscher von Falls of Arcadia. Er ist der Verwalter und offenbar auch Mitbesitzer. Eine Reihe von Einwohnern, die Shroeders, Big Mike und andere, sitzen am Eßtisch und unterhalten sich über die neuen Nachbarn. Niemand weiß Näheres über sie. Am Tisch herrscht eine eisige, von Angst geprägte Atmosphäre, die erst von Big Mike durchbrochen wird. Man solle es ihnen sagen, rät er. Es dauert einen Moment, bis sich Gene Gogolak dazu durchringt, Mikes Vorschlag zuzustimmen. Mike solle es übernehmen, aber erst morgen.

Am späten Abend sitzt Mike vor dem Fernseher. Plötzlich brennt die Glühlampe der Straßenlaterne vor seinem Haus durch. Mike gerät in Panik. Er rennt auf die Straße. Mit bloßen Händen dreht er die heiße Glühlampe aus ihrer Fassung und ersetzt sie durch eine neue. Doch es ist zu spät. »Ich habe sie doch repariert«, fleht Mike. Doch dem Monster, das auf ihn einschlägt, ist das gleichgültig.

Am folgenden Tag spült Win Shroeder die Blutspuren vor Big Mikes Haus fort. Plötzlich stehen Mulder und Scully vor ihm. Eigentlich wollten sie Big Mike nur das Geschirr zurückgeben, heucheln sie und erfahren, daß

Big Mike offenbar geschäftlich die Stadt verlassen habe. Win Shroeder verspricht ihnen, Mike das Geschirr in ihrem Namen zu übergeben – und lädt sie für den Abend zum Essen ein.

Auf ihrem Weg durch die Gemeinde kehren Mulder und Scully schließlich im Haus von Gene Gogolak ein, der im Nebenberuf mit ostasiatischen Kultobjekten handelt, die in Falls of Arcadia den Regeln entsprechend nur in der Wohnung aufgestellt werden dürfen.

SHROEDERS HAUS, 18:37 UHR

Das Abendessen im Haus der Shroeders verläuft sehr kühl. Während Win Shroeder sich bemüht, ein guter Gastgeber zu sein, wirkt seine Frau Cami angespannt und nervös. Diese Nervosität steigert sich noch mehr, als Mulder und Scully, ganz zufällig natürlich, fragen, wo Mike wohl sei. Sie hätten mit ihm sprechen wollen und in seinem Büro angerufen, doch sei er dort nicht erschienen. Win Shroeder schafft es, dem Gespräch eine andere Richtung zu geben, indem er Unwissenheit vortäuscht.

Cami zieht sich zurück und geht mit ihrem Hund Gassi. Scully begleitet sie, und Cami wird mitteilsam. Dies sei nicht das Paradies. Wer hier in Ruhe leben wolle, müsse sich anpassen, klagt sie Scully ihr Leid. Plötzlich reißt sich ihr kleiner Hund los und kriecht für einen Moment in ein Abflußrohr unter dem Bürgersteig. Vollkommen blutverschmiert taucht er wieder auf. Cami ist entsetzt, Scully wischt dem Hund das Blut vom Fell.

Die Sonne ist aufgegangen. Für Mulder wird es Zeit, einige Regeln der Stadt zu brechen. Zuerst stellt er einen rosafarbenen Plastikflamingo im Garten auf. Er geht ins Haus, holt sich einen Milchkarton, geht wieder hinaus – und der Flamingo ist verschwunden. Nun muß er mit Gewalt vorgehen: Er tritt gegen den Briefkasten, öffnet die Klappe, gießt die Milch darüber – und wartet stundenlang. Doch nichts geschieht. Mulder muß nur kurz zur Toilette gehen, und als er zurückkommt, erstrahlt der Briefkasten im hellsten Glanz.

22:37 UHR

Mulder hat die härteste aller Waffen aus der Garage hinausgeschoben:

seinen Basketballkorb. Er beginnt zu spielen, und verursacht Aufruhr in der Nachbarschaft. Vor allem Win Shroeder verliert fast die Nerven. Er versucht, den Korb mit Gewalt in die Garage zurückzuschieben. Erst ein Aufschrei seiner Frau läßt ihn wieder zur Besinnung kommen. Sie hat einen großen Schatten gesehen. Mehr geschieht nicht. Nur die Glühlampe in der Laterne vor ihrem Haus ist kurz zuvor durchgebrannt.

Auch Scully kehrt »heim«. Die Untersuchung des Blutes hat ergeben, daß es sich überhaupt nicht um den roten Lebenssaft handelt. Tatsächlich wurden Spuren von Motoröl, Ketchup und anderen Dingen entdeckt, was in dieser Gegend gar nicht so erstaunlich ist. Falls of Arcadia wurde nämlich auf einer in den 70er Jahren geschlossenen Müllhalde errichtet. Warum aber sieht das Zeug wie Blut aus?

Blut, das keines ist, Menschen, die in Panik geraten, wenn ein Mann abends Basketball spielt, und ein Verwalter, der sich in seiner Freizeit offenbar südostasiatischen Kulten widmet – was geht hier vor? Die Antwort darauf werden Mulder und Scully nur bekommen, wenn sie weiterhin Regeln brechen, besser noch, ihre Nachbarn ärgern – und trotzdem die Regeln einhalten!
Am folgenden Tag läßt Mulder einen Bagger vorfahren, der ihm ein Loch in den Garten gräbt. Die Nachbarn sind entsetzt, wollen, daß er das Loch zuschaufeln läßt, doch Mulder, bewaffnet mit der einige hundert Seiten dicken Gemeindeordnung, erklärt ihnen, daß er einen Naturteich anlegen wolle und damit gegen keine der Regeln verstieße.
Damit, nuschelt Gene Gogolak, schaufele sich dieser Petries (=Mulder) sein eigenes Grab.

Noch am selben Abend findet Mulder bei den Grabungsarbeiten den kleinen Holzfäller, der die Klines das Leben kostete. Scully bestellt sofort eine Spurensicherungseinheit beim FBI, während Mulder Gogolak verhaften will.
Für Mulder steht fest, daß Gogolak, der Experte für Kulte, ein Wesen erschaffen hat, das unter der Stadt in der Erde lebt, aufsteigt, in der Ge-

meinde für Ordnung sorgt und sich ins Erdreich zurückzieht. Er habe
einige Beweise für diese Theorie unter dem Rasen der Shroeders gefunden. Leider übertreibe es dieses Wesen offenbar mit seinem Ordnungs-
wahn. Gogolak widerspricht Mulder nicht. »Wozu auch?« fragt er den
Agenten. Sie beide mögen wissen, daß diese Geschichte wahr sei, seine
Anwälte wüßten es aber nicht. Sollte Mulder ihnen von einem künstlich
erschaffenen Menschen erzählen, komme er eher in eine Irrenanstalt als
er, Gogolak, ins Gefängnis.

In diesem Moment hört Mulder Schüsse. Sie kommen aus seinem Haus.
Auf der Flucht vor einem riesigen Monster ist Scully ins Schlafzimmer
geflüchtet, wo sie niemand anderem als Big Mike in die Arme läuft.
Dieser ist über und über mit Blut beschmiert. Er entschuldigt sich, daß er
sie nicht am ersten Tag, an dem sie sich trafen, vor dem Übermenschen
gewarnt habe, einem Wesen, das sie erschaffen hätten, um die Ordnung
in ihrem Paradies aufrechtzuerhalten, das aber ihr Paradies in eine Hölle
verwandelt habe. Big Mike versteckt Scully im Kleiderschrank, zieht eine
Pistole und stürzt sich auf das Monster. Er hat keine Chance.

Mulder kettet Gogolak an seinen Briefkasten. Dann rennt er ins Haus.
Win Shroeder beobachtet die Geschehnisse im Nachbarhaus von seinem
Garten aus. »Hilf mir!« fordert ihn Gogolak auf. Doch Shroeder wendet
sich ab. Das Monster, inzwischen wieder im Freien, packt Gogolak, tötet
ihn – und damit auch sich selbst.

Bewertung

Die Idee ist interessant. Indem Mulder das Loch in seinem Garten
schaufeln läßt, um einen Teich anzulegen, verstößt er gegen keine
einzige Regel der Gemeinde. Jeder aber glaubt, daß er gegen eine
verstoße, und Gene Gogolak hetzt das Monster auf Mulder, um ihn für
diesen »Regelbruch« zu bestrafen. Gene Gogolak aber hat gegen die Regeln verstoßen, indem er ein Paar, das sich an die Regeln hält, töten lassen will. Es ist also nur logisch, daß er dafür vom Monster zur Rechen-
schaft gezogen wird. Warum das Monster dennoch Scully angreift, die

gegen keinerlei Regeln verstoßen hat, wird allerdings nicht wirklich klar.

Abgesehen von dieser Ungereimtheit, ist 6ABX13 ARCADIA eine gelungene Monster-of-the-week-Episode, in der vor allem jene Szenen, in denen Mulder und Scully ein Ehepaar spielen, unbedingt sehenswert sind.

Sehr schön sind auch die Seitenhiebe auf den Sicherheitswahn solcher Gemeinden wie Arcadia. Tatsächlich ist Falls of Arcadia kein theoretisches Konstrukt. Kleine Gemeinden wie diese gibt es vor allem in Kalifornien en masse. Es sind wohlhabende Gemeinden mit guten Schulen, sauberen Straßen und wenig Kriminalität, in denen Sicherheitsdienste und jede Menge Verordnungen das Zusammenleben regeln. Die Geschichte mit dem Basketballkorb ist in vielen dieser Gemeinden Realität. Besonders beliebt sind die Gartenordnungen – in ARCADIA nur am Rande erwähnt –, die genau vorschreiben, welche Blumen gepflanzt werden dürfen und welche nicht.

ARCADIA verulkt derartige Auswüchse, indem das Regelwerk beinahe religiös verehrt wird. Mit diesem Buch haben sich die Bewohner eine eigene Bibel und einen eigenen Gott geschaffen, einen Gott der protestantisch geprägten amerikanischen Vorstellung, der kein gütiger Gott ist, der die Menschen liebt, sondern ein strafender, der jeden Verstoß gegen seine Regeln rigoros ahndet. Note 3+.

X-Hintergründe

★ Obwohl Gemeinden wie Falls of Arcadia genügend Stoff für Dutzende von Filmen hergeben würden, ist das Thema doch tabu. Das ist auch damit zu erklären, daß Hollywoods Filmproduzenten fast alle in Gemeinden wie dieser leben. So ist jener Teil von Beverly Hills, in dem die Schönen und Reichen leben, nichts anderes als Falls of Arcadia. Auch hier sind Dutzende Straßen für Touristen gesperrt und werden von privaten Sicherheitsdiensten bewacht, auch hier hat sich ein Gemeindewesen entwickelt, das sich von der Außenwelt abschottet.

Dieses Tabu hat Rob Heddens mit seinem genialen TV-Thriller THE CO-
LONY (THE COLONY, USA 1995) gebrochen, in dessen Mittelpunkt der Si-
cherheitsexperte Rick Knowlton (John Ritter) steht, der, um der wachsen-
den Kriminalität von Los Angeles zu entfliehen, in die Colony zieht, eine
idyllische Gemeinde mit vielen weißen Häusern, in der lauter glückliche
Mitglieder der oberen Mittelschicht leben. Knowlton ahnt nicht, daß hinter der idyllischen Fassade ein faschistoides System entstanden ist, in dem
sich das Individuum den Regeln der Gemeinschaft unterordnen muß.

6ABX14 Agua Mala

US-Erstausstrahlung: 21. Februar 1999

Regie: Rob Bowman. Drehbuch: David Amann. Gaststars: Darren McGa-
vin (Arthur Dales), Nichole Pelerine (Sara Shipley), Max Kasch (Max
Shipley), Joel McKinnon Miller (Deputy Greer), Valente Rodriguez
(Walter Suarez), Diana Maria Riva (Angela Villareal), Jeremy Roberts
(George Vincent), Silas Weir Mitchell (Dougie).

Kurzinhalt

Arthur Dales, der Mann, der die X-Akten entdeckte, bittet Mulder, nach
Florida zu kommen, um das Verschwinden einer Frau aufzuklären, die
offenbar von einem riesigen Octopus gefressen wurde. Schnell muß Mulder feststellen, daß sich hinter diesem Fall ein sehr gefährliches Wesen
verbirgt.

Langinhalt

TIERRA NUEVA-WOHNWAGENPARK, GOODLAND, FLORIDA
Inmitten eines fürchterlichen Hurrikans gelangen Mulder und Scully

zum Wohnwagen von Arthur Dales, dem Mann, der von den frühen 50er Jahren bis zu seiner Pensionierung sein Leben den X-Akten gewidmet hat. Dales erzählt den beiden vom Notruf einer Nachbarin, einer Ms Shipley. Sie sei verschwunden. Kurz vorher sei es ihr jedoch noch gelungen, über Funk die Nachricht zu senden, daß sie und ihr Sohn von riesigen Tentakeln bedroht würden. Aufgrund seiner Erfahrung hält Dales diesen Hilferuf für echt. Ms Shipleys Ehemann sei Meeresbiologe gewesen und sie deshalb wahrscheinlich sehr wohl in der Lage, Tentakel als solche zu erkennen.

SHIPLEY RESIDENZ, 21:14 UHR
Der Hurrikan tobt. Beim Versuch, ins Haus der Shipleys einzudringen, werden Mulder und Scully von dem Ortspolizisten Deputy Greer versehentlich für Plünderer gehalten und verhaftet. Greer, nicht unbedingt der intelligenteste Polizist des Distriktes, kann erst von Mulders und Scullys Identität überzeugt werden, als Mulder ihm die Waffe entreißt und Scully ihm mit sanfter Gewalt ihren FBI-Ausweis unter die Nase hält. Bei der Durchsuchung des Hauses erklärt Greer den beiden, daß Dales die Polizei über den Tentakel-Vorfall unterrichtet habe. Da Dales aber ein bekannter Querulant und Trinker sei, habe man seinen Erzählungen keinen Glauben geschenkt.
Im Waschraum des Hauses entdecken Mulder und der Polizist in der Waschmaschine ein Lebewesen. Ein Tentakel? Als sie die Maschine öffnen, springt ihnen jedoch die vollkommen verstörte und durchnäßte Katze der Shipleys entgegen.
Der Fall scheint klar: Die Shipleys haben sich vor dem Sturm in Sicherheit gebracht. Von einem Überfall eines Wesens mit langen Tentakeln fehlt jede Spur.

THE BREAKERS CONDOMINIUS, 22:42 UHR
Deputy Greer geht wieder seinem eigentlichen Job nach: Er durchstreift sein Revier auf der Suche nach Menschen, die sich noch nicht in Sicherheit gebracht haben. Außerdem hält er nach Plünderern Ausschau. In einem Badezimmer des Apartmenthauses entdeckt er schließlich einen

Mann, der sich vollständig in eine glibberige Masse verwandelt hat. Ein Wurm, der wie ein Tentakel aussieht, springt den Polizisten an, der augenblicklich zusammenbricht.

Der Sturm macht für Mulder und Scully die Rückfahrt zum Wohnwagenpark unmöglich. Sie werden an einer Straßensperre aufgefordert, sofort Schutz zu suchen. Der einzige Unterschlupf ist das Breakers-Apartmenthaus, wo sie den nach Luft schnappenden Deputy am Boden liegend finden. Mit einem Luftröhrenschnitt kann Scully sein Leben retten. Als sie ihm aus diesem Loch einen kleinen, glibberigen Wurm zieht, wissen die beiden Agenten, daß sie in diesem Gebäude nicht nur den Sturm abwarten können.

Dabei sind sie nicht allein. Da ist der Hausmeister mit seiner Frau, die kurz vor der Geburt ihres ersten Kindes steht, da ist George Vincent, ein verrückter Waffenfetischist, der glaubt, die letzte Bastion des Westens im Falle einer Invasion Castros zu sein, sowie Dougie, ein kleiner Dieb, der eigentlich nur einen Fernseher und ein bißchen Schmuck stehlen wollte. Da der Deputy an über 42 Grad hohem Fieber leidet, legen Mulder und der Dieb ihn in eine mit Eis gefüllte Badewanne, aus der der Deputy wenige Minuten später jedoch verschwunden ist. Zurück bleibt nur ein wenig Schleim und seine Kleidung. Für Mulder steht nun fest, daß sie es bei dem Monster nicht mit einer unbekannten Octopusart zu tun haben, sondern mit Wesen, die sich aus Wasser zusammensetzen, das Wasser binden und durch Absorption von Fleisch eine wurmartige Gestalt annehmen. So entkommen sie durch relativ kleine Öffnungen wie einen Wasserabfluß in der Badewanne. Alle Opfer befanden sich in der Nähe von Wasserquellen. Warum dieses Monster aber im Sturm aktiv geworden ist, dafür hat Mulder keine Erklärung. Ausgerechnet er wird von einem Wurm angesprungen, der sich augenblicklich in seinem Körper einnistet. George, der Waffenfetischist, versetzt Mulder daraufhin einen Fußtritt, der diesen direkt aus dem Apartment, in dem sie Zuflucht gesucht haben, auf den Flur verbannt. Scully will ihm zu Hilfe eilen, doch George macht ihr klar, daß Mulder eine Gefahr für alle in diesem Raum darstelle, da sich sein Körper ebenfalls in Kürze auflösen werde. Als in genau diesem Moment bei der Hausmeistergattin die Wehen einsetzen, bleibt Scully nichts anderes übrig, als Mulder seinem Schicksal zu überlassen.

Er taumelt zur Haustür. Da entdeckt er die Katze der Shipleys, die sich im Wagen des Deputys versteckt hatte. Wieso ist sie eigentlich nicht von dem Monster infiziert worden?

In diesem Moment legt sich in dem Apartment ein riesiger Tentakelwurm um den Hals des Waffenfetischisten. Der läßt seine Kanone fallen. Scully blickt in das Wasser, in dem sie ihre Hände desinfiziert hat. Das Wasser ist vollkommen klar. Sie gibt dem Hausmeister den Befehl, Georges Waffe zu nehmen und sofort auf den Sprinkler zu schießen. Das Kind wird geboren, der Hausmeister greift nach der Waffe und schießt.

Der Sturm ist vorbei, und für Mulder und Scully heißt es nun, Abschied von Arthur Dales zu nehmen. Der möchte nur noch wissen, wie sie dem Monster eigentlich entkommen seien und es besiegt hätten. Die Antwort ist einfach: In Goodland gibt es ein aus zwei unterschiedlichen Leitungen bestehendes Wassersystem. Es gibt Brunnenwasser und chloriertes Leitungswasser. Aufgrund des Sturmes war Salzwasser in die Brunnenwasserleitungen geraten. Alle Opfer befanden sich an Orten, an denen Brunnenwasser verwendet wurde. Als Scully ihre Hände desinfizierte, fiel ihr auf, daß sie dies mit gechlortem Wasser getan hatte. Gechlortes Wasser befindet sich auch in den Leitungen der Sprinkleranlage. Als die Anlage nach dem Schuß aktiviert wurde, vernichtete das klare Wasser das Wesen. Ganz ähnlich ist es Mulder ergangen. Als er die Katze im Regen sitzen sah, wurde ihm klar, daß das Monster den Regen offenbar nicht vertragen konnte und robbte ins Freie. Dies rettete ihm das Leben.

Bewertung

6ABX14 AGUA MALA ist eine sehr durchschnittliche Episode. Das Drehbuch ist durchschnittlich, die Effekte sind durchschnittlich, die Schauspieler sind durchschnittlich. Schade ist in diesem Zusammenhang, daß die Figur des Arthur Dales vollkommen verschenkt wird. Dales war die Hauptfigur der Episode 5X15 TRAVELERS, in der er als junger Mann portraitiert wurde, der zufällig über die X-Akten stolpert, woraufhin sich sein Leben grundlegend verändert. Den alten Arthur Dales spielte auch in dieser Episode Darin McGavin, der mit seiner Serie KOLCHAK: THE NIGHTSTALKER Chris Carters Vorbild bei der Entwicklung von AKTE X war. Daß seine Figur nur dazu dient, Mulder und Scully nach Florida zu locken, ist ein bißchen wenig. Fans der Episode 5X15 TRAVELERS hätten sich eine echte Arthur-Dales-Episode gewünscht.

Was bleibt, ist bloße Mittelmäßigkeit. Note 3–.

X-Hintergründe

★ Ausführliche Informationen zu der Figur des Arthur Dales, dem Schauspieler Darin McGavin und dessen TV-Serie KOLCHAK: THE NIGHT STALKER gibt es im Econ & List-Buch zur fünften Staffel im Rahmen der X-HINTERGRÜNDE zur Episode 5X15 TRAVELERS.

★ Natürlich gibt es massenhaft Mythen über geheimnisvolle Seemonster mit langen Tentakeln. Das Monster dieser Episode ist jedoch der Phantasie der Autoren entsprungen und hat keinen »realen« Hintergrund.

6ABX15 Monday

US-Erstausstrahlung: 28. Februar 1999

Regie: Kim Manners. Drehbuch: Vince Gilligan und John Shiban. Gaststars: Darren Burrows (Bernard), Carrie Hamilton (Pam), Mik Scriba (Lieutenant Kraskow), Mitch Pileggi (assistierender Direktor Skinner), Arlene Pileggi (Skinners Sekretärin), Suanne Spoke (Kassiererin), Wayne Alexander (älterer Agent), David Michael Millins (Tourführer), Monique Edwards.

Kurzinhalt

Während eines Banküberfalls wird Fox Mulder von einer Kugel tödlich verletzt. Scully kann nichts weiter tun, als im Moment seines Todes bei ihm zu sein. Eingekreist von der Polizei, sieht der Bankräuber keinen Ausweg mehr. Er zündet eine Bombe. Eine Explosion zerfetzt das gesamte Gebäude.

Fox Mulder erwacht in seinem Bett. Es ist Montag.

Langinhalt

Die Credock Marine Bank ist von der Polizei umstellt. Direktor Skinner erscheint am Tatort. Er überquert die Absperrung und bittet den verantwortlichen Polizisten um Auskunft über die Geschehnisse. Der Polizist ist überrascht: Was will das FBI hier? Skinner erklärt ihm, daß sich zwei seiner Agenten in der Bank befänden. In diesem Moment durchbricht eine junge Frau die Absperrung, um mit Skinner zu sprechen. Dieser aber kennt sie nicht, und so wird sie hinter die Absperrung zurückgedrängt.

Skinner ahnt nicht, daß Mulder von dem Bankräuber angeschossen wurde und im Sterben liegt. Als dieser Bankräuber keinen Ausweg mehr sieht, dem Desaster zu entkommen, öffnet er seine Jacke. Er ist vollkommen mit Dynamit verdrahtet. Er drückt den Auslöser, das Bankgebäude explodiert.

ES IST MONTAG, 7:15 UHR

Mulder erwacht. Er hat verschlafen. Seine Bettwäsche ist durchnäßt. Wasser spritzt aus seinem Wasserbett, der Fußboden ist ebenfalls überschwemmt. Der Elektrowecker ist kaputt, das Handy unbrauchbar. Das Telefon klingelt. Seine unter ihm wohnende Nachbarin beschwert sich über das Wasser, das durch die Decke tropft. Mulder verspricht ihr, sich darum zu kümmern. Er geht in die Küche, holt einen Topf, um Wasser zu schöpfen, stolpert auf dem Rückweg über seine im Weg stehenden Turnschuhe und legt sich der Länge nach auf den Bauch.

Im Büro angelangt, hofft er, seine Verspätung werde ihn vor einer langweiligen Konferenz bewahren, doch Scully teilt ihm mit, daß die Kollegen nur auf ihn warten. Mulder öffnet seine Post. Sein Mietscheck ist geplatzt. Genervt gibt er der Konferenz einen Korb und geht zur Bank. Auf dem Weg geht er an einem Wagen vorbei. Eine junge, übernächtigt wirkende, traurig dreinblickende junge Frau starrt ihn an. Mulder hat das Gefühl, als habe er sie schon einmal gesehen. Dennoch geht er in die Bank.

Die Konferenz beim FBI ist währenddessen an einem Punkt angelangt, an dem auf Mulder nicht mehr verzichtet werden kann. Scully geht zur Bank, um ihren Kollegen zu holen.

In diesem Moment zieht der Bankräuber – er heißt Bernard – seine Waffe. Eine Kassiererin gibt sofort stummen Alarm. Die Kunden legen sich auf den Boden. Mulder blickt durch die Eingangstür auf die Straße, wo er Scully herankommen sieht. Er hört die erste Polizeisirene. Wenn Bernard eine Chance haben wolle, solle er die Vordertür schließen, rät Mulder dem Bankräuber. Dieser ist kein Profi. Irritiert kommt er Mulders Vorschlag nach – doch zu spät. Scully hat die Bank schon betreten und zieht ihre Waffe. Es kommt zu einem Patt.

Die Credock Marine Bank ist von der Polizei umstellt. Direktor Skinner erscheint am Tatort. Er überquert die Absperrung und bittet den verantwortlichen Polizisten um Auskunft über die Geschehnisse. Der Polizist ist überrascht: Was will das FBI hier? Skinner erklärt ihm, daß sich zwei seiner Agenten in der Bank befänden. In diesem Moment durchbricht eine junge Frau die Absperrung. »Beenden Sie diesen Wahnsinn endlich!« fordert sie Skinner auf. In diesem Moment explodiert das Bankgebäude.

ES IST MONTAG, 7:15 UHR

Mulder erwacht. Er hat verschlafen. Seine Bettwäsche ist durchnäßt. Wasser spritzt aus seinem Wasserbett, der Fußboden ist ebenfalls überschwemmt. Der Elektrowecker ist kaputt, das Handy unbrauchbar. Das Telefon klingelt. Seine unter ihm wohnende Nachbarin beschwert sich über das Wasser, das durch die Decke tropft. Mulder verspricht ihr, sich darum zu kümmern. Er wundert sich. Hat er das nicht schon einmal erlebt? Er geht in die Küche, holt einen Topf, um Wasser zu schöpfen, doch er stolpert über seine im Weg liegenden Turnschuhe und fällt auf den Hosenboden. So erreicht er das Telefon, das zum zweiten Mal klingelt, nicht.

Am anderen Ende ist Pam, die junge, traurig wirkende Frau. Bernard betritt ihr Apartment, panisch legt sie den Hörer auf. »Wen hast du angerufen?« will Bernard wissen. »Niemanden«, lügt sie und fleht ihn an, nicht in die Bank zu gehen. Dies sei ihre einzige Chance, ihrem Elend zu entfliehen, erklärt Bernard. Pams Flehen läßt ihn kalt.

Mulder ist derweil im Büro angelangt. Er sitzt am Schreibtisch und öffnet seine Post. Er hat gehofft, seine Verspätung würde ihn vor einer langweiligen Konferenz bewahren, aber Scully betritt sein Büro und teilt ihm mit, daß die anderen Agenten nur auf ihn warten würden. Da hilft ihm auch der geplatzte Mietscheck nicht weiter. Scully will ihn für ihn einlösen. Kaum ist sie verschwunden, stellt Mulder fest, daß er ihr die falschen Unterlagen mitgegeben hat. Er flucht und versucht, sie einzuholen.

Auf dem Weg zur Bank trifft er Pam, die aus ihrem Wagen steigt und ihn bittet, die Bank nicht zu betreten. Mulder hört ihr aufmerksam zu. Dieser Tag wiederhole sich immer wieder. Sie habe alles versucht, um Bernard von dem Überfall abzuhalten. Sie habe ihm die Autoschlüssel weggenommen, ihn eingesperrt, ihn verhaften lassen. Doch jedesmal gelange er zur Bank. Inzwischen sei sie sicher, daß Mulder und Scully der Schlüssel für diese ständigen Wiederholungen seien – der Schlüssel zum Tod all der Menschen in der Bank.

In diesem Moment fällt ein Schuß. Mulder zieht seine Waffe und rennt los. Weinend bricht Pam neben ihrem Wagen zusammen. Eine Explosion erschüttert die Stadt.

ES IST MONTAG, 7:15 UHR

Mulder erwacht. Er hat verschlafen. Seine Bettwäsche ist durchnäßt. Wasser spritzt aus seinem Wasserbett, der Fußboden ist ebenfalls überschwemmt. Der Elektrowecker ist kaputt, das Handy unbrauchbar. Das Telefon klingelt. Ja, mault Mulder seine unter ihm wohnende Nachbarin an, er werde den Wasserschaden bezahlen. Hat er dies nicht schon einmal erlebt?

Auf dem Weg zum Büro wird Scully von einer jungen Frau angesprochen. Sie gehört zu einer Gruppe von Touristen, die das FBI besichtigen. »Gehen Sie nicht zur Bank!« fleht sie Scully an. »Wenn Sie gehen, werden Sie dort sterben. Bitte, gehen Sie nicht!« Die junge Frau wird vom Fremdenführer aufgefordert, zur Gruppe zurückzukehren. Scully ist verwirrt.

Sie trifft Mulder in dessen Büro. Dieser muß zur Bank und die Geschichte mit seinem geplatzten Scheck regeln. Zur Bank? Scully erzählt Mulder, was ihr gerade am Fahrstuhl widerfahren ist. Dann werde er wohl den Automaten nehmen müssen, scherzt er und geht.

Tatsächlich betritt Mulder die Bank nicht. Er trifft Pam am Automaten. Dies sei die Hölle, erklärt sie ihm, ihre ganz persönliche Hölle. Obwohl er sie noch nie in seinem Leben gesehen hat, versteht er, was sie meint. Zurück beim FBI betritt Mulder den Konferenzraum. »Wo ist Scully?« fragt er Skinner. Sie habe ihn von der Bank abholen wollen.

Fluchend rennt Mulder zum Kreditinstitut. Er kann nicht verhindern, daß Bernard den Überfall beginnt und Scully ihre Waffe zieht. Zwischen beiden entsteht ein Patt. Mulder stürmt ins Bankgebäude. »Waffe weg!« schreit er. Bernard dreht sich um, Mulder feuert sofort. Tödlich getroffen sinkt Bernard zu Boden. Mit letzter Kraft betätigt er den Zünder.

ES IST MONTAG, 7:15 UHR

Mulder erwacht. Er hat verschlafen. Seine Bettwäsche ist durchnäßt. Wasser spritzt aus seinem Wasserbett, der Fußboden ist ebenfalls überschwemmt. Der Elektrowecker ist kaputt, das Handy unbrauchbar. Das Telefon klingelt. Jaja, brüllt Mulder in den Hörer und legt auf. Er beeilt sich, zum FBI zu kommen, wo er an einer Konferenz teilnehmen muß. Kaum ist er in seinem Büro, muß er feststellen, daß dies nicht sein Tag ist. Sein Mietscheck ist geplatzt. Scully möchte ihn zum Meeting holen, doch Mulder bittet sie, ihn zu entschuldigen.

Vor der Bank stellt Bernard seinen Wagen ab. Diesmal, verspricht er Pam, werde sich alles ändern. Doch Pam schüttelt den Kopf. Details änderten sich, doch das Ergebnis bleibe immer dasselbe. Sie schaut Bernard hinterher und beobachtet, wie dieser die Bank betritt. Mulder sieht Bernard und auch Pam. Er greift nach seinem Ersatzhandy und ruft Scully an. Sie müsse ihm einen Gefallen tun, bittet er sie. Dann betritt er die Bank.

Bernard steht an einem Schreibpult und bereitet seinen Überfall vor. Mulder stellt sich neben ihn und legt seine Waffe aufs Pult. Er sei ein FBI-Agent, erklärt er. Und er wisse, daß er eine Bombe an seinem Körper trage. Noch sei nichts geschehen, weder ein Überfall noch eine Explosion. Wenn er die Bank verlasse, habe er nach geltendem Recht kein Verbrechen begangen und sei ein freier Mann.

In diesem Moment wird Pam von Scully angesprochen. Sie solle ihr in die Bank folgen, fordert sie Pam auf.

Bernard dreht durch, als die beiden die Bank betreten. Er packt Mulders Waffe und zieht seine eigene. »Leg die Waffen weg!« fleht Pam ihn an. »Noch ist nichts geschehen«, pflichtet Mulder ihr bei. Er habe zwar seine Waffe gezogen, doch wenn er jetzt einfach aufgebe, habe er keine hohe Strafe zu erwarten. Pams Anwesenheit und die ruhige Stimme Mulders beschwichtigen Bernard. Traurig läßt er die Waffen sinken. In diesem Moment ertönt in der Ferne die erste Polizeisirene. »Es gibt keinen anderen Ausweg«, meint er und schießt auf Mulder. Doch Pam schützt den Agenten mit ihrem Körper. Die Kugel trifft sie ins Herz. Geschockt sinkt Bernard in die Knie. Scully braucht ihm die Waffen nur noch aus den Händen zu nehmen.

Blutüberströmt liegt Pam am Boden. So sei es noch nie zu Ende gegangen, flüstert sie Mulder zu und stirbt in seinen Armen.

ES IST DIENSTAG, 6:30 UHR.
Mulder erwacht.

Bewertung

Die von Vince Gilligan geschriebenen Episoden erweisen sich stets als Höhepunkte einer Staffel. 6ABX15 MONDAY macht da keine Ausnahme. Erneut erweist sich Gilligan als Meister der Komik und Perfektionist der Tragik. Mulders Kampf mit dem leckgeschlagenen Wasserbett ist Slapstick pur und ein choreographisches Meisterstück. Pams langsames Sterben, die Hölle, die sie als Mensch erlebt, der spürt, daß sich dieser eine Tag immer und immer wieder wiederholt, ist von einer solchen Tragik, daß es kaum möglich scheint, beide Elemente in einer einzigen Episode zu vereinen. Und doch gelingt dies mit solch leichter Hand, daß man fast vergißt, wie unterschiedlich diese beiden Elemente sind. Das eine bringt uns zum Lachen, das andere zum Weinen. Die Komödie beweist, daß sie stets auch eine Tragödie ist. Die Tragödie hingegen bedient sich der Komödie, um zu belegen, daß, egal, was auch geschehen mag, die Welt sich weiter drehen wird. Irgendwann zumindest. Note 1.

X-Hintergründe

★ Natürlich ist die Idee zu dieser Geschichte nicht neu, sondern diente schon dem internationalen Kinohit UND TÄGLICH GRÜSST DAS MURMELTIER (GROUNDHOG DAY, USA 1992) als Vorlage. In diesem Film von Harold Ramis ist Bill Murray als zynischer Reporter Phil Connors zu sehen, der in einem kleinen Kaff über den sogenannten »Tag des Murmeltiers« berichten soll. Aus einem Grund, der (wie in 6X15 MONDAY) ungeklärt bleibt, wiederholt sich dieser eine Tag immer und immer wieder. Macht ihm das zu Beginn noch Spaß, da er nun noch zynischer sein darf als sonst, ohne eine Strafe erwarten zu müssen, fällt der Reporter bald in Depressionen und bringt sich um. Als er wieder aufwacht, hat sich nichts geändert: Der Tag beginnt wieder von vorne. Dann bemerkt er, daß er, der Zyniker, heimlich für seine Kollegin Rita Hanson (Andie MacDowell) schwärmt. Er beginnt, seine Zeit zu nutzen, lernt Klavier spielen und andere Dinge, nur um Rita zu gefallen. Er hofft, daß er, wenn sie sich spontan in ihn verliebt, vielleicht den nächsten Tag erleben kann.

Komprimierter und vor allem spannender kommt da Jack Shoulders Actionfilm 12:01 (12:01, USA 1994) daher, in dem der Buchhalter Barry Thomas (Jonathan Silverman) mit ansehen muß, wie die heimlich von ihm angebetete Astrophysikerin Lisa (Helen Slater) vor den Toren der Firma, in der die beiden arbeiten, von unbekannten Attentätern erschossen wird. Doch der Tag wiederholt sich, immer und immer wieder. Doch außer Barry scheint dies niemand zu bemerken. Im Gegensatz zu MONDAY und UND TÄGLICH GRÜSST DAS MURMELTIER liefert 12:01 eine Erklärung für das Phänomen. Ein nicht genehmigtes Zeitexperiment des Konzerns, für den Barry tätig ist, ist fehlgeschlagen. Warum Barry allerdings der einzige Mensch ist, der die ständige Wiederholung dieses einen Tages bemerkt, erklärt der Film jedoch nicht.

6ABX16 Alpha

US-Erstausstrahlung: 28. März 1999

Regie: Peter Markle. Drehbuch: Jeffrey Bell. Gaststars: Andrew J. Robinson (Dr. Ian Detweiler), Melinda Culea (Karin Berquist), Thomas Duffy (Jeffrey Cahn), James Michael Conner (Jake Conroy), Michael Mantell (Dr. James Riley), Yau-Gene Chan (Woo), Tuan Tran (Fong), Lee (Yee), Lisa Picotte (Stacey Muir), Mandy Levin (Angie), David Starwalt (Feidler), Treva Tegtmeier (Peggy), Adrienne Wilde (Tierarzthelferin).

Kurzinhalt

Ein Wolf, der angeblich einer vor 150 Jahren ausgestorbenen Rasse angehört, treibt in San Pedro sein Unwesen und tötet eine Reihe von Hafenangestellten. Offenbar gehorcht das Tier nicht seinem Instinkt, sondern geht nach einem Plan vor, ganz so, als besitze es Intelligenz.

Langinhalt

FRACHTER T'EIN KOU, PAZIFISCHER OZEAN, 21:17 UHR
Die Seeleute Fong und Yee betrachten einen Container, in dem sich ein angeblich seltenes Tier befinden soll. Sie schauen durch den Sehschlitz, doch alles, was sie sehen können, sind zwei leuchtende Augen, die sie anstarren. Das Tier versucht, aus dem Container auszubrechen. Es wütet wie verrückt – bis es plötzlich zusammenbricht. Fong und Yee befürchten, es könnte sich verletzt haben, und öffnen den Container.

FBI-ZENTRALE, 19:10 UHR
Mulder betrachtet auf seinem Computerbildschirm die Bilder zweier toter chinesischer Seeleute. Sie wurden im Inneren eines Containers gefunden, eines Containers, der von außen verschlossen war. Die Wunden, erklärt er Scully, stammten eindeutig von einem Tier. Die Fragen, die er sich stelle, lauten: Wie hat das Tier die Leichen der Männer in den Container verfrachtet und wie hat es sie eingeschlossen?

BELLFLOWER, KALIFORNIEN, 21:27 UHR
Ein Mitarbeiter des Hafenamtes, der bei der Öffnung des Containers anwesend war, wird von einem Wolf angefallen und getötet.

SAN PEDRO, KALIFORNIEN, 7:42 UHR
Mulder und Scully treffen am Hafen der Stadt Jeffrey Cahn, einen weiteren Sicherheitsbeamten, der dabei war, als der Container im Hafen geöffnet wurde. Er erklärt Mulder, daß mit dem chinesischen Frachtschiff offenbar ein Wolf ins Land gekommen sei. Die Verletzungen der Toten deuten zumindest auf einen Wolf hin, wenngleich diese nicht erklärten, wie der Container verschlossen sein konnte, als er von den Zöllnern untersucht wurde. Ob es sich bei dem Wolf um das Tier handele, das sich eigentlich in dieser Kiste befinden sollte, wisse niemand, denn das Tier, ein Wanshang Dhole, eine Art Wolfshund, gehöre einer Rasse an, die vor 150 Jahren ausgestorben sei.
Dies bestätigt Dr. Ian Detweiler, ein Kryptozoologe. Während einer Ex-

pedition hätten er und seine Begleiter tatsächlich einen als ausgestorben geltenden Wanshang Dhole gefangen. Nach Erledigung aller Formalitäten sollte das Tier in die USA gebracht werden. Der Wanshang Dhole gelte als äußerst friedfertig. Er sehe zwar aus wie ein Wolf, er sei jedoch ein sehr schlechter Jäger. Während sich Mulder und Detweiler unterhalten, erfahren sie von dem Angriff in Bellflower.

BELLFLOWER, 9:32 UHR
Die Untersuchung des Tatorts ergibt, daß der Sicherheitsbeamte zweifellos von einem Wolf getötet worden ist. Doch auch in diesem Fall gibt es eine Kuriosität: Die Türen des Hauses waren verriegelt. Wie ist der Wolf aus dem Haus entkommen?
Karin Berquist ist eine eigenartige Frau. Sie ist eine der führenden Hundeforscherinnen der Vereinigten Staaten. Ihre Hunde, allesamt Streuner, die niemand mehr haben wollte, gehorchen ihr aufs Wort. Nur mit Menschen hat sie ihre Probleme. Vollkommen zurückgezogen lebt sie auf einem Anwesen vor den Toren der Stadt Bellflower. Sie war es, die Mulder auf den Tod der chinesischen Seeleute aufmerksam gemacht hat, denn Mulder gehört zu den wenigen Menschen, mit denen sie – via Internet – Kontakt hält.
Karin Berquist glaubt nicht, daß ein Hund oder ein Wolf diese Morde begangen habe. Sie glaubt, diese Annahme nach einem dritten Wächtermord im Kanal unter dem Hafen belegen zu können. In diesem Fall sieht es so aus, als sei der Wächter ganz bewußt in eine Falle gelockt worden. Ein am Tatort gefundener Tatzenabdruck bestätigt die Polizei zwar in ihrem Glauben, einen Wolf zu jagen, Karin Berquist aber ist anderer Meinung. Der Tatzenabdruck sei echt, doch es gebe kein lebendiges Tier, das solche Abdrücke hinterlassen könne. Die letzten Tiere, zu denen diese Abdrücke passen könnten, seien vor mehreren zehntausend Jahren ausgestorben.
Während Mulder, Scully und die Forscherin am Computer sitzen und den Abdruck betrachten, treffen sich für einen kurzen Moment Mulders und Karin Berquists Hände. Scully bleibt nicht verborgen, daß die Forscherin Mulders Berührung genießt. In ihr keimt der Verdacht, Karin Berquist inszeniere hier nur eine Show, um Mulder nach Kalifornien zu locken.

Als Scully und Karin Berquist schließlich allein sind, stellt sie die Forscherin zur Rede. Karin Berquist gibt zu, daß sie an einer psychischen Krankheit leide, die es ihr fast unmöglich mache, mit Menschen zu kommunizieren. Ihr Leben gehöre ihren Hunden. Sie habe gehofft, Mulder eines Tages kennenzulernen, denn er sei einer der wenigen Menschen, von denen sie glaube, daß sie mit ihm zusammensein könne. An ihrer Theorie, daß im Freihafen kein gewöhnlicher Wolf sein Unwesen treibe, ändere dieses Geständnis jedoch gar nichts.

18:21 UHR
Riley-Tierklinik: Beim Anblick Ian Detweilers verliert ein Bernhardiner fast den Verstand. Verrückt vor Angst beginnt er, Detweiler anzubellen. Die Besitzerin versteht sein Verhalten nicht und zerrt den Hund hinaus. Detweiler bleibt gelassen. Er will eine Bestellung abholen: Beruhigungsmittel, wie sie von Tierärzten bei der Jagd auf große Raubtiere benutzt werden, wenn diese nicht getötet, sondern lediglich ruhiggestellt werden sollen.

Kurze Zeit später wird der Tierarzt Dr. Riley in seiner Praxis von einem Wolf angegriffen. In letzter Sekunde kann er aus dem Operationsraum entkommen und die Türen verriegeln. Es ist der Wolf, der seit Tagen in Bellflower sein Unwesen treibt.

Die Beamten des Hafen-Sicherheitsdienstes rücken an. Doch der Wolf ist verschwunden. Statt dessen schießt einer der Beamten versehentlich eben jenen Bernhardiner an, der beim Anblick von Ian Detweiler fast den Verstand verloren hätte.

Der Tierarzt, Dr. Riley, versteht nicht, wie der Hund in den OP gelangen konnte. Die Verletzungen sind minimal. Dr. Riley verbindet die Wunde und muß entsetzt mit ansehen, wie sich der friedfertige Bernhardiner vor seinen Augen in einen Wolf verwandelt. Diesmal gibt es für den Tierarzt kein Entkommen.

LOS ANGELES-COUNTY-KRANKENHAUS, TORRANCE, KALIFORNIEN
Auch Jeffrey Cahn, der Wächter, mit dem Mulder und Scully über den chinesischen Container gesprochen hatten, wurde von dem Wolf angegriffen. Doch Cahn überlebte. Schwer verletzt liegt er im Krankenhaus. An seinem

Bett Ian Detweiler zu sehen, überrascht Mulder nicht. »Haben Sie Angst, er könnte Sie wiedererkennen?« fragt er Detweiler. Der versteht Mulders Frage angeblich nicht. »Ist es nicht vielmehr so«, bohrt Mulder, »daß nicht Sie den Wanshang Dhole entdeckt haben, sondern der Wanshang Dhole Sie?« Wutentbrannt verläßt der Kryptozoologe das Patientenzimmer und stößt mit Karin Berquist zusammen, die ihm einen Moment lang tief in die Augen blickt. »Sie sind es!« zischt sie ihm entgegen.

Mulder besucht Karin in deren Haus. Sie wußte, daß der Mörder kein Hund war. Er möchte von ihr wissen, warum sie ihm dies nicht schon früher erzählt habe. Es sei das Tier, erklärt sie dem FBI-Agenten, das sie habe retten wollen. Sie habe geglaubt, der Wanshang Dhole sei wie der Werwolf für seine Taten nicht verantwortlich. Detweilers Anblick aber habe ihr verraten, daß dieser Mann sehr wohl wußte, was er tat. Die Beruhigungsmittel seien zwar ein Indiz dafür, daß er seine Triebe unter Kontrolle bekommen wolle, aber nur, um sie ganz bewußt zu nutzen. Er werde ins Krankenhaus zurückkehren, warnt sie Mulder, und dort versuchen, den Wächter zu töten.

2:02 UHR
Mulder und Scully bewachen den Wächter, bis Mulder zu fluchen beginnt. Detweiler werde nicht ins Krankenhaus kommen, ärgert er sich. Karin sei sein nächstes Opfer, da sie wisse, daß er ein kaltblütiger Mörder ist. Zwar fahren die beiden Agenten direkt zum Anwesen der Forscherin, doch sie kommen zu spät. Karin hat Detweiler eine Falle gestellt und an einem Fenster im ersten Stock auf seinen Angriff gewartet. Detweiler hat sie in Gestalt eines Wolfes angegriffen, dann hat sie sich samt Detweiler aus dem Fenster in die Tiefe fallen lassen. Detweilers Körper ist von einem Gitterstab zerfetzt worden, Karin hat sich bei dem Aufprall das Genick gebrochen.

Bewertung

6ABX16 ALPHA ist der erste Ausrutscher der bislang exzellenten sechsten Staffel. In dieser Episode will nichts wirklich zusammenpassen.

Die Geschichte wirkt konstruiert, die Schauspieler lustlos, es kommt keine Stimmung auf. Am schwersten wiegen die Unklarheiten in der Geschichte: Wenn Detweiler in der Lage ist, seinen Zustand bis zu einem gewissen Grad zu kontrollieren – warum lebt er dann nicht einfach sein Leben ganz normal weiter, sondern ermordet die Beamten? Hierfür gibt es keine Erklärung. Auch bleiben die Beweggründe, die Karin Berquist am Ende dazu verleiten, mit Detweiler in den Tod zu gehen, unklar. Mag sie auch zu anderen Menschen keinen Kontakt pflegen, so liebt sie doch ihre Hunde. Diese würde sie niemals im Stich lassen. Warum also läßt sie ihre Schützlinge allein zurück?

Positiv ist lediglich, daß die Episode viel zu belanglos ist, als daß man sich tatsächlich über sie ärgern könnte. Note 5.

Produktionsnotizen

★ Der Name des Sicherheitsbeamten Jeffrey Cahn stammt von einem AKTE-X-Mitarbeiter. Jeffrey Cahn ist ein assistierender Editor der Serie.

X-Hintergründe

★ Bellflower ist der Geburtsort von AKTE-X-Erfinder Chris Carter.
★ Der Schauspieler Andrew J. Robinson ist der Sohn des legendären Gangsterfilm-Darstellers Edward G. Robinson. Andrew J. Robinson spielte unter anderem den verrückten Serienkiller in DIRTY HARRY (DIRTY HARRY, USA 1971), in Horrorfilmkreisen wurde er als einer der Hauptdarsteller von HELLRAISER (HELLRAISER, GB 1987) bekannt, während ihn STAR-TREK-Fans als kardasianischen Meisterspion Garak in der Serie STAR TREK: DEEP SPACE NINE (STAR TREK: DEEP SPACE NINE, USA 1993-99) schätzen. In dieser Serie hat er auch einige Episoden als Regisseur inszeniert.
★ Kryptozoologie ist ein Forschungszweig der Zoologie, der von vielen »ernsthaften« Zoologen mit Naserümpfen betrachtet wird. Kryptozoo-

logen sind diejenigen, die Berichte wie die über Nessie, Affenmenschen und Seeungeheuer wirklich ernst nehmen und Tieren hinterherjagen, die vor Urzeiten ausgestorben sind. Über Jahrzehnte hinweg wurden Kryptozoologen nicht ernst genommen und lächerlich gemacht. Das änderte sich, als der Quastenflosser entdeckt wurde. Von diesem Fisch, der vor der Küste Mozambiques lebt, wurde angenommen, daß er vor über 130 Millionen Jahren ausgestorben sei. Bereits in den 20er Jahren wurden von südafrikanischen Meeresbiologen Hinweise auf seine Existenz entdeckt, die von der etablierten Zoologie aber nicht ernst genommen wurden. Heute weiß man: Der Quastenflosser lebt – allen Wahrscheinlichkeiten zum Trotz.

Die Kryptozoologie mag ein keinesfalls geliebtes Kind der Zoologie sein, aber sie ist inzwischen als eine ernstzunehmende Forschungsrichtung anerkannt.

6ABX17 Trevor

US-Erstausstrahlung: 11. April 1999

Regie: Rob Bowman. Buch: Ken Hawryliw, Jim Guttridge. Gaststars: John Diehl (Wilson Pinker Rawles), Lamont Johnson (Whaley), Catherine Dent (June Gurwich), Tuesday Knight (Jackie Gurwich), Jeffrey Schoeny (Trevor), Christopher Dahlburg (Trooper), Frank Novak (Raybert Fellowes), David Bowe (Robert Werther), Keith Brunsmann (Bo).

Kurzinhalt

Während eines Wirbelsturmes stirbt der Häftling Wilson Pinker Rawles im sogenannten Bunker, einer Holzhütte, in der aufsässige Häftlinge ruhiggestellt werden sollen. Am selben Tag stirbt auch der Direktor des Gefängnisses. Er ist von innen verbrannt. Die Wärter glauben, er sei ermordet worden – von Pinker Rawles.

Langinhalt

JASPER COUNTY, MISSISSIPPI

Das Gefängnis von Jasper County ist ein Arbeitslager für Sträflinge. Sie leben in Holzhütten und dürfen sich daher relativ frei bewegen. Ausgerechnet während eines beginnenden Tornados gerät der Sträfling Pinker Rawles in einen heftigen Streit mit einem Mitgefangenen. Obwohl der Sturm von Minute zu Minute an Heftigkeit zunimmt, läßt der Direktor Pinker Rawles in den Bunker stecken, eine Mini-Einzelzelle für solche Sträflinge, die gegen die Regeln der Haftanstalt verstoßen. Dieser Bunker ist nichts anderes als eine Holzhütte in der Mitte des Hofes. Der Direktor ignoriert den Einwand der Wärter, der Sturm sei zu stark, und die Hütte könne ihm nicht standhalten.

So geschieht, was geschehen muß. Während des Sturmes wird die Hütte zerstört und Rawles in den Himmel getragen. Teile der Leiche werden mehrere Meilen vom Gefängnis entfernt gefunden.

Am selben Tag stirbt auch der Direktor in seinem Büro. Sein Bauch ist von innen heraus verbrannt.

HINDS-COUNTY-LEICHENHALLE, JACKSON, MISSISSIPPI

Scully untersucht den toten Direktor und kommt zu einer für Mulder kaum zu glaubenden Erkenntnis: Der Mann starb an einer spontanen Selbstentzündung. Scully hat keine Probleme, diese Erklärung wissenschaftlich anzuerkennen. Es gebe, erklärt sie, einige sehr glaubwürdige wissenschaftliche Berichte über dieses Phänomen.

In nur einem Detail weicht dieser Fall jedoch von jenen ab, von denen Scully bislang gehört hat: Für gewöhnlich verbrennt fast der gesamte Körper, in diesem Fall war es nur die Bauchregion. Genau das ist es, was Mulder an diesem Fall stört.

Für die Wärter des Gefängnisses steht fest, daß Rawles der Mörder ist. Der Mann mag tot sein, dies schütze aber niemanden vor seiner Rache. Er sei unberechenbar, das sei er im Leben gewesen, warum also nicht auch im Tod?

Mulder läßt sich sämtliche Unterlagen über ihn aushändigen. Dabei fällt sein Blick auf ein Foto des Gewaltverbrechers, das ihn Mitte der 80er Jahre mit einer jungen Frau zeigt. Niemand weiß, wer sie ist.

Während der Besichtigung des Direktorenbüros finden Scully und Mulder keine Spuren, die auf einen Einbruch hinweisen. Mulder entdeckt aber etwas anderes: eine poröse Außenwand, die schon beim kleinsten Druck in sich zusammenfällt.

Am selben Abend wird Rawles tatsächlich gesehen – mehr noch: Er wird während eines Einbruchs in ein Bekleidungsgeschäft sogar verhaftet. Rawles leistet keinen Widerstand. Er läßt sich Handschellen anlegen und wartet darauf, daß der Polizist Hilfe holt. Diesen kurzen Moment nutzt er zur Flucht.

Während der Besichtigung des Tatorts erklärt der Polizist Mulder, er habe keine Erklärung dafür, wie Rawles die Handschellen habe abstreifen können. Tatsache sei, daß sie nicht geöffnet wurden. Mulder schaut sich die Handschellen an – und zerbricht sie ohne großen Kraftaufwand in zwei Teile.

Die Suche nach Rawles führt Mulder und Scully direkt zu einer weiteren Leiche. Diesmal handelt es sich um einen ehemaligen Komplizen von Rawles. Der Mann sitzt auf einem Küchenstuhl, sein Kopf ist von innen heraus verbrannt, zurückgeblieben ist eine leere, gesichtslose Hülle.

Bei der Durchsuchung des Hauses entdeckt Mulder in der Wand mehrere Einschußlöcher. Der Tote, soviel steht fest, hat auf Rawles gefeuert. Die Kugeln sind in demselben porösen Zustand wie die Wand im Büro des Direktors und die Handschellen.

Da Rawles das Haus des Toten offenbar durchsucht, aber nichts gestohlen hat, gehen Mulder und Scully davon aus, daß er sich auf der Suche nach dem Mädchen auf dem Foto befindet. Das Foto wurde vor dem Haus des Toten aufgenommen. Die junge Frau konnte inzwischen als June Gurwich identifiziert werden. Sie scheint aber vor einigen Jahren eine neue Identität angenommen zu haben und ist verschwunden. Bekannt ist jedoch die Adresse ihrer Schwester Jackie.

Eben jene Jackie Gurwich erhält nur wenige Minuten vor dem Auftau-

chen von Mulder und Scully Besuch von Pinker Rawles, der nach ihrer
Schwester fragt. Bevor er eine Antwort erhält, wird er von den beiden
FBI-Agenten überrascht, denen er prompt eine Nachricht auf der Flur-
wand hinterläßt: »I want what is mine.« (»Ich will, was mir gehört.«)
Jackie Gurwich ist unverletzt. Sie habe nichts gesagt, versichert sie den
Agenten.

Bei der Untersuchung der Schrift fällt Mulder auf, daß Rawles mit Asche
geschrieben hat. Einige der Buchstaben enden abrupt in der Höhe eines
Spiegels, als sei Rawles nicht in der Lage gewesen, auf dem gläsernen
Untergrund zu schreiben. Glas leitet keine Energie. Was wäre, so Mulders
Theorie, wenn sich Rawles Biologie in dem Wirbelsturm verändert hätte? Wirbelstürme erzeugen riesige Mengen von Energie. Rawles befand
sich im Auge des Orkans. Scully erklärt, daß eine solche Veränderung unmöglich sei.

Über die Schwester erhalten die beiden Agenten die Adresse von June
Gurwich. Diese führt inzwischen ein Leben in spießiger Bürgerlichkeit,
doch die Sünden der Vergangenheit holen sie jetzt ein. Scully und Mulder
wollen June in Sicherheit bringen. Sie packt einen Koffer und verläßt das
Haus. Mulder will diesen Koffer in den Kofferraum seines Wagens legen
und stellt fest, daß das Blech vollkommen porös ist. Ohne es zu wollen,
haben Mulder und Scully June Gurwich ihrem ehemaligen Freund aus-
geliefert.

June wird nun unter FBI-Bewachung gestellt, während Mulder und
Scully ihr Haus auf den Kopf stellen. Beide können sich nicht vorstellen, daß Rawles nur sein Geld aus dem letzten Beutezug zurück-
haben will. Es handelt sich um 90 000 Dollar, und es ist das Geld, mit
dem June ein neues Leben begonnen hat. Für dieses Geld lohnt ein
solcher Aufwand nicht. Auch glauben sie nicht, daß er June zurück-
haben will. Der Kontakt zu ihr ist schon vor Jahren abgebrochen. Männer wie Rawles sind keine romantischen Träumer, die einer Liebe jahrelang nachtrauern. Mulder und Scully finden in Junes Haus einige
Krankenhausrechnungen aus dem Jahr 1992, dem Jahr, in dem Rawles
ins Gefängnis mußte. Scully erkennt anhand der Rechnungsnummern,
daß June wegen einer Schwangerschaft ins Krankenhaus mußte. June

aber hat kein Kind. Auch zur Adoption wurde keines freigegeben. In diesem Fall, konstatiert Scully, sei das Kind möglicherweise in die Obhut eines Verwandten gegeben worden. Das müsse in Mississippi nicht gemeldet werden.

Die Schwester!

Zur selben Zeit entführt Pinker Rawles seine ehemalige Freundin und tötet dabei einen FBI-Agenten. Er will wissen, wo sein Sohn ist! June bleibt keine andere Wahl, als Rawles zu ihrer Schwester zu bringen, wo es zwischen ihm und den Agenten schließlich zum Showdown kommt. Rawles überwältigt Jackie, er wird von Mulders Schüssen nicht aufgehalten, und so steht zwischen ihm und seinem Sohn nur noch Scully, die sich mit dem Jungen in einer Telefonzelle verbarrikadiert. Diese Zelle besteht fast ausschließlich aus Glas. Rawles kann nicht durch die Wand steigen, wie er es im Büro des Direktors oder dem Hotelzimmer, in dem June versteckt war, getan hat. Mit Hilfe eines Steins schafft er schließlich, eine Glaswand einzuschlagen. Doch der Anblick seines vollkommen verängstigten Sohnes Trevor läßt ihn plötzlich innehalten. Überraschend wendet er sich von Scully und dem Jungen ab und tritt auf die Straße. June kommt mit einem Wagen angerast. Sie hat Rawles im Visier. Er weicht nicht aus. Er wird nicht verletzt, aber sein vollkommen elektronisch aufgeladener Körper verschmilzt mit dem Metall. Als er auf die Windschutzscheibe prallt, wird sein Körper förmlich zerfetzt.

Bewertung

6ABX17 TREVOR ist eine durchschnittliche AKTE-X-Episode ohne Höhen und Tiefen. Überraschend sind die teilweise recht deftigen Splatterszenen: der verbrannte Direktor, der gesichtslose Freund, Rawles, dessen Körper an einer Windschutzscheibe zerfetzt wird. Die Geschichte als solche ist belanglos. Mulder und Scully tauchen als klassische Geisterjäger auf, die einen Untoten verfolgen. Das ist weder besonders spannend noch besonders originell. Note 4.

X-Hintergründe

★ John Diehl, der Darsteller des Wilson Pinker Rawles, wurde durch seine Mitwirkung in MIAMI VICE (MIAMI VICE, USA 1984-89) bekannt. Von 1984 bis 1987 stellte er in der Serie den Undercover-Polizisten Larry Zito dar. 1987 schied der in Cincinatti geborene Mime aus MIAMI VICE aus und war seither in vielen Spielfilmen wie HANOI HILTON (HANOI HILTON, USA/Israel 1987), STARGATE (STARGATE, USA 1994) oder DER KLIENT (THE CLIENT, USA 1994) zu sehen, jedoch ausschließlich in Nebenrollen.

★ Die spontane menschliche Selbstentzündung (manchmal auch Selbstverbrennung genannt), von der Scully zuerst glaubt, daß sie den Direktor getötet hat, ist ein noch unbewiesenes Phänomen, obwohl es inzwischen einige ernsthafte Untersuchungen zu diesem Thema gibt. Die Spontaneous Human Combustion, wie sie sehr oft auch in der deutschen Literatur genannt wird, ist ein Vorgang, bei dem der betroffene Mensch von einer Sekunde zur nächsten von innen her verbrennt. Die Körpertemperatur steigt in Sekunden auf mehrere tausend Grad an, der Körper zerfällt in kürzester Zeit zu Asche. Wie so etwas passieren kann, darüber gibt es nur Spekulationen, denn eigentlich widerspricht ein solches Phänomen jeder medizinischen oder physikalischen Logik.

Schon aus dem Jahr 1613 gibt es einen sehr detailliert geschilderten Fall einer Spontaneous Human Combustion. Dieser hat sich in Christchurch, Dorset, zugetragen. Es wird vom Schwiegersohn einer stadtbekannten Dame berichtet, der, während er in ihrem Haus schlief, plötzlich in Flammen aufging. Offenbar merkte er nicht, was mit ihm geschah, denn er hielt seine kleine Tochter fest umschlungen. Während sein Körper zu Asche verfiel, starb das kleine Mädchen an den ihm von seinem Vater zugefügten Verbrennungen.

Jener Fall, der dieses Phänomen einer größeren Öffentlichkeit bekannt machte, ist der der Mary Reeser, die 67jährig am 1. Juli 1951 in St. Petersburg, Florida, den Tod fand. Ihr Fall ist typisch: Ihr Körper verbrannte fast vollständig zu Asche, nur ein Fuß blieb teilweise erhalten (in beinahe jedem tödlichen Fall bleibt zumindest ein Körperteil intakt). Die Zerstörung in der Wohnung beschränkte sich auf den Stuhl, auf dem Mary Reeser gesessen hatte. Die polizeilichen Untersuchungen belegen, daß sie sich nicht mit Benzin übergossen hatte. Es wurden auch keine anderen fremden Stoffe in ihren Überresten gefunden. Ein Foto vom Tatort ging 1951 um die Welt. Es wird heute noch sehr oft als typisches Fallbeispiel verwendet.

Viele unerklärliche Phänomene sind vor allem aus einem Grund mit Vorsicht zu genießen: Es gibt niemals Zeugen. In diesem Zusammenhang stellt die Spontaneous Human Combustion eine große Ausnahme dar. Es gibt tatsächlich mehrere Fälle, in denen Augenzeugen davon berichten, wie plötzlich, ohne jede Vorwarnung, ein Mensch in ihrer Nähe in Flammen aufging. Einer der bestdokumentierten Fälle hat sich im Januar 1985 im Halton College im englischen Cheshire ereignet, als ein 17jähriges Mädchen vor den Augen seiner entsetzten Klassenkameradinnen und Lehrern während eines Pausengangs in Flammen aufging. Zuerst wurde offiziell von einem Unfall gesprochen. Die Kleidung des Mädchens soll an einer Kerze Feuer gefangen haben. Dies aber erklärt nicht, wie es möglich war, daß am Ende kaum mehr als ein Häuflein Asche übrigblieb. Bei Unfällen dieser Art – wenige Sekunden, nachdem das Mädchen in Flammen stand, war schon ein Helfer mit einem Feuerlöscher zur Stelle – verbrennen normalerweise, je nach Intensität des Feuers, verschiedene Hautschichten, nicht aber der gesamte Körper.

6ABX18 Milagro

US-Erstausstrahlung: 18. April 1999

Regie: Kim Manners. Drehbuch: John Shiban, Frank Spotnitz nach einer Idee von Chris Carter. Gaststars: John Hawkes (Phillip Padgett), Nestor Serrano (Ken Naciamento), Michael Bailey Smith (Wächter), Angelo Vacco (Kevin), Jillian Bach (Maggie), D. Bennett Nelson (Maggies Vater).

Kurzinhalt

Mulders neuer Nachbar, der erfolglose, aber hochtalentierte Schriftsteller Phillip Padgett, verliebt sich in Scully. Sie ist die Heldin seines neuen Romans. Während der Ermittlungen gegen einen Serienkiller macht Mulder die Entdeckung, daß der Inhalt von Padgetts Roman exakt diesem Fall entspricht, obwohl die meisten Informationen der Öffentlichkeit vorenthalten wurden.

Langinhalt

Von einer Schreibblockade heimgesucht, läuft der junge Schriftsteller Phillip Padgett in seiner karg möblierten Wohnung auf und ab. Er starrt auf seine Notizen, steht am Fenster, sucht verzweifelt nach einer Idee, einem Anfang, doch ohne Erfolg. Liegt es an seinem Herzen, hat er es an seine große Liebe verloren? Vor dem Spiegel im Badezimmer beginnt Padgett, mit bloßen Händen ein Loch in seinen Brustkorb zu graben, bis er sein Herz in Händen hält und es seinem Körper entreißt. Für einen schier unendlich langen Augenblick starrt er sein Herz an. Andere Menschen würden nun sterben, er aber behält nicht einmal eine Narbe zurück, der Brustkorb ist wieder verschlossen, so, als sei nichts passiert. Padgett geht in den Heizungskeller, wo er das Herz verbrennt.

Am folgenden Tag begegnet Scully dem jungen Autor im Fahrstuhl von Mulders Apartmenthaus. Er ist Mulders neuer, direkter Nachbar. Seine Blicke machen Scully nervös. Sie ahnt nicht, daß sie ihm als Vorbild für seinen neuen Roman dient. Für Padgett ist Scully die Perfektion der Schönheit, das Idealbild seiner geheimsten Wünsche.
Scully erzählt Mulder von ihrem Treffen mit Padgett. Sie findet ihn unheimlich. Mulder aber glaubt, er sei nur ein harmloser Spinner, der in einer imaginären Traumwelt lebt. Leider hat Mulder keine Zeit, sich mit Scully über Padgett zu unterhalten. Sein Interesse gilt vielmehr einem Killer, der bereits zweimal zugeschlagen hat. Er entreißt den Opfern ihre Herzen,

ohne den Brustkorb zu verletzen. Während Scully eine rationale Erklärung für das Vorgehen des Killers sucht, vermutet Mulder, daß der Mann die Möglichkeiten der Geistchirurgie nutze, um seine Opfer zu ermorden. Andere Geistchirurgen würden ihre Fähigkeiten einsetzen, um Menschen zu helfen. Warum sollte einer von ihnen sie nicht anwenden, um Menschen zu schaden? Scully würde Mulder zustimmen, wenn es auch nur einen Hinweis darauf gebe, daß Geistchirurgie etwas anderes als Scharlatanerie sei.

In der folgenden Nacht ereignet sich in der Lover's Lane, einem abgelegenen Park und Rückzugsort jungverliebter Pärchen vor den Toren der Stadt, ein weiterer Mord. Während der 17jährige Kevin seine Freundin Maggie küßt, nähert sich ihnen ein Kapuzenmann. Er beobachtet die beiden Jugendlichen in Kevins Wagen und wird Zeuge eines Streits. Für Maggie gehen Kevins Annäherungsversuche zu weit. Dieser versteht nicht, was sie meint, immerhin habe er sie nur geküßt. Maggie läßt sich jedoch auf keine weiteren Diskussionen ein. Sie öffnet die Autotür und rennt davon. Kevin flucht. Schließlich aber entscheidet er sich dafür, Maggie hinterherzulaufen. Doch Maggie ist verschwunden. Plötzlich stürzt sich der Kaputzenmann auf Kevin und reißt ihm das Herz aus dem Leib. Kevin schreit...

Die Untersuchungen des Tatorts bringen keine neuen Hinweise auf den Mörder. Scully fährt zurück zum FBI und findet unter Mulders Tür einen unbeschriebenen Umschlag. Er enthält ein kleines Medaillon, auf dem ein Herz abgebildet und das Wort Milagro (=Wunder) eingraviert ist. Scully vermutet, daß der Mörder mit solchen Hinweisen nun ein Spiel mit ihnen beginne. Dies ist ein für Serienkiller durchaus normales Verhalten. Sie glauben, ihre Taten so perfekt auszuführen, daß sie niemals geschnappt werden können. Das Spiel mit der Polizei ist nun ein Beweis ihrer Macht, in vielen Fällen aber auch der heimliche Wunsch, irgendwann doch verhaftet zu werden.
Mulder glaubt dies in diesem Fall nicht. Vielleicht, fährt er fort, habe Scully ja auch nur einen heimlichen Verehrer, der ihr dieses Medaillon zum Geschenk gemacht habe.

Die Suche nach Antworten führt Scully in eine Kirche, wo sie das Bildnis eines flammenden Herzens betrachtet. Sie finde keine Antworten, richtig? Scully erschrickt. Neben ihr steht Padgett, der gesteht, ihr gefolgt zu sein. Auch das Medaillon sei sein Geschenk. Es sei nicht einmal ein Zufall, daß er die Wohnung neben Mulder bezogen habe. Seit dem Tag, an dem er sie zum ersten Mal gesehen habe, wolle er ihr so nah wie möglich sein. Leider sei in ihrem Apartmenthaus keine Wohnung frei gewesen, da habe er sich in Mulders Haus umgesehen und zufällig das Apartment direkt neben Mulder bekommen.

Scully ist verwirrt, doch Padgetts ruhige Stimme, die Art, wie er ihr sein Geständnis vorträgt, fasziniert sie. Aber Padgett macht ihr auch angst, denn er blickt in ihre Seele. Er fühlt ihre Einsamkeit, er sieht, wie sie zwischen Vernunft und dem Wunsch, einfach nur zu glauben, hin- und hergerissen ist. Dieser Blick geht Scully zu weit.

Scully erzählt Mulder während eines Telefonats von ihrem Gespräch mit Padgett. Mulder stöbert daraufhin in Padgetts Briefkasten. Dabei fällt ihm eine Zeitung in die Hände, die ihn stutzig werden läßt. Es ist eine Zeitung für Kontaktanzeigen. Gleichzeitig offenbart Padgetts Telefonrechnung, daß er während des gesamten letzten Monats nicht ein einziges Telefonat geführt und auch keine Gespräche entgegengenommen hat. Mulder ruft Scully an und bittet sie schließlich, zu ihm zu kommen, ohne ihr jedoch zu sagen, was er von ihr möchte.

Auf dem Weg zu Mulders Apartment verweilt Scully einen Moment vor Padgetts Tür, bevor sie sich entschließt, tatsächlich anzuklopfen. Sie möchte Padgett sein Geschenk zurückgeben, doch die einnehmende, ruhige Art des Schriftstellers läßt sie verstummen. Sie ahnt nicht, daß er dieses Treffen in seiner Phantasie vorausgesehen hat, ein Treffen, das schließlich in einer wilden Liebesnacht endete. Scully kann es kaum fassen, als sie sich schließlich tatsächlich auf Padgetts Bett wiederfindet. Nicht etwa sexuelle Avancen haben sie dazu veranlaßt. Außer eines Stuhls und eines Tisches ist dies Padgetts einziges Möbelstück! Was brauche er mehr, fragt er Scully.

In diesem Moment tritt Mulder die Tür ein und stürmt mit vorgehaltener

Waffe in Padgetts Apartment. Scully ist verwirrt. Padgett sei der Mörder, erklärt Mulder Scully und zeigt ihr die Zeitung, die er ihm gestohlen hat. Über dieses Blatt hat er seine Opfer kennengelernt. Mulders Blick fällt auf das Manuskript. Er überfliegt einige Seiten und findet schließlich eine detaillierte Beschreibung des letzten Mordes.

Padgett verzichtet im Gefängnis auf sein Recht, einen Anwalt zu kontaktieren. Er sei unschuldig, beteuert er gegenüber Mulder. Er habe von den Morden in der Zeitung gelesen und einfach seine Fähigkeit benutzt, sich in ein Geschehen oder einen Menschen hineindenken zu können. Scully wisse, daß er diese Fähigkeit besitze, und sie glaube ihm seine Geschichte, im Gegensatz zu ihm. Mulder vermutet inzwischen vielmehr, daß Padgett mit einem brasilianischen Arzt namens Ken Naciamento zusammenarbeitet, der vor einigen Jahren wegen ganz ähnlicher, rätselhafter Morde gesucht wurde. Doch als Mulder erfährt, daß Naciamento nachweislich tot ist und sich schließlich ein vierter Mord ereignet – Maggie, die Freundin des getöteten Kevin, wird ermordet –, muß er Padgett aufgrund fehlender Beweise freilassen. Dies hindert Mulder jedoch nicht daran, Padgett in dessen Wohnung von einer Überwachungskamera beobachten zu lassen. Während Mulder und Scully nur einen an seiner Schreibmaschine sitzenden jungen Mann beobachten, trifft sich Padgett in seiner Phantasie mit Doktor Naciamento. Die Geschichte sei beendet, erklärt Padgett dem Arzt. Doch dieser widerspricht. Die Geschichte sei erst dann beendet, wenn die Heldin tot sei. Padgett schüttelt den Kopf. Doch Naciamento läßt nicht locker. Padgett bleibt schließlich keine andere Wahl, als das Ende der Geschichte zu schreiben, das Ende, bei dem seine Heldin Scully vom Geist des toten Arztes ermordet wird.

Kaum hat er das Manuskript fertig, verläßt er seine Wohnung. Mulder folgt ihm in den Heizungskeller, wo er Padgett gerade noch davon abhalten kann, das Manuskript zu verbrennen. In diesem Moment hört er Schüsse. Es ist Scully, die sich verzweifelt gegen den Angriff des Arztes zur Wehr setzt. Doch längst hält dieser ihr Herz umklammert. Mulder läßt Padgett Padgett sein und rennt zurück zu seinem Apartment. Padgett wirft sein Manuskript ins Feuer und beobachtet, wie es ein Opfer der Flammen wird.

In seinem Apartment findet Mulder Scully über und über mit Blut besu-
delt auf dem Fußboden. Dennoch ist sie unverletzt. Doktor Naciamento
hat sich indes ganz einfach in Luft aufgelöst.
Im Keller nimmt sich Padgett zur selben Zeit das Leben.

Bewertung

Die Figur des Phillip Padgett ist von einer großen Tragik geprägt: Padgett
besitzt die Fähigkeit, mit Hilfe seiner Vorstellungskraft Welten zu erschaffen. Er erzeugt Leben, er manipuliert die Lebenden – und doch weiß
er nichts anderes als Mord und Entsetzen hervorzubringen. Dabei ist
Padgett kein bewußt bösartig agierender Mensch. Er ist vielmehr ein
Mann, der die Möglichkeit hat, einen Blick in die finstersten Abgründe
seiner Seele zu werfen, und der nicht mehr in der Lage ist, diese Abgründe zu verschließen. Sie gewinnen die Oberhand. Die Macht, etwas
Gutes zu erschaffen, weicht der Macht, das Destruktive zu kreieren, den
Mord an den Liebenden, den versuchten Mord an Scully. Padgett kann
seine dunklen Gedanken, die sich in der Figur des brasilianischen Arztes
manifestieren, nicht mehr kontrollieren. Die Dunkelheit hat seine Seele
umschlungen, erst der Freitod erlöst ihn aus seinem Martyrium – und rettet Scully schließlich das Leben.

Daß die Episode trotz einiger Schwächen in der Handlung sehr gut gelungen ist, ist der Tatsache zu verdanken, daß der Zuschauer nicht weiß,
ob das, was er sieht, tatsächlich geschieht, oder ob sich die ganze Geschichte am Ende nur in der Phantasie von Padgett abspielt. Sie beginnt
mit der Verbrennung seines Herzens und endet am selben Ort mit seinem
Tod. Was von dem, was geschehen ist, entspricht der Wahrheit, was der
Phantasie?

Indem die Episode fast vollständig auf Zwischentitel verzichtet (lediglich
als Scully Mulders Büro betritt und das Medaillon findet, gibt es eine
kurze Zeiteinblendung, die für die Geschichte jedoch vollkommen uner-
heblich ist), gleicht sie einem Totengedicht, denn von der ersten Strophe
an besteht kein Zweifel daran, daß Padgett das Ende des Gedichts nicht

erleben wird. So gleicht auch der Aufbau der Geschichte mehr einem Gedicht als einer klassischen Erzählung. Es sind stets nur Momentaufnahmen, die der Zuschauer sieht, es ist nie eine komplette Geschichte. Note 2+.

X-Hintergründe

★ Mulder glaubt lange Zeit, der Killer sei möglicherweise ein Geistheiler, der seine Fähigkeiten nicht zum Wohle der Allgemeinheit einsetzt, sondern zur Verbreitung von Mord und Schrecken. Mit dieser Theorie liegt er so falsch nicht, denn die Figur des Killers aus Padgetts Geschichten, Ken Naciamento, soll tatsächlich ein brasilianischer Geistchirurg sein. Geistchirurgie ist ein durch viele wissenschaftliche Arbeiten und TV-Dokumentationen beleuchtetes Phänomen. Viele Fälle der Geistchirurgie konnten als Scharlatanerie entlarvt werden. Es gibt jedoch genügend Fälle, die einfach nicht erklärbar sind.
Geistchirurgie ist besonders in Brasilien und auf den Philippinen weit verbreitet. Die Geschichte ist immer dieselbe: Eine Person (meistens ein Mann) behauptet, vom Geist eines Verstorbenen geführt zu werden. In der Regel handelt es sich um verstorbene Ärzte, in einigen Fällen auch um verstorbene Geistheiler. Geistheiler selbst sind meist Laien ohne medizinische Vorbildung. Diese operieren nun Menschen ohne Narkose, ohne chirurgische Hilfsmittel, meist ohne besondere Hygienevorkehrungen. Handelt es sich um Beschwerden im Brust-Bauch-Bereich, fingern sich die Geistchirurgen (und zwar im wahrsten Sinne des Wortes) durch den Bauchnabel und entfernen mit bloßen Händen beispielsweise einen entzündeten Blinddarm – ohne Narben zu hinterlassen (siehe 6ABX18 MILAGRO).
Daß diese Form der Medizin vor allem auf den Philippinen beheimatet ist, liegt an den verschiedenen religiösen Einflüssen, die im Laufe der Jahrhunderte auf den vorwiegend katholischen Inseln zusammengeströmt sind. Spiritismus spielt im Katholizismus der Filipinos eine sehr große Rolle. Dieser Spiritismus lockt natürlich nicht nur Gläubige an,

auch Scharlatane wissen ihn für ihre Bedürfnisse zu nutzen. So gehören nicht nur Einheimische zu den Kunden der Geistchirurgen, auch für viele Europäer, Japaner und Amerikaner, die an unheilbaren Krankheiten leiden, sind Geistchirurgen die letzte Hoffnung. Es braucht nicht erwähnt zu werden, daß die meisten Geistchirurgen von dieser Klientel für ihre Arbeit horrende Honorare verlangen.

Dabei wurden bereits 1975 in einer Sendung der britischen Granada Television über 90 Prozent aller Geistchirurgen als Betrüger entlarvt. Mit viel Fingerfertigkeit und einigen Litern Hühnerblut veranstalten die meisten einen Hokuspokus, der nur einen Sinn hat: dem Verzweifelten die letzten Dollar aus der Tasche zu ziehen.

Interessant sind die anderen zehn Prozent, wie etwa der in Brasilien legendäre José Pedro de Freitas, genannt Arigó. Über 20 Jahre seines Lebens arbeitete er für die Ärmsten der Armen, 20 Jahre lang erduldete er den Spott und die Beschimpfungen der Medizin. Tatsache ist: Arigó hatte weder Medizin studiert, noch war er ein sonderlich gebildeter Mann. Dennoch heilte er, und Dutzende der von ihm behandelten Fälle sind medizinisch dokumentiert. Er heilte Menschen vom grauen Star, entfernte entzündete Blinddärme, vernichtete Tumore und heilte Brüche auf schier unglaubliche Weise. Zeit seines Schaffens behauptete er, der Geist eines 1918 gestorbenen deutschen Arztes namens Adolphus Fritz leite seine Hände. Dieser Adolphus Fritz war, wie Unterlagen belegen, seinerseits ein Arzt, der in Slums arbeitete und sein Leben den Armen widmete.

Mehrfach wurde Arigó vor Gericht gestellt und verurteilt, jedoch nicht ein einziges Mal wegen Kurpfuscherei. Meist waren es die hygienischen Zustände, unter denen er arbeitete, die ihm eine Strafe einbrachten. Er wurde auch verurteilt, weil er ohne Zulassung praktizierte. In der Regel aber wurden die Anzeigen gegen ihn von den Gerichten abgewiesen; einmal wurde er sogar vom brasilianischen Präsidenten persönlich begnadigt. Es war den Gerichten auch egal, ob Arigó Arzt oder Scharlatan war. Für sie zählte allein, daß er den Kranken half und dafür nicht einmal Geld verlangte. Die Menschen sollten ihm einfach geben, was sie gerade entbehren konnten. Und das war nicht gerade viel. Die, die ihn aufsuchten, hätten sich einen Besuch bei einem Arzt ohnehin nicht leisten können.

Um Arigós Tod ranken sich viele Gerüchte. Er starb 1971 bei einem Auto-unfall. Bevor er sich in seinen Wagen setzte, bedankte er sich bei seinen Helfern für all die Jahre, die sie ihm die Treue gehalten hatten. Ob er wußte, daß er sterben würde, oder ob er Selbstmord beging, darüber gibt es nur Spekulationen.

Aufgrund seiner großen Popularität in Brasilien ist es nicht verwunder-lich, daß auch am Zuckerhut das Geschäft der Geistchirurgen blüht – von denen sich die meisten nicht mit den kleinen Honoraren eines Arigó zu-friedengeben.

Da es neben all den Scharlatanen und Betrügern stets jene Fälle gibt, die nicht erklärt werden können, gibt es durchaus Mediziner, die sich für die Methoden der Geistchirurgen interessieren. Schließlich gibt es einfach zu viele, gut dokumentierte Fälle von unheilbar erkrankten Menschen, die nach Besuchen bei Geistchirurgen geheilt werden konnten. Im Gegensatz zu den kontinentaleuropäischen Medizinern, die die Nase rümpfen, wenn sie von der Geistchirurgie hören, hat 1990 in Großbritannien sogar ein Kongreß stattgefunden, auf dem etablierte Klinikärzte vollkommen ernst-haft mit Parapsychologen über dieses Phänomen diskutierten. Zu Gast waren auch zwei als seriös geltende philippinische Geistheiler, Emilio La-porga und Flor Cometa (eine Nonne!). Sie behandelten vor den Augen der Gäste einen Mann mit einer unter der Haut liegenden Zyste und eine Frau mit einer großen Geschwulst im Gesicht. In beiden Fällen setzte kur-ze Zeit später ein Heilungsprozeß ein.

Egal, was man von solchen Geschichten auch halten mag: Einem tod-kranken Menschen, dem tatsächlich geholfen werden kann, ist es egal, warum eine Behandlung bei ihm möglicherweise angeschlagen hat. Ihn wird nur das Ergebnis interessieren.

6ABX19 Three of a Kind

US-Erstausstrahlung: 2. Mai 1999

Regie: Bryan Spicer. Drehbuch: Vince Gilligan, John Shiban. Gaststars:

Signy Coleman (Susanne Modeski), Bruce Harwood (Byers), Dean Haglund (Langly), Tom Braidwood (Frohike), Jim Fyfe (Jimmy), John Billingsley (Timmy), Phil Abrams (kleiner Fritz), Richard Zobel (Al), Brian Reddy (großer Fritz), Jeff Bowsmer (Rothaariger), Rick Garcia (Nachrichtensprecher), Michael McKean (Morris Fletcher).

Kurzinhalt

Auf einem Herstellerkongreß für neue Waffentechnologie in Las Vegas entdeckt Byers seine heimliche Liebe Susanne Modeski, die vor zehn Jahren vor seinen Augen von Mister X entführt worden ist. Susanne, eine Chemikerin, war seinerzeit verbotenen Machenschaften der Regierung auf die Spur gekommen und wollte mit ihrem Wissen an die Öffentlichkeit treten. Byers kann kaum glauben, daß Susanne heute wieder für die Menschen arbeitet, die sie vor zehn Jahren mit Gewalt entführt haben.

Langinhalt

LAS VEGAS, NEVADA
Undercover, unter falschem Namen, nehmen die Lone Gunmen an der Def Con '99 in Las Vegas teil. Die Def Con ist ein Kongreß amerikanischer Waffeningenieure, die ausschließlich für die Regierung tätig sind. Natürlich wollen die Lone Gunmen an Informationen über neue Geheimwaffen kommen, doch Byers wird bei Arbeiten wie dieser stets von einem Hintergedanken getrieben: Er hofft, Susanne Modeski wiederzusehen, seine heimliche Liebe. Vor zehn Jahren hatte er sie auf einem Computerkongreß getroffen und dort auch Langly und Frohike kennengelernt, die ihm bei der Beschaffung von geheimen Regierungsdaten behilflich waren. Susanne war Chemikerin, eine Frau von überragender Intelligenz, die zufällig erfahren hatte, daß ihre Forschungen für allerlei illegale Operationen mißbraucht wurden, und die mit diesen Informationen an die Öffentlichkeit treten wollte. Doch bevor sie ihren Plan wahr machen konnte,

wurde sie vor den Augen der drei entführt. Diese Entführung war der Ursprung für die Lone Gunmen, die einen jungen FBI-Agenten einweihten, der bis dato nicht hatte glauben können, daß das Land, dem er diente, von Verschwörern gelenkt wurde. Der junge Agent hieß Fox Mulder.

Natürlich können die Lone Gunmen nicht an den Vorträgen der Con teilnehmen. Deshalb bleibt ihnen nichts anderes übrig, als ihre Zeit in den Spielhallen der Kasinos zu verbringen – wo Byers eines Tages Susanne sieht. Zuerst glaubt er an eine Sinnestäuschung, doch die Frau, die keine zehn Meter entfernt an ihm vorbeischlendert, ist seine heimliche Liebe. Er folgt ihr und beobachtet schließlich, wie sie in einem Hotelzimmer verschwindet, wo sie leidenschaftlich einen Mann küßt, den Byers bereits von der Konferenz her kennt und von dem er weiß, daß er ein ranghoher, wenig vertrauenswürdiger Waffentechniker ist.

Byers ist ratlos. Er traut sich nicht, einfach an die Tür zu klopfen. Was, fragt er seine Mitstreiter, wenn sie einer Gehirnwäsche unterzogen wurde? Mit Hilfe eines Sprachcomputers, der Mulders Stimme simuliert, locken die Lone Gunmen Scully nach Las Vegas. Ihr als FBI-Agentin, so Byers Kalkül, würden Türen geöffnet, die für ihn verschlossen bleiben. Daß es gar nicht Mulder gewesen ist, der sie nach Las Vegas gelockt hat, muß er ihr schließlich nicht sofort am Flughafen mitteilen. Also ziehen sich die Lone Gunmen vorerst mit Lügen aus der Affäre.

Nun sind die Lone Gunmen nicht die einzigen Berufsparanoiker, die es auf die Def Con verschlagen hat, auch Jimmy und Timmy, die Anführer einer ganzen Gruppe von Verschwörungstheoretikern, die mit den Lone Gunmen konkurriert, versuchen, hier neue Informationen über die Welt der Konspiration in der Regierung zu erhalten. Jimmy prahlt damit, einen Weg ins Vortragszentrum zu kennen. Wenn dies so sei, fordert ihn Byers heraus, solle er ihn in die Vorträge schmuggeln.

Jimmy hat übertrieben und sucht nun einen Weg durch den Lüftungsschacht. Tatsächlich gelangt er bis zum Vortragssaal, wo er inmitten der Zuhörer seinen Freund Timmy sitzen sieht. Timmy – ein Verschwörer? Kurze Zeit später ist Jimmy tot. In Trance ist er vor einen Autobus gerannt. Selbstmord, sagen die Zeugen.

Byers glaubt das nicht.

Inzwischen ist auch Scully in Las Vegas eingetroffen, und zusammen mit Langly nimmt sie in der

CLARK-COUNTY-LEICHENHALLE
die Autopsie vor. Langly, der so etwas noch nie gesehen hat, wird übel. Er rennt schließlich auf die Toilette und übergibt sich. So sieht er nicht, wie Timmy die Leichenhalle betritt, Scully überwältigt und ihr eine Spritze hinters Ohr setzt. Langly findet Scully verändert. Sie wirkt wie betrunken. Sie kann sich nicht mehr daran erinnern, kurz vor Timmys Angriff hinter Jimmys linkem Ohr einen kleinen Punkt, den Einstich einer Spritze, entdeckt zu haben.

Zurück im Hotel schauen sich die Lone Gunmen ein Video an, das Frohike gerade bei einem Einbruch in Susannes Apartment gestohlen hat. Frohike hat die Kamera in einem Lüftungsschacht entdeckt und geht deshalb davon aus, daß Susanne selbst nichts von der Existenz dieser Kamera weiß. Byers traut sich nun, Susanne gegenüberzutreten und sie zur Rede zu stellen. Ob sie einer Gehirnwäsche unterzogen wurde, fragt er sie. Doch Susanne schüttelt den Kopf. Man habe sie nach der Entführung geschlagen, gefoltert, ihr Drogen verabreicht. Dennoch habe sie sich geweigert, für die Regierung zu arbeiten, bis Grant aufgetaucht sei, jener Mann, mit dem sie nun zusammenlebe und der seinerseits für die Regierung arbeite. Sie habe ihm erst vertraut, als sie feststellte, daß er Forschungsprogramme sabotiere oder Projekte absichtlich verzögere. Sei man einmal Mitarbeiter dieses Netzwerkes, erklärt sie Byers, dann könne man ihm nicht mehr entkommen; die einzige Möglichkeit, gegen dieses System zu arbeiten, bestehe darin, es von innen heraus zu sabotieren. Sie habe sich seinem Kampf angeschlossen – und sei heute mit Grant verlobt. Sie habe nicht gewußt, daß sie beschattet werde.
Byers will Susanne zur Flucht verhelfen, doch Scully, die ihnen helfen könnte, wirkt vollkommen weggetreten. Susanne erkennt, daß Scully ein Gift injiziert wurde, das sie selbst entwickelt hat. Es erzeugt eine Art ständigen Schwips, der nur durch ein Gegenmittel abgebaut werden kann. Susanne gibt Scully dieses Gegenmittel. Leider wird es einige

Stunden dauern, bis es seine Wirkung voll entfalten kann. Soviel Zeit haben die Lone Gunmen nicht, um Susanne verschwinden zu lassen. Langly wird kurze Zeit später von Tommys Männern gekidnappt und bekommt ein anderes Serum, das ihn in einen willenlosen Killer verwandelt. Bei seiner Rückkehr in den Schoß der »Familie« scheint niemand etwas von Langlys Zustand zu bemerken.

Kurze Zeit später gibt Tommy Langly eine Waffe und befiehlt ihm, Susanne mit drei Kugeln zu erschießen. Er verschafft ihm Zutritt zum Vortragssaal, wo Langly der Chemikerin schließlich auflauert und sie während einer Pause kaltblütig vor den Augen von Dutzenden von Zeugen erschießt. Langly taucht unter, Sanitäter kümmern sich um Susanne. Die Sanitäter sind Byers und Frohike. Das Attentat war vorgetäuscht! Die beiden bringen Susanne in ihr Apartment und holen Grant, der nicht glauben kann, Susanne lebend zu sehen. Sie möchte mit ihm allein sein und bittet die Lone Gunmen, sich zurückzuziehen. Nachdem sie Scully das Gegenmittel injiziert habe, erklärt sie ihrem Verlobten, habe sie die Lone Gunmen untersucht und festgestellt, daß Langly ebenfalls eine Droge verabreicht bekommen habe. Sie habe ihm ein Gegenmittel gegeben, er weiterhin den Killer gespielt, und so sei sie »erschossen« worden. Sie werde nun untertauchen. Die einzige Frage, die Grant ihr beantworten solle, sei, warum er sie verraten habe, denn er müsse gewußt haben, daß dies geschehen sollte. Für seinen Verrat, erklärt Grant, gebe es nur einen Grund: Er habe sich entscheiden müssen, ob er leben oder ebenfalls sterben wolle.

Sein Verrat nutzt ihm jedoch nichts. Tommy betritt das Apartment und erschießt ihn. Tommy hat Byers und Frohike im Vortragssaal erkannt. Und nun muß er leider auch sie töten. Er benutzt Susanne als Schutzschild, schubst sie ins Zimmer der Lone Gunmen und richtet seine Waffe auf die Chemikerin, um sie als erste zu ermorden. Byers versucht, sich auf Tommy zu stürzen, doch er wird mit der Waffe ins Gesicht geschlagen und fällt zu Boden. Bevor Tommy den Abzug seiner Waffe drückt, muß er den Lone Gunmen seine Verachtung ausdrücken. In diesem Moment bekommt Byers eine Spritze mit dem Serum, mit dem schon Scully infiziert wurde, zu fassen und sticht sie Tommy ins Bein. Erstaunt blickt Tommy ihn an, dann bricht er beschwipst zusammen.

Während Tommy wegen Doppelmordes verhaftet wird, überreicht Byers Susanne neue Papiere. Sie möchte, daß er mit ihr kommt, und für einen kurzen Moment wird Byers Traum, daß auch Susanne ihn liebt, Wirklichkeit. Doch er schlägt ihr Angebot aus: Er wolle, daß sie lebe. Zu zweit sei das Risiko, gefaßt zu werden, einfach zu groß. Sie umarmt ihn, und kurze Zeit später ist sie verschwunden.

Bewertung

In dieser Episode gibt es eigentlich nur eine schwache Stelle: Scully. Keine Frage, Gillian Andersons Darstellung einer ständig beschwipsten Agentin ist ein Höhepunkt der sechsten Staffel, allerdings ist sie in dieser Episode vollkommen überflüssig. 6ABX19 THREE OF A KIND ist eine Folge rund um die Lone Gunmen und ihren ganz persönlichen Kampf für die Wahrheit. Scullys Auftritt wirkt daher, als sei er eine Dreingabe, ganz so, als hätten die Autoren Angst gehabt, eine Episode zu schreiben, in der weder Mulder noch Scully mitspielen. Einer der beiden muß offenbar immer mit von der Partie sein. In der ersten Lone-Gunmen-Episode fehlte Gillian Anderson, diesmal durfte David Duchovny eine Pause einlegen. Ansonsten aber ist die Episode »rund«. Sie ist eine hervorragende Fortsetzung von 5X05 THE UNUSUAL SUSPECTS, in der beschrieben wurde, wie die Lone Gunmen zusammenfanden und auf Mulder trafen. Sie ist spannend, hält Überraschungen bereit und ist hervorragend gespielt. Vor allen Bruce Harwood beweist einmal mehr, daß er allein eine Episode tragen kann. Byers ist und bleibt eine Beamtenseele, ein spießiger Kleinbürger, der in der Welt globaler Verschwörungen stets ein wenig deplaziert wirkt. Und doch – was wären die Lone Gunmen ohne ihn? Note 1–.

Produktionsnotizen

★ Während ihres chronischen Rausches verschlägt es Scully ins Kasino, wo sie schnell die Blicke einiger Männer auf sich zieht, die nichts anderes als ein flottes Abenteuer suchen. Einer der Männer ist Majestic-Agent Morris Fletcher (Michael McKean), bekannt als der Mann, der mit Mulder den Körper tauschte (siehe 6ABX4/5 DREAMLAND I/II). Daß Frohike ihn nicht erkennt, als er Scully dem lüsternen Kreis entreißt, ist logisch: Da die Zeit am Ende des Zweiteilers bekanntlich zurückgedreht wird, haben die Ereignisse um den Körpertausch niemals stattgefunden.

X-Hintergründe

★ Es gibt natürlich eine Reihe von Geschichten über Drogen, mit denen der menschliche Verstand manipuliert wird; populärer sind jedoch diejenigen, die sich mit der Manipulation des menschlichen Verstandes unter Zuhilfenahme von Radiowellen auseinandersetzen (siehe hierzu die X-HINTERGRÜNDE zu 6ABX2 DRIVE).

6ABX20 The Unnatural

US-Erstausstrahlung: 25. April 1999

Regie und Drehbuch: David Duchovny. Gaststars: Jesse L. Martin (Josh Exley), E. Emmet Wals (Arthur Dales), Fred Lane (junger Arthur Dales), Brian Thompson (Formwandler), Danien Duchovny (Piney), Ken Madlock (weißer Trainer), Chris Kohn (Fänger), Lou Beatty Jr. (schwarzer Trainer), Burnell Roques (Buck Johnson), Walter T. Phelan Jr. (Außerirdischer), Jesse James (armer Junge).

Das Motto dieser Episode lautet: IN THE BIG INNING

Kurzinhalt

Mulder entdeckt in einer Zeitung aus dem Jahr 1947 ein Baseball-Foto, auf dem unter anderem Arthur Dales und der Formwandler zu sehen sind. Sein Besuch bei Dales überrascht Mulder: Der Mann ist nicht Arthur Dales. Das heißt, er ist es schon. Dieser Arthur Dales ist allerdings nicht der Entdecker der X-Akten und damit der Vorgänger von Mulder, dieser Arthur Dales ist Arthur Dales Bruder. Die eigentliche Überraschung aber ist die Geschichte, die Dales ihm zu erzählen hat: Alle großen amerikanischen Baseball-Spieler seien in Wahrheit Außerirdische gewesen. Dales erinnert sich daran, wie er dieses Geheimnis vor 52 Jahren entdeckt hat.

Langinhalt

ROSWELL, NEW MEXICO, 2. JULI 1947
Das Baseballspiel der Southwest All Stars gegen die Roswell Grays, eines ausschließlich aus Farbigen bestehenden Teams, endet mit einem Sieg der Grays. Ihr überragender Spieler ist Josh Exley. Sein Homerun entscheidet das Spiel. Er wird von seinen Mitspielern auf den Händen durch das Stadion getragen, bis aus dem Dunkel der Nacht plötzlich Männer des Ku-Klux-Klans heranreiten. Sie tragen Waffen und verlangen die Herausgabe Exleys. Josh Exley nämlich stehe kurz davor, einen Profivertrag bei den New York Yankees zu erhalten. Und genau das wolle der Klan vereiteln. Oder wollten die weißen Spieler von Southwest, fragt der Klan-Anführer, daß bald ein »Nigger« in der Profiliga spielen dürfe?

Kaum hat der Klan-Führer seine hetzerischen Worte ausgesprochen, bekommt er einen Ball an den Kopf geworfen – von einem weißen Spieler. »Schert euch zum Teufel«, meint denn auch der Trainer der weißen Mannschaft, und innerhalb kürzester Zeit haben die Spieler, egal, welche Hautfarbe sie haben, die Klan-Mitglieder von ihren Pferden geholt und entwaffnet. Einer der Männer liegt am Boden. Triumphierend beugt sich der Trainer der weißen Mannschaft über ihn, um ihm die Maske, hinter der er sein Gesicht versteckt, abzureißen. Was er sieht, raubt ihm den Atem. Der Klan-Mann ist – ein Außerirdischer.

FBI-ZENTRALE

Scully versteht nicht, wie Mulder einen so wunderbaren Sommertag damit verbringen kann, sich in seinem Büro zu verbarrikadieren und alte Zeitungen zu lesen. Mulder hat sich aus dem Archiv die Zeitungen aus New Mexico der Jahre 1940 bis 49 bringen lassen. Vielleicht, erklärt er Scully, werde er in diesen Zeitungen ja Antworten auf Jahre alte Fragen finden. Scully nickt; ob sie Mulder allerdings wirklich zugehört hat, ist eine andere Frage. Während ihres Gespräches nämlich leckt Scully genüßlich an einem Eis, das ihr Mulder schließlich zu entreißen versucht – es sei ja nicht so, daß er die Vorzüge des Sommerwetters nicht zu würdigen wisse. Dabei tropft etwas von der kalten Süßspeise auf eine der Zeitungen. Mulder wischt den Klecks weg – und sein Blick bleibt auf einem Foto hängen. Es zeigt einen schwarzen Baseball-Spieler namens Josh Exley und einen Polizisten aus Roswell namens Arthur Dales. Links von ihnen steht im Schatten der Formwandler, jener Außerirdische, der in der Lage ist, sein Äußeres beliebig zu verändern, und der mal ein Verbündeter des Krebskandidaten, mal aber auch auf seiten der Rebellen war – wobei man nie genau weiß, ob es stets dieselbe Person ist.

Dales?

Warum hat er Mulder nie erzählt, daß er 1947 in Roswell war?

WASHINGTON D.C.

Mulder steht vor Arthur Dales Tür – und wundert sich nicht schlecht, als ein vollkommen fremder Mann die Tür öffnet. Oh, er sei schon Arthur Dales, erklärt der Mann. Um genau zu sein, er sei der Bruder jenes FBI-Agenten, der die X-Akten entdeckt habe. Und wenn Mulder glaube, es sei bizarr, daß zwei Brüder den gleichen Vornamen haben, solle er mal mit ihrer Schwester Arthur sprechen. Ihre Eltern hätten leider furchtbar wenig Phantasie bei der Namensgebung gehabt, entschuldigt er sich.

Arthur Dales, ein alter, mürrischer Mann, kenne Mulder sehr gut, da sein Bruder ihn sehr schätze. Beide hätten gewußt, daß Mulder eines Tages Fragen zu den Ereignissen in Roswell an den ehemaligen Police-Officer

Arthur Dales richten werde. Es habe nur länger gedauert, als sie gedacht hätten.

Die Antwort, die Mulder suche, heiße Baseball.

Baseball? »Was hat Baseball mit den Geschehnissen von Roswell zu tun?« fragt Mulder.

Dales Antwort ist einfach: alles.

ROSWELL-SPORTPLATZ, 20. JUNI 1947

Der Polizist Arthur Dales soll den Baseballspieler Josh Exley schützen. Exley ist verwirrt. Er fragt Dales nach dem Grund. Dieser zeigt ihm einen Steckbrief, auf dem eine rassistische Organisation dazu aufruft, Exley zu töten. Als erster schwarzer Spieler sei er auf dem Sprung, ein Profi zu werden. Und wie es aussehe, gebe es einige Leute, die dies mit allen Mitteln verhindern wollten.

Dales erklärt Exley, daß er ein vollkommen unpolitischer Mensch sei. Schwarz, weiß, Jude, Katholik, Kanadier, Vegetarier: Ihm sei es egal, welche Hautfarbe ein Mensch habe oder welchen Glauben er ausübe. Wenn es aber um Mord gehe, verstehe er keinen Spaß mehr.

Exley mag Dales Art und lädt ihn ein, zum nächsten Spiel mitzufahren. Dales freundet sich recht schnell mit den anderen Spielern an, die weniger die Gefahr sehen, in der sie sich befinden, und sich vielmehr über die Tatsache amüsieren, daß ein weißer Polizist zum Schutz eines schwarzen Baseballspielers abgestellt worden ist.

Es wird Nacht, und die Männer schlafen in ihrem Bus. Draußen gewittert es. Dales erwacht und wirft ein Auge auf Exley – und erstarrt. Exley hat sich in ein Wesen verwandelt, das eindeutig nicht von dieser Welt ist.

Mulder, der inzwischen begonnen hat, mit Dales dessen Alkoholvorräte zu dezimieren, lacht. Ein außerirdischer Baseballspieler?

Einer, fragt Dales zurück? Alle Großen seien Außerirdische gewesen, Joe DiMaggio inklusive. Diese Typen liebten das Spiel!

ROSWELL-SPORTPLATZ, 30. JUNI 1947

Dales bewacht die Spielerbank der Grays. Einerseits muß er das Spielfeld im Auge behalten, andererseits ist er der einzige Polizist, der auch ein Auge auf die Tribüne hat. Eine Weile schon beobachtet er zwei ältere Männer, die das Spiel ohne jede Gemütsregung verfolgen. Als die beiden Männer plötzlich Waffen ziehen, rennt Dales auf das Spielfeld und reißt Exley zu Boden. Es handelt sich aber um ein Mißverständnis: Die beiden Männer sind mit Wasserpistolen bewaffnet – und spielen mit zwei Jungen ganz einfach nur Räuber und Gendarm. Exley weiß Dales Einsatz, bei dem er, wäre es kein Mißverständnis gewesen, sein Leben hätte verlieren können, dennoch zu schätzen.

Das Spiel geht weiter – und Exley, der seit dem Vorfall etwas unkonzentriert ist, bekommt den Spielball an den Kopf. Er bricht bewußtlos zusammen und beginnt plötzlich, in einer unverständlichen Sprache zu sprechen. Nachdem er wieder zu sich gekommen ist, entdeckt Dales auf einem Fanghandschuh, der Exley als Kissen unter den Kopf gelegt wurde, grüne Blutspuren.

Dales gibt den Handschuh einem Mitarbeiter des Polizeilabors und erkundigt sich bei einer höheren Polizeidienststelle nach Josh Exley. Er wird mit einem Polizisten verbunden, der den Fall Exley sehr gut kennt. Josh Exley, erklärt er Dales, sei ein sechsjähriger Junge gewesen, der vor sechs Jahren in Georgia spurlos verschwunden sei. Vor sechs Jahren, erinnert sich Dales, ist Exley in Roswell aufgetaucht.

Auf der Suche nach Indizien bricht Dales nach dem folgenden Spiel in Exleys Zimmer ein. Er entdeckt dessen Geheimnis: Exley ist ein Außerirdischer. Für einen kurzen Moment starren sich die beiden an, dann fangen sie gemeinsam an vor Schreck zu schreien – bis Dales ohnmächtig wird.

Exley, nach wie vor in Gestalt des Außerirdischen, weckt Dales. Der Polizist ist sprachlos. Exley versucht gar nicht erst, Dales zu belügen. Ja, er sei ein Außerirdischer. Ursprünglich sei er als Forscher auf die Erde gekommen. Sein Volk bestehe aus Wissenschaftlern, Forschern, Philosophen. Doch sie alle hätten eines gemeinsam: Sie könnten nicht lachen, verstünden keinen Spaß. Zuerst habe ihn das menschliche Phänomen des Lachens ausschließlich als Forscher interessiert. Dann habe er Baseball entdeckt – und zum ersten Mal in seinem Leben Freude empfunden. Baseball bringe ihn zum Lachen.

»Moment«, unterbricht Mulder Dales. Solle das heißen, dieser Außerirdische habe Baseball nur des Spaßes wegen gespielt? Dales, wie Mulder inzwischen ziemlich angetrunken, nickt und fährt mit seiner Geschichte
fort.

Der Laborant, der im Auftrag von Dales den Handschuh untersucht hat,
wird vom Formwandler, der die menschliche Gestalt von Exley angenommen hat, ermordet. Er nimmt den Handschuh an sich und verläßt das
Labor.
Dales warnt den echten Exley. Die Polizei suche einen Farbigen, erklärt
er. Und irgendwann erfahre sie, was aus dem Labor gestohlen wurde, und
dann werden sie bei ihm auftauchen. Exley bleibt äußerlich gelassen,
doch im folgenden Spiel wirkt er nervös.

Kurze Zeit später schon hat die Polizei einen Zusammenhang zwischen
Exley und dem Tod des Laboranten hergestellt. Das FBI sucht den Baseballspieler und wendet sich an Dales, der behauptet, Exley sei verschwunden. Die FBI-Beamten durchschauen Dales, können jedoch nicht
gegen ihn vorgehen, weil sie nicht beweisen können, daß er mehr weiß,
als er sagt.
Kaum aus dem Verhör entlassen, versucht Dales, Exley zu warnen, der
sich gerade mitten im Spiel gegen die Southwest All Stars befindet.
Doch er kommt zu spät. Der Angriff des Ku-Klux-Klans und die Entdeckung eines Außerirdischen in der Vereinigung haben bereits stattgefunden. In Panik rennen sowohl die Baseballspieler als auch die Klan-
Mitglieder davon. Nur Exley ist auf dem Spielfeld geblieben und
beobachtet nun, wie der Außerirdische wieder zu sich kommt und die Gestalt des Formwandlers annimmt. Er macht Exley den Vorwurf, ihr Projekt für ein bißchen Spaß in Gefahr gebracht zu haben. Er fordert ihn auf,
nun seine wirkliche Gestalt anzunehmen, damit er wenigstens ehrenvoll
sterben könne. Exley aber weigert sich. Er habe sich dafür entschieden,
ein Mensch zu sein. Und wenn er ihn töten wolle, dann solle er ihn als
Menschen töten.
Dales kann den Mord nicht verhindern. Der Formwandler flieht, Exley

bleibt zurück. Aus seinem Nacken strömt Blut, rotes Blut. Exley ist glücklich. Er wird als Mensch sterben. Dann schließt er seine Augen.

Bewertung

David Duchovnys Regiedebüt besticht durch seine liebevolle Ausstattung, liebenswerte Charaktere und ein Ende, das zu Tränen rührt. So wunderbar 6X20 THE UNNATURAL als Einzelgeschichte auch gelungen ist, gibt es doch eine Reihe von Kleinigkeiten, die – im Kontext der Serie betrachtet – recht ärgerlich sind. Da ist die Geschichte von Arthur Dales: Die Idee, daß alle drei Kinder der Familie Dales, inklusive des Mädchens, Arthur heißen, ist vielleicht witzig, aber sie nimmt der Figur des alten FBI-Beamten doch viel von ihrer Ernsthaftigkeit. Daß die Episode 5X15 TRAVELERS als einer der unbestrittenen Höhepunkte der fünften Staffel bestehen kann, liegt vor allem daran, daß Arthur Dales als vollkommen normaler FBI-Beamter dargestellt wird. Er erledigt seinen Job und fragt sich schon lange nicht mehr, ob er für eine gerechte Sache kämpft oder als langer Arm des Kommunistenjägers McCarthy nur noch die Drecksarbeit macht. Dales ist ein Charakter, der in den frühen 50er Jahren zum Rädchen in einem Getriebe geworden ist, das er selbst nicht mehr gutheißen kann, ohne aber dem System entkommen zu können – bis zu dem Tag, an dem er die X-Akten entdeckt und sein Leben einen neuen Sinn findet.

Aber warum ist er erst 1952, in dem Jahr von TRAVELERS, auf die Idee gekommen, daß es außerirdisches Leben geben könnte, wenn sein Bruder doch schon fünf Jahre zuvor enge Kontakte zu einem Außerirdischen hatte?

Hallo! Wer hat denn da wieder einmal die Kontinuität der Serie nicht beachtet? Gibt es für solche Geschichten keine Story-Editoren, also Autoren, deren Job darin besteht, diese Kontinuität zu bewahren?

So mag es am Ende für den AKTE-X-Puristen ein Trost sein, daß sich diese Geschichte vielleicht gar nicht so abgespielt hat, wie der Polizist Arthur Dales sie Mulder erzählt. Da sich die beiden während ihres Gespräches dem Alkohol hingeben, besteht durchaus die Möglichkeit, daß sich alles vielleicht doch ein bißchen anders abgespielt hat. In diesem Fall wäre THE UNNATURAL ein Unikum in der Mythologie der Serie, das beim einmaligen Anschauen zwar viel Spaß macht, das aber nicht weiter interpretiert werden sollte. Note 2.

Produktionsnotizen

★ In einer kleinen Nebenrolle ist Daniel Duchovny, Davids älterer Bruder, zu sehen. Daniel Duchovny ist ein erfolgreicher Werbefilmer, der auch die TV-Serie FOXY FANTASIES (RED SHOE DIARIES, USA 1992 bis heute) produziert, in der David Duchovny nach wie vor die Prologe spricht.

X-Hintergründe

★ Es gibt in den USA offenbar keine TV-Serie, die ohne eine Baseball-Episode auskommt. Wer nun glaubt, an dieser Stelle werde eine Auseinandersetzung mit dem amerikanischen Baseballfilm erfolgen, irrt. Es sei nur auf die Tatsache hingewiesen, daß, obwohl Baseball der amerikanische Nationalsport schlechthin ist, bislang nur wenige Baseballfilme an den Kinokassen Erfolg hatten. Zwar scheint jeder Amerikaner mit der Muttermilch aufzusaugen, wie viele Homeruns ein Joe diMaggio erzielt hat (ob wohl jemand hier in Deutschland auf Anhieb weiß, wie viele Tore Gerd Müller in seiner Bundesliga-Karriere geschossen hat?), doch in den letzten Jahren hat das Interesse am Baseball in den USA nachgelassen. Schuld daran sind zwei Faktoren: 1. der Ligastreik. Weil die Baseballstars im Jahr maximal fünf Millionen Dollar verdienten – in der Basketball-Liga verdienen das bereits die Stars aus der zweiten Reihe –, legten die Spieler, um mehr Geld herauszuholen, kurzerhand den Spielbetrieb lahm. Das hat dem Image des Sports ungemein geschadet. 2. die Sportwarenindustrie weiß Baseball nicht mehr zu vermarkten: Während weitgeschnittene Basketball-Artikel lange Zeit boomten, wollten die amerikanischen Jugendlichen nicht in den konservativen Baseball-Dresses herumlaufen, die nur dann echt aussehen, wenn sie eine Nummer zu klein wirken. Vielleicht aber hat sich bei den Amerikanern auch einfach die Erkenntnis von Homer Simpson durchgesetzt, der, als er zum ersten Mal in seinem Leben ein Baseballspiel als Zuschauer verfolgte, ohne sich dabei gleichzeitig mit Bier vollaufen zu lassen, sagte: »Mir ist vorher noch nie aufgefallen, wie langweilig dieses Spiel eigentlich ist!«

6ABX21 Field Trip

US-Erstausstrahlung: 9. Mai 1999

Regie: Kim Manners. Drehbuch: Vince Gilligan, John Shiban nach einer Idee von Frank Spotnitz. Gaststars: Mitch Pileggi (assistierender FBI-Direktor Walter Skinner), Bruce Harwood (Byers), Dean Haglund (Langly), Tom Braidwood (Frohike), David Denman (Wallace Schiff), Robyn Lively (Angela Schiff).

Kurzinhalt

In North Carolina werden die Leichen eines jungen Ehepaars gefunden. Sie sind vollkommen skelettiert, obwohl sie gerade erst drei Tage tot sind. Mulder glaubt, daß Außerirdische ihre Hand im Spiel haben, denn auf dem Brown Mountain, dem Berg, auf dem die Skelette gefunden wurden, werden immer wieder eigenartige Lichter beobachtet, die niemand erklären kann.

Langinhalt

Wallace und Angela Schiff sind ein junges Ehepaar. Angela stellt sich nach einer langen Wanderung erschöpft unter die Dusche und beobachtet, wie gelber Schleim die Wände hinunterläuft. Schon einen kurzen Moment später wird ihr jedoch klar, Opfer einer optischem Täuschung geworden zu sein. Müde legt sie sich zu ihrem Mann ins Bett – und beide schlafen in jener Stellung ein, in der wenig später ihre Skelette am Fuß eines Berges in North Carolina gefunden werden.

FBI-ZENTRALE, WASHINGTON D.C.
Mulder zeigt Scully die Bilder vom Brown Mountain. Obwohl sie erst vor drei Tagen als vermißt gemeldet wurden, sind Angela und Wallaces Schiffs Leichen vollkommen skelettiert. Nicht ein Fetzen Haut wurde auf den Knochen gefunden. Scully hat eine Erklärung parat: Beide seien Opfer eines Serienkillers geworden, der die Haut von den Knochen entfernt habe. Später habe er sie auf den Berg transportiert, wo sie schließlich gefunden wurden. Für einen solchen Fall gebe es sogar eine Reihe von Vorbildern.
Mulder widerspricht Scullys Erklärungen. Seit Jahrhunderten ereigneten sich am Brown Mountain eigenartige Ereignisse wie dieses. Immer wieder werde von geheimnisvollen Lichtern am Himmel berichtet, die niemand erklären könne. Für ihn stehe fest, daß es sich um ein außerirdisches Phänomen handele.

BOONE COUNTY MORGUE, ASHEVILLE, NORTH CAROLINA
Mit Hilfe des örtlichen Gerichtsmediziners untersucht Scully die Skelette des jungen Ehepaars. Sie entdeckt Rückstände eines gelblichen Schleims, dessen Zusammensetzung in etwa der des menschlichen Magensaftes entspricht. Eine pflanzliche Komponente kann sich in dieser Form nicht in einem menschlichen oder tierischen Organismus bilden.
Mulder ist in der Zwischenzeit hinaus in die Berge gefahren und entdeckt in der Nähe des Fundortes der Leichen niemand anders als Wallace Schiff. Der junge Mann rennt in panischer Angst davon und versteckt sich in einer Höhle, wo er von Mulder jedoch aufgespürt wird. Er erzählt Mulder, seine Frau und er seien von Außerirdischen entführt worden. Sie hätten Tests an ihnen durchgeführt und Skelette, die mit den ihren identisch seien, an den Ort, an dem sie von der Polizei gefunden wurden, ge-

legt. Warum die Außerirdischen die Skelette hergestellt haben und wie er ihnen entkommen konnte – darauf hat Wallace keine Antwort.

Plötzlich scheint im selben Moment ein gleißendes Licht ins Innere der Höhle, in dem Scully, die sich auf der Suche nach Mulder befindet, in eben jene Höhle hineinleuchtet.

Kaum ist das Licht erloschen, entdeckt Mulder Wallaces Ehefrau Angela, die in der Höhle kauert. Sie wirkt verstört, erzählt von Außerirdischen, von Versuchen und Schmerzen in ihrem Nacken. Mulder stellt fest, daß es ein Mikrochip ist. Ein zweites Mal scheint das gleißende Licht in die Höhle, Mulder geht ihm entgegen.

Scully ist überrascht, Mulder in dessen Wohnung zu treffen. Mulder entschuldigt sich für sein plötzliches Verschwinden, doch das, was er in dieser Höhle entdeckt habe, sei die Antwort auf all seine Fragen. Es ist schon eigenartig, die Schiffs in Mulders Wohnung zu treffen, Scully ist jedoch erst sprachlos, als Mulder sie ins Schlafzimmer führt, in dem sich ein kleiner Außerirdischer versteckt. Er sei zur Höhle gekommen, erklärt Mulder, ganz so, als habe er entdeckt werden wollen. In diesem Moment zersetzt sich die Welt vor Mulders Augen in einen gelblichen Schleim. War alles nur eine Sinnestäuschung? Mulder erwacht in einem gelblichen Kokon im selben Moment, als Scully seine Leiche entdeckt, eine Leiche, von der nur das Skelett übriggeblieben ist.

Die Trauerfeier für Mulder findet in seinem Apartment statt. Skinner und die Lone Gunmen versuchen, Scully zu trösten. Sie würden den Mörder finden, versprechen sie ihr unisono. »Mörder?« fragt Scully irritiert. Sie habe in ihrem Bericht ausdrücklich darauf hingewiesen, daß es eine Reihe von Erklärungen für den Tod Mulders gebe. Natürlich bestehe die Möglichkeit, daß Mulder das Opfer eines Serienkillers geworden sei, doch es gebe keinerlei chemische Rückstände an seinem Skelett, die das Abtrennen der Haut erklären könnten, so wie es überhaupt keine Spuren gebe, die beweisen könnten, daß er das Opfer eines Serienkillers geworden sei.

Wieso eigentlich niemand Mulders Idee, am Brown Mountain könnten
außerirdische Kräfte am Werk sein, in Betracht ziehe, fragt Scully. Weil
dies nicht rational sei, antworten ihr ausgerechnet die Lone Gunmen.
In diesem Moment hämmert ein weiterer Besucher an die Wohnungstür.
Scully öffnet die Tür. Es ist Mulder. Dies sei nicht die Realität, warnt er
Scully. Ihre Gedanken mögen miteinander verbunden sein, sie mögen die
gleichen Dinge sehen, schmecken, fühlen, aber diese Welt sei nicht real.
Dies alles sei eine Halluzination, die von außen künstlich erzeugt werde.
In diesem Moment erinnert sich Scully, daß sie auf der Suche nach
Mulder auf einen kleinen Pilzhaufen getreten ist. Die Pilze seien hörbar
geplatzt und hätten kleine Keime freigesetzt. Viele Pilze würden als
Halluzinogene verwendet.
Mit dieser Erklärung kann auch Mulder leben. In diesem Moment erwa-
chen die beiden in schleimig gelben Kokons. Über ihnen ist eine dünne
Schicht natürlichen Bodens. Mit letzter Kraft befreien sich die beiden aus
ihrem Grab.

Scully hat Skinner einen Bericht vorgelegt, in dem sie erklärt, daß sie das
Opfer eines großen, offenbar auf dem gesamten Berghang lebenden
pflanzlichen Organismus geworden seien, der seine Opfer mit Hilfe eines
Halluzinogens, das von Pilzen stamme, betäube. Die Opfer würden dann
von der Erde aufgesogen und in einen Kokon gehüllt, der den Körper zer-
setze und nur die Knochen übrig ließe. Das Opfer merke nicht, daß es
sterbe, da es sich während des Sterbens in einer Traumwelt befinde.
Erst jetzt wird Mulder ein unlogisches Element in der Geschichte bewußt.
Seit wann erwache man aus Drogenträumen, wenn einem bewußt werde, daß man sich in einem solchen befinde, fragt er Scully und kommt
zu dem Ergebnis, daß sie sich noch immer in ihrem Traum befinden. Um
Scully seine These zu beweisen, zielt er mit seiner Waffe auf Skinner.
Statt Blut läuft gelber Schleim aus dessen Körper.
Diesmal erwacht Mulder wirklich aus seinem Traum. Er liegt in dem
Kokon. Mit letzter Kraft schiebt er seine Hand durch die dünne Erdschicht
über ihm. Dort befinden sich Männer der örtlichen Polizei und des FBIs,
die zu ihrem eigenen Schutz Atemmasken tragen, bereits auf der Suche

nach ihm. Ein Mann sieht Mulders Hand aus dem Erdreich ragen. Mulder und Scully werden in letzter Sekunde gerettet.

Bewertung

Wie nicht anders zu erwarten, wenn der Name Vince Gilligan als Autor genannt wird, ist auch 6ABX21 FIELD TRIP eine Episode, die man gesehen haben muß. Es ist gar nicht möglich, den Inhalt dieser Episode in der Form wiederzugeben, wie dies bei all den anderen Episoden getan wurde. FIELD TRIP ist ein surrealistischer (Alp-)Traum, dessen zerfließende Welten an die Bilder von Salvador Dalí erinnern. Einige Momente der Episode sind bewußt als Angriff auf die üblichen Sehgewohnheiten des Publikums komponiert worden. Rationalität und Normalität haben in dieser Welt keinen Platz, statt auf Logik setzt die Geschichte auf die Phantasie ihrer Protagonisten und deren Wunschträume und Ängste, die sich in dieser unwirklichen Welt realisieren lassen. Note 1–.

X-Hintergründe

★ Es gibt tatsächlich Theorien darüber, daß es Organismen wie den, dem Mulder und Scully fast zum Opfer fallen, durchaus geben könnte. Vor allem in der Meeresforschung spielt die Existenz von Organismen, die alles Lebendige als Nahrung aufnehmen, eine Rolle. Den Grund dafür haben japanische Fischer geliefert. Mit gigantischen Fangnetzen haben sie ganze Regionen im Pazifik fast leer gefischt – aber eben nur fast. Selbst diese Profitgier und die Mißachtung aller Vernunft hat ein paar Fische übriggelassen. Müßte in den weitgehend leer gefischten Regionen nun ganz langsam eine Regeneration der Bestände einsetzen, geschieht in einigen Gebieten genau das Gegenteil. In diesen Gegenden lebt gar nichts mehr. Die Vermutung: Es hat in den Tiefen des Meeres schon immer Organismen auf Planktonbasis gegeben, die sich einerseits dadurch ernähren, daß sie andere, meist tote Fische, absorbieren, die aber ihrerseits den größeren Fischen auch als Nahrung dienen. Nun sind die Fische weg, und die Organismen können sich ungehindert vermehren. So sind große Organismen entstanden, die sich wie ein Partikelschwarm fortbewegen und die wenigen verbliebenen Fische, die sich in diesen Schwarm verirren, ganz einfach absorbieren.

★ Eine ganz ähnliche Geschichte wie FIELD TRIP erzählt Dean R. Koontz in seinem Roman *Unheil über der Stadt*, in dem sämtliche Einwohner einer Kleinstadt von einem Organismus, wie er in der AKTE-X-Episode aktiv ist, verspeist werden. Verfilmt wurde das Buch unter dem Titel PHANTOMS (PHANTOMS, USA 1998).

6ABX22 Biogenesis

US-Erstausstrahlung: 16. Mai 1999

Regie: Rob Bowman. Drehbuch: Chris Carter, Frank Spotnitz nach einer Idee von Chris Carter und David Duchovny. Gaststars: Mitch Pileggi (assistierender FBI-Direktor Walter Skinner), Nicolas Lea (Alex Krycek), William B. Davis (Krebskandidat), Mimi Rogers (Agentin Diane Fowley), Floyd Red Crow Westerman (Albert Hosteen), Michael Ensign (Dr. Barnes), Murray Rubinstein (Dr. Sandoz), Bill Dow (Chuck Burks), Michael Cinyamurindi (Solomon Merkmallen), Warren Sweeney (Dr. Harriman).

Kurzinhalt

Ein Biologe von der Elfenbeinküste wird in Washington ermordet. In seinem Gepäck befand sich angeblich ein Artefakt, das über die Herkunft der Menschheit Auskunft geben soll. Im Laufe der Ermittlungen beginnt sich Mulder, von Minute zu Minute merkwürdiger zu verhalten, bis er schließlich dem Wahnsinn verfällt. So ist es ihm am Ende nicht mehr möglich, mit Scully zur Elfenbeinküste zu fliegen, wo diese eine unglaubliche Entdeckung macht.

Langinhalt

»Gibt es für unsere Existenz einen Plan?« fragt Scully. Das Leben entstammt einer einzigen Zelle, und heute leben auf der Erde fünf Milliarden Menschen. Was ist nur der Sinn unseres Daseins?

ELFENBEINKÜSTE, WESTAFRIKA
An einem abgelegenen Teil der Küste führen einige einheimische Männer Grabungen durch. Plötzlich schimmert ein kleines Stück Metall im Wasser. Ist dies ein Teil des Artefaktes, das ihr Auftraggeber, Professor Merkmallen, sucht?

UNIVERSITÄT DER ELFENBEINKÜSTE
Der Professor ist sicher. Das kleine, kunstvoll verzierte Metallteil paßt zumindest exakt zu einem zweiten Artefakt, das sich bereits seit einiger Zeit im Besitz des Afrikaners befindet. Er setzt die beiden Teilchen zusammen, und es entsteht ein neues Artefakt, das, ohne daß er es bewegt hätte, plötzlich zu rotieren beginnt. Erst als es in ein nahe stehendes Bücherregal fliegt, kommt es wieder zur Ruhe. Solomon Merkmallen ist begeistert und aufgeregt zugleich. Er greift zum Telefon und bittet um die Vermittlung eines Gespräches in die USA.

DULLES INTERNATIONAL AIRPORT, DREI TAGE SPÄTER
Die Maschine des Professors landet. Er begibt sich sofort zur

AMERIKANISCHEN UNIVERSITÄT, WASHINGTON, D.C.,
wo er sich mit einem Kollegen, einem gewissen Dr. Sandoz, treffen will. Dieser wartet in seinem Labor auf den afrikanischen Professor, der ihm stolz das Artefakt zeigt. Sandoz' Fragen aber verwirren Merkmallen. Eigentlich müsse er die Antworten auf seine Fragen selbst wissen. »Sind Sie wirklich Dr. Sandoz?« fragt der Afrikaner schließlich sein Gegenüber. Er ist es nicht. Um sein Geheimnis zu bewahren, erschlägt er den Afrikaner und nimmt das Artefakt an sich.

FBI-ZENTRALE, WASHINGTON D.C.

Direktor Skinner überträgt den Fall Merkmallen Mulder und Scully. Offiziell handelt es sich um einen Mord, der in die Zuständigkeit der örtlichen Polizei fällt. Skinner aber vermutet, daß Merkmallen im Besitz eines Artefaktes gewesen sei, das die Antwort auf eine Reihe von in den X-Akten gestellten Fragen sein könnte. Von diesem Artefakt existiert immerhin eine Radierung, die Skinner den beiden zur Verfügung stellen kann (woher er sie hat, bleibt sein Geheimnis). Die Leiche Merkmallens ist verschwunden, die Blutmenge aber, die er verloren hat, deutet darauf hin, daß er den Anschlag auf sein Leben nicht überlebt hat. Als Tatverdächtiger wird ein Biologe namens Dr. Sandoz gesucht. Sandoz ist Mulder kein Unbekannter, denn er gehört zu einer Gruppe von Wissenschaftlern, die behaupten, das Leben auf der Erde sei in Wahrheit aus dem All gekommen. Er beruft sich dabei auf die Mikroben, die 1996 in dem vor Tausenden von Jahren auf die Erde gestürzten Mars-Meteor entdeckt wurden und die beweisen, daß es auf dem roten Planeten zumindest Leben in primitivster Form gab. Sandoz behauptet, daß Mikroben wie diese mit zahllosen Meteoriten auf der Erde einschlugen und Leben gedeihen ließen.

Mulder scheint an dem Fall eigenartig desinteressiert. Ob dieses Artefakt nicht das sei, was er immer gesucht habe, fragt Scully ihren Kollegen auf dem Weg ins Büro. Sie ahnt nichts von den Kopfschmerzen und dem Klingeln in seinen Ohren und damit von den Schmerzen, die ihm jegliche Konzentration rauben – und die in dem Moment eingesetzt haben, als er die Radierung gesehen hat. Wieder bei klarem Verstand gesteht Mulder, daß er die X-Akten nur übernommen habe, um auf diesem Weg vielleicht zu erfahren, wo sich seine Schwester aufhalten könnte.

AMERIKANISCHE UNIVERSITÄT, 11:42 UHR

Bei der Begehung des Tatorts treffen Mulder und Scully Dr. Barnes (den Mann, der sich als Sandoz ausgegeben und Merkmallen ermordet hat). Barnes gibt vor, sich über Sandoz' Tat nicht zu wundern. Dieser sei schon vor dem Mord eine Schande für jeden ernsthaften Wissen-

schaftler gewesen. Ständig erzähle er etwas von außerirdischen Artefakten, die über die wahre Herkunft der Menschheit Auskunft erteilen
könnten. Gleichzeitig veröffentliche er Artikel in trivialen Zeitschriften,
in denen er behaupte, das Leben auf der Erde sei außerirdischen Ursprungs.

Während des Gespräches zeigt Scully dem Biologen die Radierung des
Artefaktes und fragt ihn, ob Sandoz ein solches Teil gemeint haben
könnte, worauf Barnes keine Antwort geben kann. Beim Anblick der Radierung beginnt es, in Mulders Ohren wieder zu klingeln. Er zieht sich
zurück und verliert auf dem Weg hinaus fast die Besinnung.

Scully findet Mulder über ein Wasserbecken gebeugt. Er erzählt ihr von
den plötzlich auftretenden Schmerzen. Eine Erklärung hat Scully dafür
nicht.

Auch ihr Kollege Chuck Burks, der die Schriftzeichen auf dem Artefakt
untersucht hat, findet keine Erklärung für Mulders Zustand. Es handelt
sich bei der Zeichnung nämlich um eine Fälschung! Die Schriftzeichen
stammen aus der Sprache der Navajo, sie sind nur in der falschen Reihenfolge angeordnet, als wollte jemand das Entziffern verhindern. Doch
nicht nur das hat Chuck Burks Interesse geweckt. Im Auftrag von Scully
hat er das Leben von Dr. Barnes durchleuchtet. Dessen Ansichten über
die Entstehung des Lebens sind wissenschaftlich ebenfalls nicht unumstritten, denn Barnes gehört zu einem Zirkel religiöser Wissenschaftler,
die die Entstehung der Welt auf Gott zurückführen und mit wissenschaftlichen Methoden beweisen wollen, daß nur Gott allein das Leben
erschaffen haben kann.

Mulders Theorie ist einfach: Nicht Sandoz hat den afrikanischen Profes-
sor ermordet. Aufgrund seiner Publikationen scheint er die Öffentlichkeit
für seine Thesen begeistern zu wollen. Daher brauchte er Merkmallen als
Sachverständigen für seine Behauptungen – im Gegensatz zu Barnes, ei-
nem religiösen Fanatiker, der mit allen Mitteln versuchen wird, seine
Theorie von einem Gott, der alles erschaffen hat, aufrechtzuerhalten.
Merkmallens Entdeckung hätte all das zerstört, also hat Barnes den
Mann ermordet und das Artefakt gestohlen. Von dieser Theorie bringt
Mulder auch ein Besuch in

SANDOZ' HAUS, SILVER SPRINGS, MARYLAND.

nicht ab, obwohl er und Scully hier die vollkommen verstümmelte, verwesende Leiche des Afrikaners entdecken.

Ein Mann wie Sandoz würde einen Menschen nicht an einem öffentlichen Ort wie einer Universität ermorden, um die Leiche dann – der ständigen Gefahr ausgesetzt, entdeckt zu werden – in seine Wohnung zu transportieren und hier auseinanderzunehmen. Das ist Unsinn. Der Tote wurde in seine Wohnung gelegt, um den Mordverdacht auf ihn zu lenken.

Viel interessanter als der Fund der Leiche ist für Mulder ein Foto, das Dr. Sandoz mit Albert Hosteen zeigt, einem alten Navajo-Indianer. Als die Amerikaner im Zweiten Weltkrieg einen Code benötigten, der vom Feind nicht dechiffriert werden konnte, wurden Navajo-Indianer zu Funkern ausgebildet, da ihre Sprache als solche bereits ein nicht entschlüsselbarer Code war. Hosteen ist einer der letzten Männer, der die alte Sprache der Navajo perfekt beherrscht.

FBI-ZENTRALE, WASHINGTON D.C.

Mulder erklärt Skinner seine Theorie von der Ermordung des Professors. Untersuchungen der Leiche haben außerdem Hinweise auf eine radioaktive Verstrahlung ergeben. Wie wurde ein afrikanischer Biologieprofessor verstrahlt? Mulder glaubt, daß es das Artefakt gewesen sei, das garantiert aus dem Weltall stamme. Wenn es aus dem Weltall stamme, fragt Scully, wie kommen dann die indianischen Schriftzeichen darauf? Mulder gibt keine Antwort, denn er will Skinner nicht all seine Ideen mitteilen: Er ist nämlich davon überzeugt, daß außer ihnen noch jemand an diesem Fall arbeitet. Er hat nur keine Ahnung, wer das ist.

So falsch liegt Mulder mit dieser Vermutung nicht, denn kaum haben er und Scully Skinners Büro verlassen, nimmt dieser eine Videokassette aus einer Kamera, mit der er ihr Gespräch aufgezeichnet hat. Diese Kassette übergibt er niemand anderem als Alex Krycek.

SOUTHWESTERN GENERAL HOSPITAL, GALLUP, NEW MEXICO

Albert Hosteen ist schwer krank. Er hat Krebs und liegt im Krankenhaus.

Er ist so geschwächt, daß Scully nicht mit ihm sprechen kann. Auf seinem Nachttisch entdeckt sie jedoch Teile einer Übersetzung der echten Radierung des Artefaktes. Was sie dort liest, erschüttert ihren Glauben: Es ist ein Zitat aus der Schöpfungsgeschichte der Bibel. In diesem Moment sieht sie Sandoz den Flur entlanggehen. Dieser rennt davon, als er Scully sieht, doch sie kann ihn stoppen und ihm klarmachen, daß sie seine Verbündete ist.

Sandoz erklärt der Agentin, daß Albert Hosteen nur noch wenige Tage zu leben habe. Dennoch wolle er den Text des Artefaktes übersetzen. Bislang bestehe das vermutlich mehrere tausend Jahre alte Artefakt aus drei Teilen. Zwei davon gehörten Merkmallen und seien nun verschwunden, das dritte habe er selbst gefunden. Er zeigt es Scully und legt es auf den Nachttisch, wo sich die kleine Metallscheibe zu drehen beginnt.

Auch Mulder ist nicht untätig. Auf der Suche nach den gestohlenen Artefakten beschattet er Dr. Barnes und verfolgt ihn in der Universität. Barnes spürt Mulders Anwesenheit. Er versucht den Agenten, dem es von Minute zu Minute schlechter geht, abzuschütteln und flüchtet schließlich auf das Dach des Universitätsgebäudes. Er sieht nicht, daß Mulder, von Schmerzen gepeinigt, im Treppenhaus auf dem Weg zum Dach längst zusammengebrochen ist. So nimmt Mulder Krycek, der seinerseits ein Auge auf ihn geworfen hat, nur als Schatten wahr, der achtlos über den am Boden liegenden Agenten steigt. Auf dem Dach, das keine Fluchtmöglichkeit – außer einem Sprung in die Tiefe – zuläßt, trifft Krycek den Mörder. Er sei ein Freund, behauptet er gegenüber dem Wissenschaftler – und übergibt ihm Skinners Videokassette. Dafür aber verlangt er eine Gegenleistung von ihm.

Scully versucht, Mulder telefonisch zu erreichen, und wundert sich, am anderen Ende die Stimme von Diane Fowley zu hören. Mulder sei krank, erklärt sie und reicht dem vollkommen apathisch im Bett liegenden Agenten das Handy. Scully erzählt Mulder von den ersten Übersetzungen. Dieser scheint nicht wirklich überrascht zu sein. Die Götter seien Außerirdische, erklärt er Scully lapidar. Sie hätten ihr Wissen an die Propheten weitergegeben, die es schließlich in Büchern wie der Bibel niedergeschrieben hätten. Diese Erkenntnis steht in eklatantem Widerspruch zu Scullys Katholizismus, daher will sie Mulder kein Wort von dem, was er ihr erzählt, glauben.

Kaum ist das Gespräch beendet, nimmt Diane das Handy an sich und ruft den Krebskandidaten an. Sie verspricht ihm, ein Auge auf Mulder zu haben – und steigt zu ihm ins Bett.

Hosteen wird in eine Hütte gebracht, wo er in Ruhe inmitten seines Stammes sterben soll. Sandoz wirkt verzweifelt. Hosteen ist der einzige Mensch, der die Schriftzeichen vollständig entziffern kann. Eigentlich möchte Scully bei Hosteen bleiben, doch ein Anruf von Skinner führt sie zurück nach Hause. Mulder, erklärt ihr Skinner, gehe es sehr schlecht.

GEORGETOWN MEMORIAL HOSPITAL, WASHINGTON D.C.
Mulder wurde in eine Gummizelle gesperrt. Er schreit, spuckt, brabbelt, ohne daß etwas von dem, was er sagt, einen Sinn ergeben würde. In seinem Gehirn seien in Regionen Ströme gemessen worden, die für gewöhnlich keine Funktion ausüben. Wie diese Regionen aktiviert wurden, sei unbekannt. Sonst sei er gesund.

Fowley möchte von Scully wissen, an welcher X-Akte sie mit Mulder gerade gearbeitet habe. Vielleicht könne sie ihr mit ihrem Wissen um die Akte weiterhelfen. Skinner aber erklärt ihre Untersuchungen zur Geheimsache. Scully traut weder Diane Fowley noch Skinner; daher gibt sie auch ihm gegenüber keine Erklärungen ab.

Statt dessen führt sie ihr Weg in Mulders Büro, wo sie die Wände nach geheimen Kameras absucht. In diesem Moment klingelt Mulders Telefon. Es ist Sandoz, der seit Stunden versucht, Scully telefonisch zu erreichen. Diese Leitung, stoppt ihn Scully, sei möglicherweise nicht sauber. Doch dieses Risiko muß Sandoz eingehen. Hosteen habe das Artefakt weitestgehend übersetzen können. Neben dem biblischen Zitat habe er einen wissenschaftlichen Text entschlüsselt, in dem die Zusammensetzung des menschlichen Genoms beschrieben wird. So ließe sich auch die Zusammensetzung jedes menschlichen Chromosoms und Gens entschlüsseln. In diesem Moment fallen Schüsse am anderen Ende der Leitung.

Krycek hat Sandoz erschossen. Lächelnd nimmt er dem Biologen dessen Teil des Artefaktes ab.

ELFENBEINKÜSTE, 36 STUNDEN SPÄTER

Mulder ist dem Wahnsinn verfallen, Skinner kann sie nicht vertrauen, Fowley ist offenbar eine Verräterin, Dr. Sandoz ist tot. Wenn Scully auf die Ereignisse der letzten Tage eine Antwort haben will, kann sie diese nur noch an jenem Ort finden, an dem die Geschichte begonnen hat: in Afrika. Ihr Weg führt sie an die Küste, wo Professor Merkmallen seine Ausgrabungen vorgenommen hat. Hier haben die Arbeiter Merkmallens weitergesucht – bis sie etwas anderes, viel Größeres im seichten Küstenwasser entdeckt haben. Merkmallens Assistent führt Scully zum Fundort dieses Artefaktes. Und dort sieht sie es, nur wenige Meter unter der Meeresoberfläche liegen: ein fast unversehrtes, Tausende von Jahren altes Raumschiff.

Fortsetzung folgt ...

Bewertung

Dies also ist der Abschluß der sechsten Staffel. Traditionell handelt es sich um eine Mythologie-Episode. Eine Episode, die mit einem Paukenschlag endet. Die Entwicklung der Menschheit wurde von Außerirdischen manipuliert. Vielleicht ist der Mensch sogar nichts anderes als ein künstlich erschaffenes Wesen, dessen Genom, jenes Gen, in dem alle Informationen, die einen Menschen zum Menschen machen, enthalten sind, in einem Labor gezüchtet wurde.

Die Entdeckung des Raumschiffs ist schließlich jener Moment, der alles andere vergessen läßt. War da nicht noch etwas? Ach ja, Mulder ist aus bislang ungeklärten Gründen dem Wahnsinn verfallen. Doch diese Tatsache verblaßt gegen Scullys Entdeckung, eine Entdeckung, die ihr Weltbild für immer verändern wird.

Wie wird die Geschichte weitergehen?

Ist Diane eine Verräterin?

Welche Pläne verfolgt Krycek?

Wird Skinner auch in Zukunft von Krycek erpreßt werden?

Findet Mulder seinen Verstand wieder?

Wie werden die Verschwörer auf Scullys Entdeckung reagieren?

Und werden die Kolonisatoren Scullys Entdeckung kommentarlos hinnehmen?

Fragen über Fragen, die das Warten auf die siebte Staffel nicht gerade leicht machen.

Note 2.

Produktionsnotizen

★ Die Figur von Albert Hosteen ist bereits aus den AKTE-X-Episoden 2X25 ANASAZI (ANASAZI) und 3X01 DAS RITUAL (THE BLESSING WAY) bekannt (siehe hierzu auch die entsprechenden Kapitel in dem bei Econ & List erschienenen Buch *Enthüllt – Die X-Akten* von Frank Lovece, das die ersten drei Staffeln umfaßt).

★ Zur Abhängigkeit Skinners von Krycek siehe auch die Episode 6ABX10 S. R. 819.

X-Hintergründe

★ Zum Thema Astronautengötter, Präastronautik und dem angeblichen Einfluß außerirdischer Kulturen auf die Entstehung der Menschheit und ihre Geschichte siehe die X-HINTERGRÜNDE zu 6ABX01 THE BEGINNING.

III. Ausblick auf die siebte Staffel

Man mag es glauben oder nicht: Die Serie AKTE X geht ihrem Ende entgegen. Vorerst zumindest. Die siebte Staffel wird die letzte sein, sagen sowohl David Duchovny als auch Gillian Anderson. Daß Chris Carter darüber inzwischen ein bißchen anders denkt, ist bekannt. Wenn die Schauspieler ihre Drohungen wahr machen, wird Carter die Serie aber kaum mit anderen Darstellern fortsetzen, sondern den zweiten Kinofilm angehen, der dann wohl im Jahr 2001 in die Kino kommt.

Die sechste Staffel von AKTE X ist der Beweis, daß auch nach mehr als fünf Jahren eine Serie nichts von ihrer Qualität verlieren muß. Im Gegensatz zur Ehe, wo man vom verflixten siebten Jahr spricht, gilt für langlebige TV-Serien das Jahr sechs als Jahr der Entscheidung. Wenn eine Serie auch in diesem Jahr ihre Qualität halten kann, sieht ihre Zukunft rosig aus. Wer wissen will, ob die Zukunft dieser Serie rosig aussieht, braucht sich nur die Noten am Ende der BEWERTUNGEN der Einzelepisoden anzuschauen. Abgesehen von 6X16 ALPHA gibt es keinen Ausrutscher in dieser Staffel!

Da bleibt nur zu hoffen, daß die Autoren eine zufriedenstellende Auflösung des Cliffhangers komponieren. Wenn die siebte Staffel so beginnt, wie die sechste endet, darf man sich auf das letzte AKTE-X-Jahr freuen.

Anhang

Nachtrag:
deutsche Titel und Ausstrahlungstermine der fünften Staffel

Die Einzelepisoden sind nicht in der Reihenfolge ihrer US-Ausstrahlung, sondern in der Reihenfolge der offiziellen Produktionsnummern von Chris Carters Produktionsfirma Ten Thirteen aufgeführt. Inhalte, Bewertungen und Hintergründe sind dem Econ & List-Buch zur fünften Staffel zu entnehmen (siehe Bibliographie). Aufgeführt sind die Produktionsnummer, der US-Titel, der deutsche Titel und schließlich der Termin der deutschen Erstausstrahlung auf Pro 7.

5X01	THE UNUSUAL SUSPECTS	DIE UNÜBLICHEN VERDÄCHTIGEN	28.09.1998
5X02	REDUX	REDUX II	14.09.1998
5X03	REDUX II	REDUX III	21.09.1998
5X04	DETOUR	VOM BODEN VERSCHLUCKT	05.10.1998
5X05	THE POSTMODERN PROMETHEUS	DER GROSSE MUTATO	14.12.1998
5X06	CHRISTMAS CAROL	EMILY I	19.10.1998
5X07	EMILY	EMILY II	26.10.1998
5X08	KITSUNEGARI	KITSUNEGARI	12.10.1998
5X09	SCHIZOGENY	DIE WURZELN DES BÖSEN	02.11.1998
5X10	CHINGA	EIN SPIEL	09.11.1998
5X11	KILL SWITCH	KILL SWITCH	16.11.1998
5X12	BAD BLOOD	BÖSES BLUT	23.11.1998
5X13	PATIENT X	CASSANDRA I	30.11.1998
5X14	THE RED AND THE BLACK	CASSANDRA II	07.12.1998
5X15	TRAVELERS	GUTE PATRIOTEN	18.01.1999
5X16	MINDS EYE	DAS INNERE AUGE	25.01.1999
5X17	ALL SOULS	ALLE SEELEN	01.02.1999

5X18	THE PINE BLUFF VARIANT	DIE PINE-BLUFF-VARIANTE	08.02.1999
5X19	FOLIE À DEUX	FOLIE À DEUX	15.02.1999
5X20	THE END	DAS ENDE	22.02.1999

Anmerkung: Die Episoden 5X02 und 5X03 lösen gemeinsam den Cliffhanger des letzten Teils der vierten Staffel, 4X24 GETHSEMANE (GETHSEMANE), auf, entsprechend wurden sie international generell vor 5X01 ausgestrahlt.

Danksagungen

Für ihre Hilfe beim Schreiben dieses Buches möchte ich mich vor allem bei Ralf und Ina Franken bedanken, ohne deren Organisationstalent die meisten Seiten dieses Buches leer geblieben wären. Vielen Dank auch David Moreno für Infos aus dem fernen Amerika. Danke auch Julia Bauer von Econ & List, Sascha Westphal, Christian Frank, meinen Eltern, Brigitte Karagiannidou, dem Comicland in Dortmund-Bövinghausen für unendliche Stunden des Stöberns, Tom Rosens aus den Niederlanden für Dutch Mulder, Michael Hühne und der Firma UUNET für ihre großartige Unterstützung (wobei Michael mein Manuskript nicht nur einmal vor dem Untergang bewahrt hat), der 20th Century Fox Home Video, Michael Kleinhenz (for free speech in the net), der Agentur Eckmann und Höhn, Frau Steidle von Pro 7, Silvia Nötzel für die Duchovny-Infos, Nicole Sonnabend, Roland Heep und Kai Krick, Claudia Kern, Torsten Dewi, Jovan Evermann, Uwe Tächl (besucht das TV serien central) und natürlich Nicole Maly, die wieder einmal, ohne zu Murren, meine Macken auch beim Schreiben dieses Buches kommentarlos ertragen hat.

Bibliographie (eine Auswahl)

Film und Fernsehen/Kultur/Romane

Annan, David: Cinema of Mystery and Fantasy. London 1984

Crichton, Michael: DinoPark. München 1993

Dewi, Torsten: Science-fiction Guide 97/98. CH-Schindellegi 1997

Evermann, Jovan: Der Serien Guide – Das Lexikon aller Serien im Deutschen Fernsehen von 1978 bis heute. Berlin 1999

Everson, William/Hembus, Joe (Hrsg.): Klassiker des Horrorfilms. Berlin, Darmstadt, Wien, Gütersloh 1979

Everson, William: The Bad Guys – A Pictorial History Of The Movie Villain. Toronto 1964

Frank, Christian/Heep, Roland: Das kleine Buch der großen Weisheiten. München 1997

Giesen, Rolf: Der phantastische Film. Ebersberg auf Just, 1983

Görde, Michael: Das große Buch der erotischen Phantastik. Bergisch Gladbach 1991

Hardy, Phil (Hrsg.): Horror – The Aurum Film Encyclopedia. 2. Auflage London 1993

Harris, Robert A./Lasky, Michael S.: Alfred Hitchcock und seine Filme. München 1976

Jänsch, Erwin: Vampir Lexikon. Augsburg 1994

Kasprzak, Andreas: Die Welt der X Akten – Unerklärliche Phänomene und ihre Hintergründe. Bergisch Gladbach 1997

Koontz, Dean: Die Kälte des Feuers. München 1991

ders.: Unheil über der Stadt. München 1992

Krick, Kai/Alberts, Jörg/Heep, Roland: Die X-Akten – Daten, Fakten, Stories, Stars. CH-Schindellegi 1996

dies.: Akte X – Die vierte Staffel, München 1997

Krick, Kai/Westphal, Sascha/Zucchetti, Lorenzo: Millennium – Das Grauen beginnt. München 1998

Lovece, Frank: Enthüllt – Die X-Akten. Düsseldorf 1996

Lukas, Christian: Gillian Anderson – Dana Scully, die Agentin der Akte X. München 1997

ders.: David Duchovny –Fox Mulder, der Star der Akte X. München 1997

ders.: Millennium – Alle Hintergründe und Fakten zur Serie. CH-Schindellegi 1997

ders.: X-Akten – Die fünfte Staffel, der Spielfilm. München/Düsseldorf 1998

Mitchell, Paul: David Duchovny – Eine Biographie. Köln 1996

Nance, Scott: Bloodsuckers – Vampires At The Movies. Las Vegas 1992

Poe, Edgar Allan: Tell-Tale Hearts And Other Writings. New York 1982

Seeßlen, Georg/Kling, Bernt: Unterhaltung – Lexikon zur populären Kultur – Western, Science-fiction, Horror, Crime, Abenteuer. Reinbek bei Hamburg 1977

Seeßlen, Georg/Roloff, Bernhard: Kino des Utopischen – Geschichte und Mythologie des Science-fiction-Films. Hamburg 1980

Schäfer, Horst/Schwarzer, Wolfgang: Top Secret – Agenten und Spionagefilme, Personen, Affären, Skandale. Berlin 1998

Shapiro, Marc: The Anderson Files – The Unauthorized Biography of Gillian Anderson. New York 1997

Twitchell, James: Dreadfull Pleasures – An Anatomy of Modern Horror. Oxford 1985

Westphal, Sascha /Lukas, Christian: Buffy – Im Bann der Dämonen; Das inoffizielle Fanbuch. München 1999

Mysterien (Auswahl)

Baigent, Michael: Das Rätsel der Sphinx. München 1998

Berlitz, Charles: Unglaublich! Ungewöhnliche Erlebnisse außergewöhnlicher Menschen. München 1989

ders.: Spurlos – Neues aus dem Bermuda-Dreieck. Wien/Hamburg 1977

ders.: Das Bermuda-Dreieck – Fenster zum Kosmos? Wien/Hamburg 1975

ders.: Das Drachen-Dreieck. München 1990

Buttlar, Johannes von: Die Außerirdischen von Roswell. Bergisch Gladbach 1996 ders.: Leben auf dem Mars. München 1987

Casti, John L.: Verlust der Wahrheit. München 1990

Cavelos, Jeanne: The Science of The X-Files. New York City 1998

Däniken, Erich von: Erinnerungen an die Zukunft. Düsseldorf 1971

ders.: Aussaat und Kosmos. Düsseldorf 1972

ders.: Die Steinzeit war ganz anders. München 1990

Dopatka, Ulrich: Die große Erich-von-Däniken-Enzyklopädie. München, Düsseldorf 1998

Farkas, Viktor: Jenseits des Vorstellbaren. München 1998

Fischinger, Lars: Göttliche Zeiten. Münster 1996

Hall, Angus: Bestien, Scheusale und Monster. Frankfurt, München, Wien 1979

Kusche, Lawrence David: Die Rätsel des Bermuda-Dreiecks sind gelöst. Greven 1978

Ludwiger, Illobrand von: Der Stand der UFO-Forschung. Frankfurt 1992

Lurker, Manfred: Lexikon der Götter und Dämonen. Stuttgart 1984

Marrs, Jim: Das Ufo-Dossier. München 1998

McMann, Jean: Rätsel der Steinzeit. Augsburg 1990

Randless, Jenny: The Paranormal Source Book. London 1996

Risi, Armin: Gott und die Götter. Berlin 1995

Valerian, Valdamar: Matrix III – The Psycho-Social, Chemical, Biological, and Electronic Manipulation of Human Consciousness. Yelm (Washington State) 1992

Winer, Richard: Das Teufelsdreieck. Frankfurt 1977

Zink, David: Von Atlantis zu den Sternen – Das Bimini-Rätsel. München 1981

Verwendete Periodika (Auswahl)

Space View – Das SciFi-Magazin, DreamWatch, SciFi Flix, Xposé (deutsche und amerikanische Ausgabe), PM, Der Spiegel, Fortean Times, Moviestar, Starlog, Starburst, Sci-Fi Universe, Unheimliche Phänomene (Buchserie), Faktor X, The X-Files – Official Magazine, Morgenwelt, TV Spielfilm, TV Light, TV Movie, Cinema, TV Highlight, Reutlinger General-Anzeiger, Prisma, Time Magazine.

Berndt Schulz
**Gillian Anderson –
Die X-Lady**
160 Seiten, mit zahlreichen
Abbildungen
TB 26429-X
Originalausgabe

Dana Scully ist Kult. Die immer korrekte FBI-Agentin löst an der Seite ihres unkonventionellen Kollegen Fox Mulder mysteriöse Fälle und ermittelt im Grenzbereich zwischen Realität und dem Unerklärlichen. Weltweit hat die Serie ein Millionenpublikum in ihren Bann gezogen, und Dana Scully ist zum Medienstar avanciert. Autor Berndt Schulz hat sich an die Fersen der geheimnisvollen Schauspielerin geheftet. In diesem aktuellen Starporträt stellt er die Hintergründe zu dem wahren Leben der Gillian Anderson dar, ihre Meinung zu Akte X und den Machern der Serie, zu den neuen Staffeln, dem Verhältnis zu ihrem Partner David Duchovny und vielem mehr.

Econ & List

Matthias Horx

Das Zukunfts-Manifest

Aufbruch aus
der Jammerkultur

336 Seiten

TB 26636-5

Matthias Horx, der bekannteste deutsche Trendforscher, seziert in seinem engagierten Buch die Megatrends unserer Zeit. Er untersucht die Ursachen des weitverbreiteten Pessimismus und versteht es, den Ängsten vor der Globalisierungsfalle reale Chancen entgegenzusetzen. Der tiefgreifende Wandlungsprozeß, den die Industrienationen derzeit erleben, kann viel Positives bringen: eine freiheitliche Wissensgesellschaft, eine Kultur der Begegnung, ein sich dynamisch entwickelndes Wirtschaftsgefüge mit unzähligen neuen Möglichkeiten.

Das Zukunfts-Manifest ist ein fundiertes Plädoyer gegen den allgegenwärtigen Pessimismus und die Jammerkultur der Deutschen.

Heribert Illig

Wer hat an der Uhr gedreht?

Wie 300 Jahre Geschichte
erfunden wurden

288 Seiten

TB 26561-X

In seinem neuen Buch ist
Heribert Illig wieder dem
Phänomen der fiktiven Zeit
auf der Spur.

Er geht zahllosen Wider-
sprüchen und Fälschungen
der Geschichtsschreibung
auf den Grund und kommt
zu einem so abenteuerlichen
wie stichhaltigen Fazit: Fast
300 Jahre wurden nachträg-
lich in unseren Kalender
eingefügt. Karl der Große
und all seine Zeitgenossen
haben nie gelebt, und wir
stehen gerade am Beginn
des 18. Jahrhunderts. Ein
verblüffender Einblick in
eine gigantische Geschichts-
fälschung.

Econ & List

Horst-Eberhard Richter
Als Einstein nicht mehr weiterwußte
Ein himmlischer Krisengipfel

Horst-Eberhard Richter

Als Einstein nicht mehr weiterwußte

Ein himmlischer Krisengipfel

256 Seiten

TB 26569-5

Satirisch und ironisch, gleichwohl mit vollem Ernst, läßt Horst-Eberhard Richter die Meisterdenker Konfuzius, Platon, Buddha, Augustinus, Descartes, Marx, Freud und Einstein ein himmlisches Wortgefecht führen. So streiten sie, ob der globalisierte Ultrakapitalismus in weltweitem Chaos enden, ob die technologische Revolution eine schönere neue Welt bescheren oder ob ein gründlicher Sinneswandel die Menschen zur Gesundung ihrer Verhältnisse führen wird.

»Unter seiner Regie gelingt dem Club der toten Denker ein höchst lebendiger und spannender Dialog, der mitten hineinzielt in die ambivalenten Befindlichkeiten der Gegenwart.« *Die Zeit*